Bibliografische Information der Deutschen Nationalbibliothek:
Die Deutsche Nationalbibliothek verzeichnet diese Publikation in der Deutschen Nationalbibliografie; detaillierte bibliografische Dateien sind im Internet über http://dnb.de abrufbar.

Originalausgabe:
Entering the Secret World of Nature
Michael J. Roads
Six Degrees Publishing Group, Inc, 2018

Michael J. Roads
Die geheime Welt der Natur betreten
ISBN 978-3-95781-070-0

Übersetzung: Elisabeth Karsten
Lektorat: Cornelia Krättli
Redaktion, Korrektur: Bettina Peters

Grafik, Satz, Typografie, Cover: Torsten Peters

1. Auflage Print November 2018
1. Auflage Epub Januar 2018

Hierophant-Verlag
Im Bollerts 4 - 64646 Heppenheim
http://www.hierophant-verlag.de

Der preisgekrönte Bestseller-Autor von
Mit der Natur reden und *Im Reich des Pan*

Michael J. Roads

DIE GEHEIME WELT DER NATUR BETRETEN

Inhalt

Widmung

Dieses Buch ist meiner wunderschönen geliebten Frau Carolyn gewidmet. Ich habe während vieler Jahrzehnte genug vom menschlichen Leben gesehen, um zu wissen, dass die Beziehung, die sie und ich genießen, vom Üblichen weit entfernt ist. Sie ist selten. Genauso wie die Sonne und die Erde im Laufe der Evolution eine vollkommene und ausgewogene Beziehung für das Leben auf der Erde entwickelt haben, so kreisen sie und ich in vollkommener Harmonie und Ausgewogenheit umeinander – ohne die Jahrtausende der Evolution. Carolyn ist die inkarnierte LIEBE, die Freude und das Lachen in meinem Leben, ein kostbarer Segen, den mir das Leben hat zuteilwerden lassen.

Carolyn und meine Tochter Tracey haben eine große Voliere mit Prachtfinken, denen sie beide sehr zugetan sind. Carolyn ist wahrhaft vernarrt in ihre Finken und verbringt jeden Tag ein oder zwei Stunden mit ihnen in der Voliere. Sie hat eine echte Verbundenheit zu diesen winzigen bunten Vögeln entwickelt, ihren ‚fliegenden Juwelen', wie sie sie nennt.

Nach Stunden stiller Beobachtung und Einkehr erzählt sie mir oft Geschichten von den Finken, die weit hergeholt scheinen. Doch wenn ich Zeit mit ihnen verbringe, sehe ich diese bestätigt.

Beispielsweise starb das Männchen eines Pärchens von Prachtfinken – für Carolyn müssen sie alle Pärchen sein – an was-weiß-ich-was. Also blieb das Weibchen allein. Wochen später verließ das Weibchen eines Pärchens von Spitzschwanzamadinen ebenfalls seinen Körper. Carolyn berichtete mir, dass das Prachtfinkenweibchen dann recht viel Zeit mit dem bekümmerten Spitzschwanzamadinenmännchen verbrachte und es unterstützte.

Das erschien mir bei zwei ganz verschiedenen Gattungen sehr unwahrscheinlich. Aber als ich in der Voliere saß, ihnen zusah und sie beobachtete, hockten die beiden Vögel tatsächlich beieinander. Sie berührten sich beinahe in ihrer gemeinsamen Verbindung.

Wenn auch offenkundig kein Paar – was sie auch nie sein würden –, erfuhren sie gegenseitigen Nutzen.

Das ist nur einer der vielen Aspekte von Carolyn, an denen ich eine solche Freude habe und die ich bewundere. Allein wie sie lebt, durch die Energie des ihr eigenen Wesens erinnert sie mich an die Qualität der Güte. Großzügig teilt sie ihre LIEBE mit der Welt, und ich fühle mich gesegnet, dass ich da an erster Stelle stehe!

Danksagung

Wiewohl ich mich immer gerne bei jenen Menschen bedanke, die mich unterstützen, während ich ein Buch schreibe, sind es doch nie viele. Oft lese ich ein Buch, in dem sich die Danksagungen, welche ich immer lese, über mehrere Seiten mit einer verblüffenden Anzahl von Menschen erstrecken, die daran beteiligt sind. Ich bin beinahe neidisch darauf.

Ich mache keine Recherchen. Ich lebe einfach so bewusst, wie es mir möglich ist. Ich habe festgestellt, wenn ich bewusst im Moment bin und das *Bedürfnis* habe, etwas zu wissen, löst dies etwas aus, das ich *direktes Wissen* nenne. In einer eher esoterischen Sprache ist dies bekannt als mystische Erkenntnis. Ein tieferer Aspekt meines Bewusstseins verbindet sich mit dem, was ich wissen *muss,* und es wird mir gewahr. Merke: Es ist ein *Bedürfnis zu wissen*, niemals ein *Wissenwollen.* Bedürfnis und Wille drücken zwei sehr verschiedene Energien aus.

Ich habe wie immer das Bedürfnis, meiner anbetungswürdigen Frau Carolyn zu danken. Sie ist in Wahrheit nicht meine Inspiration beim Schreiben, diese ist eingebaut. Aber sie regt mich zum Besten in mir an, und das fließt sowohl in mein Schreiben als auch in meine regelmäßigen öffentlichen Vorträge ein. Indem also Carolyn einfach ist, wer sie ist und wie sie ist, gibt sie mir einen perfekten Grund, ihr für ihren Beitrag zu meinem Schreiben zu danken.

Ich danke aufrichtig meiner amerikanischen Verlegerin Denise Williams von *Six Degrees Publishing*, die den ganzen Prozess so köstlich einfach macht. Ade all ihr mühevollen Jahre eigenen Verlegens und willkommen Freiheit bei der Veröffentlichung! Jeder Autor weiß das zu schätzen.

Unseren guten Freunden Brian und Theresa Longhurst: Danke euch so sehr für euer Fachwissen. Brian und Theresa sind englische Maestros des geschriebenen Wortes. Brian nimmt ein paar meiner wunderschön konstruierten Sätze und zertrümmert sie zu lesbarem

Englisch. Das Verrückte ist, dass es nach seiner Behandlung so viel leserlicher wird! Und dann sind da all die Komma-, Doppelpunkt- und Semikolondinger, die funktionieren ein bisschen wie unsere Organe.[1] Nachdem ich sie perfekt platziert habe, nimmt sich Theresa ihrer an und nach etwas Jonglage mit der englischen Sprache sieht es viel besser aus und liest sich auch weit flüssiger. Erstaunlich!

Ich möchte meiner alten Freundin Linda Tellington für ihr wunderbares Vorwort danken. Linda war ein großer Katalysator in meinem Leben, als sie uns vor so vielen Jahren besuchte. Damals fürchtete ich, was Menschen von mir denken würden, wenn ich von Feen und Elfen und dergleichen sprach. Ich hielt alles unter Verschluss. Doch Linda war so offen bezüglich dieses Themas und so ausgesprochen unbekümmert, was andere von ihr denken könnten, dass es eine höchst befreiende Wirkung auf mich hatte. Ich bekannte mich dazu! Danke Linda, für dieses unschätzbare Geschenk!

Meiner sehr guten Freundin Elisabeth Karsten danke ich für die Übersetzung. Wenn der Übersetzer den Autor gut kennt, wie Elisabeth mich kennt, dann wird die tiefere Bedeutung dessen, was ich schreibe, in einer Weise übersetzt, die meiner Absicht treu ist. Mir ist es eine Ehre, dass sie als eigenständige Autorin bereit ist, die deutsche Übersetzerin meiner Bücher zu sein. Ich danke ihr aufrichtig.

Nicht zuletzt gilt mein Dank meiner Tochter Tracey. Ihre Hilfe in unserem Heim, zu vielfältig, um sie einzeln aufzuzählen, ermöglicht mir die ungestörten Stunden, die ich für mein Schreiben brauche.

Und all den vielen und verschiedenartigen Wesen der NATUR, die in meinem Leben sind und die dies niemals lesen werden – ich weiß, wer ihr seid –, ein unendliches, universelles DANKESCHÖN!

1 colon bedeutet im Englischen sowohl Doppelpunkt als auch Dickdarm, ein typischer Michael-Wortwitz. Anm. Ü.

Vorwort von Linda Tellington-Jones[2]

Mein erster Kontakt mit dem geheimen Leben der Natur begann mit der Einladung von Michael, mich zu einem uralten großblättrigen Feigenbaum (Ficus macrophylla) zu setzen, jenen Baum, der Michael dazu inspirierte, sein bahnbrechendes Werk *Mit der Natur reden*[3] zu schreiben.

Ich reiste an Michaels Wohnort, nahe Bellingen, an der Ostküste von Queensland in Australien und trug eine Botschaft mit mir, die ich erhalten hatte, als ich mitten im australischen Busch, nahe der staubigen Siedlung von Alice Springs meditierte.

Die Nacht zuvor hatte ich mit einer kleinen Gruppe spiritueller Forscher auf dem großen roten Felsen, dem Uluru, gewacht, in einem Zustand der Ehrfurcht angesichts der unfassbaren Größe der Galaxis und dem atemberaubenden Gefühl des Einsseins mit dem gesamten Universum.

Als ich nach einem gefährlichen Abstieg vom 300 Meter hohen Felsen wieder auf dem Wüstenboden stand, hatte ich die übermächtige intuitive *Eingebung*, dass ich Michael besuchen müsste, um ihn zu ermutigen, ein Buch zu schreiben über seine bemerkenswerte Verbindung mit den Naturgeistern und seine Zusammenarbeit mit den Kängurus, die seine Weiden überrannt hatten.

Ich hatte gelernt, meiner Intuition zu vertrauen – egal wie merkwürdig sie auch scheinen mochte - aufgrund einer astrologischen Prophezeiung, die ich zu meinem dreißigsten Geburtstag erhalten hatte. Die Prophezeiung besagte, *dass ich im Laufe meines Lebens eine*

2 Linda Tellington-Jones (geb. 1937) ist eine weltweit bekannte kanadische Tiertrainerin. Ihre Karriere begann als erfolgreiche Reiterin und Pferdezüchterin. Die Erkenntnisse und Erfahrungen zur Therapie von Pferden, die sie im Laufe der Jahre gewann, dehnte sie schließlich auf Menschen und andere Tiere aus. Heute lebt sie auf Hawaii, schreibt Bücher, hält Vorträge und unterrichtet Menschen auf allen Kontinenten in ihren Methoden, auch im deutschsprachigen Raum.

3 Sh. Anhang.

Form der Kommunikation entwickeln würde, die sich auf der ganzen Welt verbreiten würde, und um das tun zu können, müsste ich lernen, meiner Intuition zu vertrauen. Als ich in der Bibliothek meines Mannes ein Buch der Rosenkreuzer aufschlug, fand ich die Definition von Intuition: ‚*ungelerntes Wissen*'. Ich deute das wie das *direkte Wissen*, das Michael in seinem vierten Kapitel beschreibt. Ein Wissen, dem wir lernen müssen zu vertrauen, um eins mit der NATUR zu werden.

Das Vertrauen in meine Intuition ist seitdem ein Grundpfeiler meines Lebens geworden, also hatte ich keinerlei Hemmungen, Michael von Alice Springs aus anzurufen und ihn zu fragen, ob ich kommen könnte, um ihm eine Botschaft zu bringen.

Michael und ich waren uns in der Woche zuvor bei dem *Eine Erde*-Treffen im *Brisbane Awareness Center* (Bewusstseinszentrum) begegnet. Während der einwöchigen Konferenz erzählte Michael fesselnde Geschichten über seine Zusammenarbeit und das gegenseitige Einvernehmen mit Kängurus, die seine Weiden bevölkert hatten. Absolut faszinierend! Noch interessanter für mich waren seine spannenden Begegnungen mit Feenringen und dem Feenvolk.

Mich bezauberte das Feenreich seit vielen Jahren. Bis zur Konferenz in Brisbane war die aufregendste Erfahrung jedoch das Führen einer kleinen Gruppe von fünfjährigen Kindern in den blütenreichen Garten vom Esalen-Institut an der Big Sur-Küste von Kalifornien gewesen, in der Hoffnung, dort Elfen zu sehen. Es war ein entzückendes Abenteuer, das zu aufgeregten Spekulationen führte, wo denn Elfen vielleicht auf uns warteten, doch zeigten sich an diesem Tag leider keine Elfen.

Das sollte sich jedoch ändern. Als die Uhr im Konferenzzimmer zwölf schlug, hatte ich das überwältigende Gefühl, ich müsste vor dieser Versammlung von einhundert internationalen Teilnehmern sprechen, bevor sie sich wieder auflöste. Ich sprang auf und fragte, ob irgendjemand interessiert sei, mich in den botanischen Garten von Brisbane zu begleiten und zu meditieren, in der Hoffnung, Elfen zu erleben. Ein Dutzend Hände schossen in die Höhe, und wir beschlossen, mit dem Konferenzbus dorthin zu fahren.

Ich wünschte, ich hätte ein Foto von allen, die sich an diesem glückversprechenden Nachmittag versammelt hatten. Als wir uns im Kreis ins Gras setzten, um zu meditieren, hatte ich das starke Gefühl, dass die Naturgeister uns erwarteten, und ich betete im Stillen darum, dass die Elfenenergie unserem Kreis die Ehre erweisen würde.

Nur Sekunden, nachdem ich meine Augen geschlossen hatte, erschienen wundersamerweise zwei kleine Gestalten in der Mitte unseres Kreises. Eine männliche und eine weibliche Elfe – etwa zwanzig Zentimeter groß – schwebten auf Höhe unserer Augen. Die männliche Elfe trug eine funkelnde Krone mit neun Spitzen. Er blieb in der Mitte unseres Kreises und drehte sich auf der Stelle. Die Strahlen der späten Nachmittagssonne leuchteten durch die Zweige eines wunderschönen Jakarandabaumes, wurden von den Spitzen seiner Krone reflektiert und sandten einen Lichtstrahl in das Herz eines jeden Menschen im Kreis. Die weibliche Elfe, die einen winzigen Zauberstab hielt, flitzte durch den Kreis und berührte jeden von uns damit am dritten Auge und erzeugte so einen transformativen magischen Lichtfunken.

Wenn ich daran zurückdenke, lassen Lichtwellen meine Zellen aufleuchten und ein Lächeln des Entzückens macht sich breit.

Ich konnte kaum meine Aufregung beherrschen. In dem Augenblick, als wir die Meditation beendeten, platzte ich heraus: „Wer hat sie gesehen?“ Es ist merkwürdig, dass ich mich nicht an mehr Details erinnere, aber dieser verheißungsvolle Tag eröffnete mir neue Reiche, und das geschah, dessen bin ich mir sicher, wegen Michaels Anwesenheit.

Eines meiner Lieblingskapitel in diesem inspirierenden Buch ist das vierte, in dem Michael den Unterschied zwischen dem *angeeigneten Wissen* der linken Gehirnhälfte und dem *inneren Wissen* der rechten Gehirnhälfte aufzeigt und die Notwendigkeit betont, dass wir unserem inneren Wissen vertrauen müssen, damit wir die geheime Welt der Natur betreten können. Ich bin von diesem Kapitel besonders begeistert. Warum? Ich hoffe, das wirst du fragen. Weil die rechte Gehirnhälfte auch zuständig ist für die Intuition, die Gefühle und das Mitgefühl, ohne die wir keine vollständigen Menschen wären.

Übrigens wurde die Prophezeiung erfüllt. Ich entwickelte eine Kommunikationsform, die sich auf der ganzen Welt verbreitete. Ich fühle mich gesegnet, dass ich eine sanfte Form der Körperarbeit von Zelle zu Zelle und von Seele zu Seele sowie Trainingsübungen für Tiere und Menschen entwickelt habe, die auf sechs Kontinenten praktiziert wird. Bekannt als *Tellington TTouch*®[4], dessen Grundlage die Berührung in Form von eineinviertel Kreisen ist, welche die innere Erinnerung an den göttlichen Funken in jeder Zelle unseres Körpers wiedererweckt.

Michaels Mut, seine Wahrheit zu sagen und seine geniale Darstellung der unsichtbaren Reiche der NATUR haben einen starken Einfluss auf mein Leben und meine Arbeit gehabt.

Ich begann dieses Vorwort mit der Feststellung, dass die Kommunikation mit der großblättrigen Feige auf Michaels Grundstück ein Wendepunkt meines Lebens war – ein Tor zu lebenslanger Liebe und Respekt für alle Königreiche der Natur. Dem Himmel sei Dank, dass ich die genauen Worte sorgfältig in mein Tagebuch schrieb, denn Teile der Botschaft waren mir völlig unverständlich, und erst sehr viel später, als ich vor großen Gruppen von Zuhörern über die Prophezeiung sprach, begann ich, die bedeutsame und verheißungsvolle Essenz der Botschaft und ihre kraftvolle Wirkung zu erkennen.

Die Botschaft der großblättrigen Feige lautete:
„Einst gab es viele wie mich. Wir hatten ein langes Leben auf dieser Erde und viel Weisheit erlangt.

Unser Verständnis und unsere Liebe sandten gute Schwingungen aus, die weitreichende Wirkungen hatten. Dann kam der Mensch mit seinem Mangel an Verständnis.
Die Zeit, von der ich spreche, ist für euren Verstand nicht messbar.

4 In Deutschland zu finden unter: https://tellington-methode.de/

Die positiven Ionen, die durch die zerstörerischen Gedanken und Handlungen erzeugt wurden, verursachten Störungen im empfindlichen ‚Gleichgewicht der Natur'.

Die Negativität wurde so groß, dass der ganze Planet davon betroffen wurde. Das ist es, was das eigentliche Achsenungleichgewicht auf eurem Planeten verursachte. Damals kam es zur Achsenverschiebung. Um die Erde wieder ins Gleichgewicht oder in die richtige Ausrichtung zu bringen, muss euer Volk wieder die Königreiche der Pflanzen, der Tiere, der Mineralien und der Naturgeister als EINS mit euch anerkennen und als wesentlich für das Überleben des Planeten ansehen. Dass eure Rasse den Gott im Inneren anerkennt, ist nur der Anfang. Dass wir als EINS mit euch anerkannt werden, ist der Schlüssel – nicht nur für das Überleben – sondern für den Himmel auf Erden."

In dieser kritischen Zeit auf dem Planeten, in der so viele von der NATUR getrennt sind, bietet dieses Buch, meiner Meinung nach, einen Schlüssel, der deine dir innewohnenden Verbindungen freischalten kann, um die geheime Welt der NATUR zu betreten. Genieße die Reise! Segen und Aloha aus Hawaii …

Linda

Vorwort der Übersetzerinnen

Wie immer war es uns ein großes Vergnügen, ein Werk des inspirierenden Autors und originellen Mystikers Michael J. Roads zu übersetzen und auch die stete Herausforderung der Übersetzung von bestimmten Begriffen zu meistern, die im Deutschen keine genaue Entsprechung haben oder umgekehrt, wo für eine englische Umschreibung manchmal ein deutsches Wort genügt … Kapitulieren mussten wir nur an einer Stelle, an welcher der Autor mal wieder seinem leidenschaftlichen Hang zum Wortwitz nachging. Da dieser inhaltlich nicht wirklich relevant ist, haben wir einfach darauf verzichtet. Der Verlust gleicht etwa dem Weglassen von Schokostreuseln auf einer Kugel Eis: Sie ist vielleicht nicht mehr ganz so hübsch, aber erfährt weder im Geschmack noch im Nährwert eine wirkliche Einbuße.

Außerdem hat Michael J. Roads für bestimmte Dinge seine eigenen Begrifflichkeiten. So bezeichnet er seine geliebte Wahlheimat Australien zärtlich als *Oz* – was wir dann entsprechend übernommen haben. Das hat ihm übrigens im Laufe der Zeit auch den Spitznamen des *spirituellen Zauberers von Oz* eingebracht.

Da dieses Buch viel autobiographisches Material von Michael J. Roads enthält, ist es uns noch wichtig anzumerken, dass öfter seine erste Frau Treenie Roads (1936–2006) Erwähnung findet. Treenie, die vielen seiner langjährigen Fans noch persönlich bekannt sein dürfte, teilte ihr Leben über vierzig Jahre mit Michael, bis sie 2006 verstarb. Sie ist also gemeint, wenn der Autor im Buch von seiner *damaligen Frau* spricht. Zwei Jahre später heiratete er seine jetzige Ehefrau Carolyn. Die Hintergründe zum Tod von Treenie, das erneute sich Verlieben und die Erkenntnisse, die ihm all dies bescherte, beschreibt er anschaulich und auf höchst berührende Weise in seinem Buch *Durch die Augen der Liebe*[5].

Außerdem bezieht sich der Autor in diesem Buch häufiger auf seine eigenen Werke. In Absprache mit dem Verlag haben wir dann

5 Sh. Anhang.

an diesen Stellen auf eine ausführliche Fußnote verzichtet und – falls vorhanden – die deutschen Titel eingefügt und bei englischen nur knapp ergänzt. Alle erwähnten Bücher finden sich nun mit ausführlichen Angaben im Anhang in der Reihenfolge ihrer ursprünglichen Veröffentlichung.

Da im Englischen nicht zwischen Du und Sie unterschieden wird und auch dieses Buch einer gezielten Wissensvermittlung mit Übungen dient, haben wir uns erneut zum konsequenten Gebrauch des Du entschlossen, weil es dem Leser näherkommt.

Wir wünschen allen Leserinnen und Lesern nun herzlich viel Vergnügen bei der Lektüre des vorliegenden Buchs!

Elisabeth Karsten, Berlin, Deutschland
Cornelia Krättli, Lenzburg, Schweiz

Einführung

Hmm … ein weiteres Buch. Werde ich jemals mit diesem Schriftstellerspiel aufhören?

Kannst du dir vorstellen, dass ich meinen Bestseller *Mit der Natur reden* schon 1978 geschrieben habe? Ich musste viele Absagen in Kauf nehmen, bevor der Verleger H.J. Kramer es schließlich annahm. Es hieß, ich sei meiner Zeit zu weit voraus! Aber Dank Hal wurde das Buch 1985 in den USA veröffentlicht. *Im Reich des Pan* folgte 1987 und erfreute sich einer ähnlichen Beliebtheit. Um ehrlich zu sein, es dauerte bei jedem Buch etwa zehn Jahre, bis es den Bestsellerstatus erlangte.[6] Aber sie haben es geschafft und werden nach all den Jahren noch immer gedruckt.

Vierzig Jahre sind vergangen, seit ich über diese frühen Erfahrungen geschrieben habe. Und jetzt, mit weit größerer Einsicht und sehr viel mehr Erfahrung, bin ich bereit, mehr von der geheimen und meist unerkannten Welt der Natur mit dir zu teilen, diesmal auf einer neuen, ganzheitlichen Ebene.

Der Zweck dieses Buchs ist es, dich zu lehren, wie du die geheime Welt der Natur betreten kannst – wenn du dies wählst!

In meinem jüngsten Buch *Von der Illusion zur Erleuchtung* stellte ich meinen Lesern den menschlichen Aspekt der metaphysischen Welt, in der wir leben, vor. Oder, um es genauer zu sagen, wie man aus einer größeren metaphysischen Perspektive in der physischen Welt lebt und sie erfährt.

Jetzt ist die NATUR dran. Du magst dich fragen, was ist die geheime Welt der NATUR? Ganz einfach gesagt ist es die metaphysische Welt. Interessanterweise ist das die wahre Welt, die Welt jenseits aller Illusionen. Wir leben in einer Welt der Illusion und versuchen, sie zu verstehen, während wir die ganze Zeit die wahre Welt um uns herum ignorieren, die sich in einer größeren Wirklichkeit ausdrückt. In vielerlei Hinsicht ist es einfacher, dieses Buch

6 Bei den deutschen Ausgaben gilt das nur für das erste Buch. Anm. Ü.

zu schreiben. Denn die NATUR folgt ihrem eigenen Bauplan auf makellose Weise, während die Menschheit nicht nur den Bauplan des Lebens verloren hat, sondern auch das tiefere Wissen darüber, je einen gehabt zu haben!

Natürlich gibt es dabei Ausnahmen, du magst eine davon sein. Ich habe viele Bücher gelesen und einer ziemlich großen Anzahl von Menschen zugehört, die über ihr Verhältnis zur NATUR sprechen. Oft spürte ich Zweifel über das, was da geschrieben oder gesagt wurde. Manchmal freute ich mich auch über ihre wundervollen Einsichten. Wir leben in einer Zeit, in der ein breites Spektrum der Kommunikation mit der NATUR weit besser akzeptiert wird, was zu unserem großen Vorteil ist. Ich schlage vor, dass du während des Lesens dieser Seiten dem Flüstern der Akzeptanz in deinem Herzen vertraust statt dem Gemecker des Bestreitens, welches an deinem Intellekt nagen mag. Offen zu sein für das uns Unbekannte ist die Art und Weise, in der wir wachsen. Es liegt kein Wachstum darin, fortwährend das Rad neu zu erfinden!

Wenn du einer meiner vielen Leser bist, die nur auf mein nächstes Buch warten – ich LIEBE euch, Leute – nun, hier ist es! Du wirst keine Zweifel überwinden müssen und keine Ablehnung in der linken Gehirnhälfte. Du kannst einfach nur genussvoll in einem vertrauten Fluss von innerer Wärme und Wissen schwimmen.

Während der fünfzig Jahre meines Schreibens und Haltens von öffentlichen Vorträgen habe ich viel über die Metaphysik der NATUR geschrieben und gesagt. Ich werde gelegentlich ein paar der Texte aus meinen vielen anderen Büchern in dieses Buch miteinbeziehen, um gewisse Punkte zu verdeutlichen. Aber es werden nur wenige sein.

Offenkundig ist mein Blick auf die mystische NATUR gewachsen und hat sich im Laufe der Jahre erweitert. Doch wenn ich einige dieser alten Erfahrungen erneut lese und mich daran erinnere, staune ich immer wieder und bin beeindruckt von ihrer Tiefe und den darin liegenden Erkenntnissen. Wahrheit ist alterslos.

In diesem Buch über die NATUR wird Pan nur in bestimmten

Bereichen beteiligt sein. Damit meine ich, es ist kein Buch, in dem meine fortwährenden Interaktionen mit Pan geschildert werden. Pan wird nur dann involviert sein, wenn ich gewisse Themen verdeutlichen möchte. Ich bezweifle, dass ein Moment meines Lebens vergeht, ohne dass Pans Wesen bei mir ist ... Leider heißt das nicht, dass ich mir seiner immer bewusst bin. Es genügt zu sagen, dass Pan ein einmaliger Ausdruck einer unfassbaren Energie von INTELLIGENZ ist. Dass ich überhaupt irgendeine Beziehung zu dieser LIEBENDEN Unermesslichkeit habe, ist genug. Ich bin voller Demut und überwältigendem Dank, dass er mein Mentor ist.

Wie du wachse auch ich. In meinen anderen Büchern über die metaphysische NATUR ist Pan mein Lehrer und ich der Schüler. In diesem Buch bin ich der Lehrer und du hoffentlich der Schüler oder die Schülerin. Gewiss, viele meiner tiefen Einsichten kamen durch Pans einmalige Führung, aber sie wurden auch zu meiner eigenen Erfahrung. Nichts in diesem Buch ist Mutmaßung, Theorie oder Spekulation. Alles gründet in meiner eigenen persönlichen Erfahrung innerhalb der geheimen Welt der NATUR.

Ich möchte meinen Lesern empfehlen, sich gründlich mit meinen Worten über die Struktur der Wirklichkeit vertraut zu machen. Ich brauchte einige Jahre, bis ich dafür völlig offen und empfänglich war. Sie bieten eine sehr gut erklärte Abkürzung für das tiefere Verständnis der metaphysischen Welt. Aus diesen und anderen Gründen empfehle ich dir in aller Demut, das zweite Kapitel mehrfach und sehr sorgfältig zu lesen. Es wird von immensem Wert für dich sein zu begreifen, wie offensichtlich es ist, dass wir alle diese verborgene Fähigkeit haben, in die geheime Welt der NATUR Eingang zu finden. Lies dies nicht, um es zu bewerten und auseinanderzunehmen, sondern um es aufzunehmen und zu beherzigen. Dafür braucht es Vertrauen, nicht in mich – sondern in dich selbst!

Okay, nachdem ich dich nun in dieses Buch eingeführt habe, werde ich wie in all meinen anderen Büchern erneut meine veränderte Terminologie erklären, meine Art zu schreiben, um dir, dem Leser, die tiefere Bedeutung zu vermitteln. Wie immer in meinen Büchern schreibe ich die Worte in Großbuchstaben, die ich kraftvoll hervorheben möchte. Ganz offensichtlich gibt es einen Riesenunterschied zwischen transformativer Veränderung und der Veränderung des Kleidungsstils! Oder der WAHRHEIT des LEBENS und einer Wahrheit, die persönlich ist. Oder dem MYSTERIUM des Lebens, das jenseits von Verständnis ist, und einem intellektuellen Rätsel. Oder „ich LIEBE meine Frau" und „ich liebe mein Auto" und dergleichen.

Michael J. Roads
Queensland, Australien

Kapitel eins

In Erinnerungen schwelgend

Kommunikation mit der Natur sollte ein genauso großer Teil unseres Alltags sein wie die Kommunikation mit Menschen.

„Ah, das sieht besser aus“, sagte ich laut. Ich spreche manchmal mit mir selbst!

Es fühlt sich auf jeden Fall viel besser an, kam die unerwartete stumme Antwort.

Überrascht blieb ich stehen, als ich gerade am Bonsai an einer Ecke meines Gartenteichs vorbeiging.

Nur ein paar Tage zuvor war ich mit meiner schönen Frau Carolyn auf der Freilufthochzeit von guten Freunden gewesen. Um die Sitzplätze herum war eine Anzahl von Bonsai-Birkenfeigen strategisch platziert worden, die mich sehr beeindruckten. Die Bonsais waren tatsächlich recht groß, gar nicht traditionell und wuchsen in verschiedenen Behältern, von großen flachen Schalen und größeren Wannen bis hin zu sehr großen verschlungenen Stücken aus Holz.

Abgesehen von der Zurschaustellung aller Bonsairegeln – mir gefällt das – waren ihre verschiedenen ins Auge fallenden Gestalten bemerkenswert. *Sieh uns an,* sagte eine von ihnen. Ich erwiderte lächelnd, dass ich in der Tat von ihnen allen beeindruckt wäre. Ich hatte sie recht eingehend betrachtet, während wir darauf warteten, dass die herumstehenden, plaudernden Gäste allmählich ihre Sitzplätze einnahmen.

Als ich am nächsten Tag meine wenigen eigenen Bonsais bewunderte, ertappte ich mich dabei, wie ich, nicht ganz von ungefähr, ihre Behälter prüfend betrachtete und überlegte, ob ich sie verbessern könnte und wie.

Meine Bonsais aus der Birkenfeigenfamilie sind etwa vierzig bis fünfzig Jahre alt. Heute erstaunt es mich, dass es nun schon so lange her ist, dass ich die winzigen Schösslinge nahm und ihre Karriere als Bonsai begann. Sie alle stimmten dem zu – ich arbeite nur auf diese Weise. Ich habe nun auch ein paar jüngere, leuchtend bunte Bougainvilleas als Bonsais.

Als ich nun an ihnen vorbeiging und meine Blicke und Gefühle auf sie richtete, war es wie das Anschauen alter Freunde mit der versteckten Absicht, ihren Wohnort zu verändern. Sie wussten alle ganz genau, was ich im Schilde führte und weigerten sich vehement, bei einer solchen Unternehmung mitzumachen.

„Okay Freunde, ich hab's kapiert. Aber gibt es keine Freiwilligen?"

Wir sind bereit.

Nicht ganz unerwartet kam diese Antwort von zwei Banyan-Feigen, die ich erst vor ein paar Jahren gekauft hatte. Sie hatten sich nie so ins Zeug gelegt, wie es meine Pflanzen gewöhnlich tun, und so hatte ich mir Gedanken über ihre Zukunft gemacht. Tatsächlich hoffte ich, dass sie meine Freiwilligen sein würden!

Ich bin der Gärtnertyp, der verdrehtes, ungewöhnlich geformtes altes Buschholz mit Potenzial zur Seite legt. Nur für den Fall, dass der Tag kommt, an dem es gebraucht wird. Ich ergriff zwei große Stücke davon, platzierte sie dekorativ in einem entsprechend großen Topf und siehe da, er wurde zum perfekten, kunstvollen Gefäß für meine beiden Banyan-Feigen mit ihren kurzen dicken, beinahe deformiert aussehenden Stämmen.

Nachdem sie beide in ihren neuen Behälter gesetzt worden waren, welcher ihnen viel mehr Raum für die Wurzeln und damit fürs Wachstum ließ, stellte ich sie an die Kante meines Gartenteichs, etwa einen Meter über dem Boden. Sichtlich erfreut schienen sie in einer neuen Lebenserwartung zu erstrahlen. Weil ich ich bin, wurden sie stolz Carolyn gezeigt und erhielten erfreulicherweise ihren Segen. Dies war gelungen und ihre Zukunft nun gesichert.

Es waren diese Feigen, die ich bewunderte, als sie auf meinen laut ausgesprochenen Kommentar antworteten. Ich frage mich oft, warum so viele Menschen Probleme haben, mit Pflanzen zu sprechen. Tiere, kein Problem. Aber Pflanzen! Ich kann nur annehmen, dass dies eine weitere dieser selbstauferlegten Beschränkungen innerhalb der Illusion ist.

Kommunikation mit der Natur sollte ein genauso großer Teil unseres Alltags sein wie die Kommunikation mit Menschen. Aber es sind ein paar zusätzliche Fertigkeiten erforderlich, die man lernen muss. Davon abgesehen muss ich betonen, wie dürftig unsere Kommunikation mit anderen Menschen ist. So oft erzählen wir Lügen und Halbwahrheiten, wir übertreiben und schmücken aus, unsere Energie ist oft trügerisch und wir sagen nur allzu oft die Worte, die uns hoffentlich in den Augen anderer gut aussehen lassen. Nichts davon funktioniert in einem größeren Zusammenhang. Und: Du musst dir im Klaren darüber sein, dass nichts davon dir irgendeine Chance für eine sinnvolle Kommunikation mit der Natur lässt. Da kann es keine Hintergedanken geben. Kommunikation ist nichts weiter als ein einfacher Austausch von Energie. Aber wir sind nicht länger ein einfaches Volk, wir sind extrem kompliziert. Einfach ist kraftvoll. Doch es tut mir leid, das sagen zu müssen: Als Volk sind wir nicht darauf ausgerichtet, kraftvoll zu sein. In unserem Alltag sind wir allzu zerstreut und verlieren schnell Energie.

Alles ist Energie. Wir leben unsere Leben scheinbar eingefasst in den Grenzen und Beschränkungen unseres physischen Seins, und doch, paradoxerweise, sind wir das nicht. Das ist ein Aspekt der Illusion. Wir sehen und erfahren alles, was für uns sichtbar ist, doch gibt es so viel mehr. Und obwohl wir das auf einer gewissen Ebene tatsächlich erfahren, blenden wir das beiläufig aus, ohne je zu merken, was es war, das wir so sorglos ausgeblendet haben.

Ich könnte scherzen und sagen, wenn wir es verpassen, vermissen wir es auch nicht. Aber die Wahrheit ist, dass wir durch unsere mangelhafte Verbindung mit der NATUR und der ganzheitlichen Welt spirituell unterernährt bleiben und verarmen.

Die meisten Menschen befinden sich isoliert außerhalb des Lebens und bemühen sich hineinzuschauen.

In diesem Buch werde ich erklären, wie es Menschen möglich ist, *bewusst* innerhalb des Lebens zu sein und hinauszuschauen. Aber natürlich kann dies nur eine Wahrscheinlichkeit sein. Du als Leser musst diesbezüglich deine eigene Wahl treffen und *diese dann leben.* Wenn du das tust, könnte aus der Wahrscheinlichkeit eine Tatsache werden.

Auch wenn ich heute ein spiritueller Lehrer bin, so gab es eine Zeit, in der ich in meinen öffentlichen Vorträgen viel über die Metaphysik der NATUR sprach, mit einem Schwerpunkt auf Pflanzen.

Mehr und mehr Menschen akzeptieren mühelos, dass wir eine wechselseitige Kommunikation mit Pflanzen haben können. Doch die große Mehrheit der Menschen hält es noch immer für unwahrscheinlich und unmöglich. Trotzdem sprechen genau diese Menschen mit ihren Katzen und Hunden, ohne je eine Antwort zu erhalten. Doch auf irgendeine merkwürdige Weise ist das weit akzeptabler als mit Bäumen zu sprechen – seien sie extrem groß oder sehr, sehr klein.

Menschen fragen mich noch immer gelegentlich: „Also, wie kommunizierst du mit Bäumen oder auch mit Tieren? Ich meine, wie genau funktioniert das eigentlich?"

Ich gebe gewöhnlich eine recht kurze Antwort, einfach weil die lange Antwort genau das ist: viel zu lang! Doch dir, lieber Leser, werde ich nun die Details ausführlich schildern, die ich gewöhnlich auslasse, wenn ich über dieses Thema spreche.

Ich werde manchmal gefragt, ob ich mit der NATUR noch genauso viel spreche wie zu der Zeit, als ich *Mit der Natur reden* und *Im Reich des Pan* schrieb. Die ehrliche Antwort ist: Nein, ich spreche nicht mehr so viel verbal mit ihr, sondern ich *erfahre* sie mehr!

Rückblickend auf die vielen Jahre der Kommunikation mit der NATUR ist mir bewusst, wie unsicher ich dabei einmal war. Es ist fast wie der Rückblick auf eine völlig andere Person. Damals mochte ich viele Menschen nicht, was nicht zu meinem Vorteil war. Tatsächlich lernte ich mit dem Schulbeginn, Erwachsenen nicht zu trauen oder sie gar zu mögen. Die Lehrer in unserer strengen Privatschule mit ihren vor allen Schülern gezeigten Demütigungen machten mir dies leicht. Mir gefiel es jedoch, mit meinen Schulkameraden zusammen zu sein.

Als ich *Mit der Natur reden* schrieb, war es für meine vielen Leser offensichtlich, dass die NATUR mein Klassenzimmer war, während ich mich schwer damit tat zu akzeptieren, dass ich tatsächlich mit der NATUR kommunizieren konnte. Und wenn ich es konnte, warum konnten es dann andere Menschen nicht? Weil ich so unsicher war, hatte ich das Bedürfnis, von anderen für normal gehalten zu werden, doch was ich erlebte, war das unbestreitbare Gegenteil von ‚Normalität'. Menschen, die mich heutzutage kennen, hätten Schwierigkeiten damit, mein damaliges unsicheres Ich wiederzuerkennen.

Bei einer denkwürdigen Gelegenheit sprach ich einmal mit einem Gummibaum (Ficus elastica), und als er mit mir kommunizierte, fühlte ich mich zunehmend bedroht und verunsichert. Der Baum fragte mich dann, wie ich mich fühlen würde, wenn hundert oder tausend andere Menschen dieselben Worte hören könnten. Würde ich dann versuchen zu erfahren, was diese von solchen Worten hielten? Wäre ich glücklicher oder sicherer durch die Bestätigung anderer Menschen?

Ich wusste, das würde ich nicht tun. Der Weg zur Akzeptanz war mein eigener.

Leser von *Mit der Natur reden* und *Im Reich des Pan* mögen sich erinnern, dass dies eine Zeit großer Anstrengung und bedeutenden Wachstums für mich war. Damals konnte ich mir mein gegenwärtiges Verhältnis zur metaphysischen NATUR nicht einmal vorstellen. Ich würde gern sagen, dass ich rasche Fortschritte gemacht hätte. Aber in Wahrheit ist mir bewusst, dass es mehr ein Stolpern war und ich mich, ohne es zu wissen, jahrelang an meine emotionale Unsicherheit klammerte. Ich wollte ein unmögliches Maß an Bestätigung haben, die ich nicht bekommen konnte.

Aber – im Laufe der Jahre und nach viel zu vielen selbst erschaffenen traumatischen Erfahrungen in der metaphysischen Welt der NATUR wuchs ich langsam und entwickelte mich.

Ich bin so offen und ehrlich, einfach weil du dich eines Tages in einer ähnlichen Situation befinden magst oder bereits darin bist. Dann kannst du denken: Nun, wenn Michael Roads das mit all seinen Zweifeln und Unsicherheiten gelungen ist, weiß ich, dass ich das auch kann.

Und du hast Recht, das kannst du – wenn du beharrlich bleibst. Meide die ungesunden Pfade des Zynismus und der Skepsis. Diese führen nur ins Gefängnis der Selbstkritik.

Wenn ich auf diese Jahre zurückblicke, staune ich, wie das Leben mich immer an den perfekten Ort gestellt hat, damit ich meine Lektionen lerne. Nicht viele Menschen sind damit gesegnet, in der Nähe eines wunderschönen Flusses zu wohnen und doch weit genug entfernt, um immer außerhalb der Reichweite des regelmäßigen Hochwassers zu sein, das mit solchen Flüssen daherkommt.

Heute bin ich mir bewusst, dass der Ort, an dem ich *sein* muss, immer der ist, an dem ich gerade *bin*. Das trifft auch auf dich zu, lieber Leser, egal, wo du gerade bist. Wenn du wirklich deinen Aufenthaltsort verändern musst, wird dies geschehen. Deine Kraft liegt nicht darin, umziehen zu *wollen*. In der Vergangenheit habe ich mehrfach versucht, aus meinem gegenwärtigen Heim auszuziehen. Ich tue das nicht länger. Als ich Carolyn vor über zehn Jahren heiratete, schien es logisch und vernünftig, mit einer neuen Frau an einen neuen Ort zu ziehen. Aber es sollte nicht sein. Keine Interessenten, keine Angebote und dies für ein großes, sehr interessantes Haus, das einen wirklich wundervollen Garten hat.

Das hat mich die Vollkommenheit des Unvollkommenen gelehrt. Natürlich leben wir in einer Welt, in der die meisten Menschen glauben, nichts sei vollkommen. Ich lebe in einer Welt, von der ich *weiß*, dass in einer größeren Wirklichkeit alles atemberaubend vollkommen ist.

Wo wir sind, ist es für uns beide perfekt. Wir sind an dem Ort, an dem wir beide das größte Potenzial für inneres Wachstum haben. Ich könnte schlicht sagen, wir sind, wo *wir sein sollen*, aber das ist so ein überstrapaziertes New-Age-Klischee. Es gibt kein ‚sein sollen'. Wir sind, *wo* wir sind; wir sind, wer wir sind; es *ist*, wie es *ist*. ‚Sein sollen' ist ein intellektuelles Konzept, das auf Logik und Mutmaßung beruht. Menschen, die sich wünschen, die geheime Welt der NATUR zu erleben, sollten ihre Lektionen niemals auf Logik und Mutmaßung aufbauen. Das Problem damit ist, dass die NATUR für den sich selbst beschränkenden Verstand weder logisch noch vernünftig ist. Es überrascht dich vielleicht zu erfahren, dass nichts in der NATUR ein intellektueller Ausdruck ist.

Du magst dich fragen, warum der Ort, an dem ich lebe, so perfekt für uns beide ist. Die Antwort ist, dass es in mancher Hinsicht ein recht schwieriger und unvollkommener Ort für uns sein kann! Besonders für mich. Wie du vielleicht schon vermutet hast, bin ich ein begeisterter Gärtner. Das ist nicht mein Beruf, sondern meine Leidenschaft. Glücklicherweise habe ich auch eine Leidenschaft fürs Leben, und das schließt alles ein, was ich tue. Ich bin ein leidenschaftlicher Mann! Mein Garten ist eigentlich mein Spielplatz, aber er ist auch der Übungsplatz, auf dem ich ausgebildet werde. Anders als ein Pferd auf dem Longierplatz laufe ich nicht im Kreis, sondern praktiziere das bewusste Gärtnern. Ich habe ein Buch darüber geschrieben: *Conscious Gardening*[7] (Bewusstes Gärtnern) – das sagt alles.

Um einen Blick auf die Vollkommenheit unseres Lebensortes zu werfen, ist zu sagen, dass wir in den letzten Jahren durch den Klimawandel viel zu viele Dürreperioden haben und selten genug Wasser. Wir müssen unser gesamtes Regenwasser vom Dach auffangen und speichern, also bedeutet Trockenheit, dass wir nicht genug Wasser haben. Wir sind an kein kommunales Wassernetz angeschlossen, so

7 Derzeit nur auf Englisch erhältlich.

ist es in unserem Bezirk verbreitet, das Wasser aufzufangen und in Tanks zu speichern. Früher habe ich eine Menge Tanks aufgebaut und so kann ich eine Menge Wasser speichern, etwa zweihunderttausend Liter – aber das ist kein unendlicher Vorrat.

Für einen begeisterten Gärtner ist das natürlich kein perfektes Arrangement. Doch umgekehrt gesehen, ist es auch perfekt. Es hat mich gelehrt, *die Fülle dort zu sehen, wo nicht genug ist.* Ich lerne, jenseits der klammernden Hände des Wollens zu wachsen, während ich zutiefst das wertschätze, was ich alles habe sowie das reichliche Wasser, das verfügbar ist. Es hat mich gelehrt, mich auf das große nasse Ereignis auszurichten, das auf dem Weg zu mir ist, statt über die große Trockenheit zu meckern, der wir gerade ausgesetzt sind. Ich habe gelernt, dass auch das vorbeigeht!

Nichtsdestotrotz war ich jüngst ziemlich geschockt, als ich feststellte, dass ich ein altes, unerkanntes und langzeitiges Wassermangelbewusstsein hatte. Sicher, ich fokussierte auf das große nasse Ereignis, das kommen würde, aber emotional war ich in einem ausgedorrten vertrockneten Garten gefangen, während meine verschiedenen Pflanzen der Hitze und der Trockenheit erlagen. Dies offenbarte weniger meine emotionale Verhaftung an meine Pflanzen, sondern an ihr Wohlergehen, an ihr natürliches Wachstum während der Sommermonate. Und während der langen, trockenen Monate von 2016 gab es kein Wachstum, nur endlos heiße Tage, kräftigen Sonnenschein – den ich liebe – und bei Weitem nicht genug Regen.

Im Spätfrühling 2017 erkannte ich schließlich mein Problem. Ich war schockiert, dass ich noch immer diese Verhaftung hatte. Eine Woche später machte mich unsere sehr direkte Freundin und Masseurin, die entzückende Anita, darauf aufmerksam, dass ich ein Mangelbewusstsein bezüglich Wasser hätte. Sie überraschte mich. Nur für den Fall, dass ich die erforderliche Botschaft noch nicht erhalten und mich damit verbunden hatte, teilte sie mir diese nochmals mit. Wie gut ist das denn?

Sie hatte Recht. Nur ein paar Tage, bevor sie mich darauf aufmerksam machte und im Wissen, wie niedrig der Wasserstand unserer Tanks war, hatte ich großzügig verschiedene Teile des Gartens gegossen – was ich sonst nie tue.

Ich hatte schließlich eingesehen, dass ich *Lastwagenladungen* an Wasser kaufen kann – ja, es ist kostspielig, aber ich habe sicherlich das Geld dafür. Also, was war mein Problem? Ich begriff, dass eine emotionale Verhaftung blind für das erschreckend Offensichtliche machen kann.

Kannst du dir vorstellen, dass etwa eine Woche, nachdem ich verschiedene Teile eines vertrockneten und ausgedörrten Gartens gegossen hatte, prompt ein unerwarteter Regen kam, und es goss und goss wunderbar und segensreich. Etwa einen Monat lang hatten wir fortwährend Regen und alle unsere Wassertanks füllten sich. Der Garten erhielt eine tiefe und gründliche Durchnässung.

Wirklich, am ersten Tag tanzte ich im Regen, und schrie: „Danke. Danke. Danke." Endlich, endlich hatte ich meine Lektion gelernt und es schien, als würde ich dafür belohnt. Das frische grüne Wachstum in meinem revitalisierten Garten und im ihn umgebenden Buschland und Wald war absolut erstaunlich.

Darum ist der Ort, an dem wir leben, so perfekt für uns. Ich wuchs durch diese Erfahrung und ich wachse weiter. Nicht nur die Gärten müssen wachsen, auch die Gärtner. Darum die Notwendigkeit, ein *bewusster* Gärtner zu sein!

Ich erwähnte bereits, dass ich nicht mehr so viel mit der NATUR kommuniziere wie früher. Dafür gibt es zwei Gründe. Zum einen *erfahre* ich weit mehr von der metaphysischen NATUR ohne viel zu reden. Zum zweiten habe ich mich der viel schwierigeren Aufgabe angenommen, mit Menschen zu kommunizieren. Die NATUR lauscht vollkommen und unfehlbar dem, was ich kommuniziere, während die Menschen meine Worte permanent in ihre eigenen intellektuellen Raster des Verständnisses übertragen, wobei sie die Bedeutung oft verringern, verändern oder sogar löschen. Die NATUR ist immer völlig offen, während so viele Menschen ängstlich verschlossen sind. Ich vermute, ich könnte damit noch eine ganze

Weile fortfahren. Aber es genügt zu sagen, dass die NATUR mit vollem Bewusstsein *zuhört*, während die Menschen deine Worte nur unbewusst *hören*.

Zusammenfassung:

In diesem Einführungskapitel habe ich hoffentlich klargemacht, dass du niemals alles wissen wirst. Es gibt immer noch mehr zu lernen. Wenn du mit einem Garten lebst oder Spaziergänge in einem Naturwald machst, wirst du immer wachsen – solange du diese Dinge *bewusst* tust. Gerade wenn du denkst, dass du einen starken und gewissen Einblick in irgendeinen Aspekt der Natur gewonnen hast, kann dieser sich wandeln, wachsen, ausdehnen und neu und aufregend werden.

Der Intellekt neigt dazu, fest an Glaubenssätzen, Wissen und Lehren festzuhalten, doch die NATUR ist ewig in einem fortwährenden Fluss und Wandel. Gewiss können wir viele Lebzeiten mit offensichtlich wenig Veränderung darin leben, auf welche Weise wir die Natur wahrnehmen. Aber du wirst hoffentlich bereits erkennen, dass die NATUR so viel mehr ist als die physische Gestalt, die wir sehen und auf die wir uns beziehen.

Kapitel zwei

Die Struktur der Wirklichkeit

Die gesamte Menschheit, die ganze NATUR, unser Planet Erde und unser Sonnensystem sind Energie, die alle Informationen miteinander austauschen.

In diesem Kapitel werden wir tief eintauchen, denn es ist wirklich wesentlich, dass du dir der ganzen fundamentalen Prinzipien dessen, was wir Leben auf Erden nennen, bewusst wirst. Wir sehen, hören und erfahren nur einen Bruchteil des Lebens, und in diesem Bruchteil haben wir unsere vielen verschiedenen Glaubenssätze, Doktrinen, Meinungen und Dogmen tief in die menschliche Psyche eingebettet und zementiert.

Bitte öffne den Geist und das Herz, bevor du eintauchst.

Zunächst möchte ich dich nur an ein paar verblüffende Tatsachen erinnern, die uns die Physik und andere Naturwissenschaften nun aufzeigen.

Sie erklären uns, dass wir weniger als ein Prozent des elektromagnetischen Spektrums sehen. Das bedeutet, dass wir weniger als ein Prozent der größeren Wirklichkeit des Lebens sehen.

Als ob dies nicht beschränkend genug ist, hören wir weniger als ein Prozent des auditiven Spektrums. Das heißt, dass wir von den enorm vielen Geräuschen, die uns umgeben, nur sehr, sehr wenig hören.

Außerdem heißt es, dass die Atome in unserem Körper zu 99,9999999999 % leerer Raum sind.

Doch aus meiner metaphysischen Perspektive möchte ich hinzufügen, dass dieser Raum kein leeres Nichts ist, er ist Energie. Alle Energie enthält Information, und diese Energie tauscht ununterbrochen ihre Informationen mit allen Energien des Multiversums aus.

Begreife auch, dass diese Raumenergie der Menschheit nicht ausschließlich die ihre ist. Sie schließt alles in der NATUR mit ein – selbst die Erde ist Energie.

Also sind die gesamte Menschheit, die ganze NATUR, unser Planet Erde und unser ganzes Sonnensystem Energie, die alle Informationen miteinander austauschen.

Wir können dann auch gleich den letzten Schritt machen und das ganze Multiversum miteinbeziehen. Das alles ist Energie und tauscht fortwährend Informationen aus – aber keiner hört zu. Okay, nur ein paar. Ich höre zu. Jeder Mensch, der wahrhaft bewusst und gewahr ist, ist fähig zuzuhören.

Alles, was wir als physisch wahrnehmen, ist Raum, aber der größte Teil davon ist jenseits unseres sichtbaren Spektrums. So sehen wir nur das dichte Physische. Aus meiner metaphysischen Sicht ist dieser ganze Raum, diese Energie, Bewusstsein.

Das bedeutet, dass das Bewusstsein der Menschheit, der NATUR, unseres Planeten, unseres Sonnensystems und unseres Multiversums EIN Bewusstsein ist. Wir bezeichnen dies oft als Einheit oder Einssein.

Okay, dies ebnet den Weg für weitere Erklärungen: Im Juli 2015, etwa gegen zwei Uhr morgens, erfuhr ich eine innere Offenbarung über die Struktur der Wirklichkeit.

Leider kam sie in mein schlafendes Bewusstsein und obwohl ich, nachdem ich aufgewacht war, ein paar Stunden lang versuchte, sie in die Gedanken und Worte meines Wachbewusstseins zu bringen, entzog sie sich mir.

Weil ich mir des Timing-Faktors bewusst war, entspannte ich mich, denn ich wusste, dass der stimmige Zeitpunkt kommen würde.

Eines Nachts, im August 2017, erwachte ich etwa zur selben Zeit, und das ganze Szenario der Struktur der Wirklichkeit entfaltete sich in meinem empfangsbereiten und wachen Bewusstsein. Etwa zwei Stunden lang erhielt ich eine höhere Ausbildung in Bezug auf die Struktur der Wirklichkeit und der Wirklichkeit der Struktur. Dies setzte sich fort, bis es in meinem Wachbewusstsein richtig klar war. Ich erkannte, dass dies im perfekten Timing für dieses Buch geschah, welches ich, bis auf die Einführung, noch nicht zu schreiben begonnen hatte. Ich liebe es, wenn das Leben sich selbst übertrifft!

Ich werde mein Bestes tun, dir das zu erklären, denn es ist höchst angemessen, zeitgemäß und notwendig für das tiefere Erkennen und Erfahren der NATUR.

Okay, stelle dir eine Zentrifuge vor, in die viele Schaufeln voller verschieden großer Steine, Kiesel, Schotter und verschiedene Arten von Sand und Erde geworfen werden, zusammen mit etwas Wasser und Eis. Ein Betonmischer ist ein gutes physisches Beispiel, aber stelle dir vor, wie er sich mit einer sehr hohen Geschwindigkeit dreht. Während die Zentrifuge sich dreht, werden die ganzen Steine, Kiesel, der Schotter und die Sand- und Erdpartikel sowie das Wasser und Eis nach außen geschleudert an die Stelle, die ihrem Gewicht und ihrer Dichte entsprechen.

Jetzt entferne die äußeren Grenzen der Zentrifuge – lasse auch den Betonmischer los – und vergrößere den Inhalt der Zentrifuge ins Unendliche. Alles darin wird nun immer weiter hinausgeschleudert und erreicht die jeweils ihm gemäßen äußeren Grenzen des Raums. Und diese werden enorm variieren.

Stelle dir vor, wie sich diese Zentrifuge ausdehnt, bis sie die Größe unseres Universums erreicht hat und sich mit Lichtgeschwindigkeit dreht. Okay! Nun stelle dir eine Reihe von Bandbreiten vor, die von den äußeren Grenzen zum Zentrum dieser immensen universalen Zentrifuge reichen. Es gibt geradezu Tausende dieser Bandbreiten von den äußeren Grenzen der Dichte bis zum innersten Zentrum des LICHTS.

Genau wie wir bei einem Radio die Bandbreite beziehungsweise die Frequenz kennen müssen, um einen bestimmten Sender hören zu können, so zeigen diese kosmischen Bandbreiten die Wirklichkeit der Struktur und die Struktur der Wirklichkeit durch die Frequenz ihrer

Dichte. Offensichtlich konzentrieren sich alle ähnlichen Dichten in derselben Bandbreite. Diese Bandbreiten werden oft als Paralleluniversen bezeichnet, denn sie nehmen offenbar alle denselben Raum ein, für uns hingegen scheinen sie parallel zu uns zu sein.

Es wird dich wahrscheinlich nicht überraschen zu erfahren, dass sich die Bandbreite unserer dreidimensionalen physischen Dichte in der Nähe, aber nicht völlig an der äußeren Grenze dieser enormen universellen Zentrifuge befindet. Doch nun wird diese Erklärung etwas komplexer.

In WAHRHEIT sind wir metaphysische Seelen und als solche ist unsere Energie sehr licht und überhaupt nicht dicht. Dennoch ist es unsere Erfahrung, dreidimensionale Leben in physischen Körpern zu erleben. Bedauerlicherweise haben wir die Begrenzungen dieser Dichte angenommen, obwohl sie nicht die Wahrheit dessen repräsentieren, wer wir sind. Zu allem Übel leben wir unser Leben nicht als Lichtseelen in der physischen Dichte, sondern als physisch Dichte in physischer Dichtheit.

Wenn wir von dieser dichten physischen Wirklichkeit aus die Welt um uns herum betrachten und erfahren, sind wir unfähig, die Wirklichkeitsstruktur anderer Bandbreiten wahrzunehmen, weil sie sich jenseits des Frequenzspektrums von Sicht und Ton befinden – auch wenn sie denselben Raum einnehmen.

Seit Urzeiten haben wir den Glauben angenommen, dass wir physische Wesen sind. Wir leben innerhalb unserer Begrenzungen, als ob wir das Leben voll ausschöpfen würden. Doch ganz offensichtlich leben wir nur einen Bruchteil des Potenzials unserer wahren, metaphysischen Seelenwirklichkeit. Um die Situation noch weiter zu verdeutlichen: Wir sind physisch dreidimensional, während jeglicher Ausdruck unseres mentalen, intuitiven und emotionalen Körpers vierdimensional ist, und doch fahren wir fort, unser Leben innerhalb der Beschränkungen unserer selbst auferlegten Wahrnehmungsgrenzen zu leben!

Lass es mich auf eine andere Weise darlegen. Dies sind einige unserer Körper:

Der *Mentalkörper* und der *Emotionalkörper*
Diese beiden Körper sind für unser physisches Spektrum unsichtbar. Beide sind metaphysisch.

Der *Ätherkörper*
Er ist die Energie-Schnittstelle zwischen dem physischen und den metaphysischen Körpern, welche gemeinsam den Astralkörper bilden.

Der *Astralkörper*
Als Seelen sind wir astrale Wesen. Mit anderen Worten: Wir sind unsterbliche metaphysische Wesen, welche ihre Leben versunken und verloren in den sterblichen physischen Körpern verbringen.

Unser *physischer* Körper
Der physische Körper befindet sich in einer dichteren Bandbreite als unsere metaphysischen Körper, dennoch nimmt er exakt denselben Raum ein wie unser Mental-, Emotional-, Äther- und Astralkörper.

Wenn ich metaphysisch reise, verlagere ich den Fokus meines Selbst vom physischen Körper weg in meinen Lichtkörper. Lichtkörper ist *meine* Bezeichnung für den Mental-, Emotional- und Ätherkörper, die gemeinsam unseren Astralkörper bilden. Während ich dies tue, bin ich jedoch wach und bewusst und schlafe nicht.

Während des tiefen REM-Schlafs (rapid eye movement) verlagert sich der Astralkörper eines jeden Menschen weg vom physischen Körper. Wenn dies plötzlich nicht mehr geschehen würde, hätten wir schnell einen Massenwahnsinn.

Okay, nun lass uns zu den Bandbreiten zurückkehren. Die äußeren Bandbreiten entsprechen der ersten und zweiten Dimension, die nächsten sind unsere vertraute dritte und vierte Dimension, dann folgen die fünfte und sechste Dimension und so weiter – auch wenn wir sehr schnell den Punkt erreichen, an dem Dimensionen keine Bedeutung mehr für uns haben.

Jede Bandbreite hat ihre eigene Frequenz: je höher die Frequenz, umso umfangreicher sind die Ausdrucksformen der Realität der Struktur und umso komplexer die Struktur der Realität, in der das Leben erfahren wird.

Es wird sogar noch faszinierender, wenn du begreifst, dass jede Bandbreite denselben Platz im Raum einnimmt. Eigentlich nimmt sie eher den Augenblick als den Raum ein, aber wir erfahren die Fülle des Lebens so selten im Augenblick, dass wir nach linearer Zeit und linearem Raum süchtig geworden sind.

An dieser Stelle magst du denken: Was meint der nur mit der dritten und vierten Dimension?

Also, lass es mich dir noch einmal erklären. Wir sind physisch dreidimensional, aber metaphysisch vierdimensional. All unsere Gedanken, Emotionen, Gefühle, Intuition, Vorstellungskraft etc. sind offensichtlich nicht physisch. Sie sind metaphysisch und drücken sich in einer vierdimensionalen Wirklichkeit aus.

Es sollte angemerkt und daran erinnert werden, dass das Metaphysische immer dem Physischen vorausgeht.

Die Perspektive unseres Sonnensystems von unserem drei- und vierdimensionalen Standpunkt aus ist vollkommen anders als die Sicht aus der fünf- und sechsdimensionalen Wirklichkeit … und so weiter.

Wir erfahren den sogenannten Raum und die Entfernung und verbinden diese mit linearer Zeit, die uns unsere selbstbeschränkende dreidimensionale Wirklichkeit beschert.

Wie du nehme ich das physisch wahr, aber wenn ich mich in meinem Lichtkörper in eine fünfdimensionale Wirklichkeit begebe, sehe ich es ganz anders: Es gibt keinen Raum und keine Entfernung und alle Zeit nimmt denselben Augenblick ein.

An dem Punkt bist du in der Lage, die größere Wirklichkeit dessen zu erfahren und zu erfassen, die wir Gott nennen. Ein Gott, den wir nach unserem eigenen Bilde erschufen und ihn reduziert haben, damit er unserem sehr begrenzten, drei- und vierdimensionalen gedanklichen Verständnis entspricht.

Nah an der äußeren und dichtesten Bandbreite beginnend und uns nach innen bewegend, nimmt unsere Fähigkeit, das Multiversum zu *erfassen*, exponentiell zu – das heißt, wenn wir diese Reise metaphysisch unternehmen wollen.

Erfassen unterscheidet sich sehr vom Verstehen. Verstehen basiert auf unserem Intellekt, während das Erfassen in unserer Intelligenz gründet.

Ich erfasse vieles, das ich nicht verstehen kann und muss es auch nicht.

Wir haben Verstehen zu einer Hürde gemacht, denn es repräsentiert die dichte Frequenzebene der Struktur, die versucht, eine höhere Frequenzebene der Struktur zu begreifen, und das ist nicht möglich.

Doch wenn du deine höhere metaphysische Frequenz in die höhere Frequenz der Struktur verlagerst, die du zu verstehen versuchst, dann wirst du ihre umfassendere Wirklichkeit recht mühelos erfahren und erfassen.

In unserem metaphysischen Körper haben wir sieben Grundchakren, die auf den physischen Körper, und fünf Chakren, die auf den metaphysischen Körper wirken. Ein Chakra ist ein sich drehendes Rad aus farbiger Lichtenergie.

Auch wenn dir dies bekannt sein mag, kann ich dir vielleicht noch einen tieferen Einblick in ihre Bedeutung geben: Die ersten sieben Chakren verbinden dich mit der physischen Welt, mit der NATUR, den Elementen und den Elementarwesen.

Das rote Wurzel-Chakra verbindet dich mit der Erde.
Das orangefarbene Sakral-Chakra verbindet dich mit dem Wasser.
Das gelbe Solarplexus-Chakra verbindet dich mit dem Feuer.
Das grüne Herz-Chakra verbindet dich mit der Luft.
Das hellblaue Hals-Chakra verbindet dich mit dem Äther.
Das dunkelblaue Stirn-Chakra verbindet dich mit der universellen Weisheit.

Das violette Kronen-Chakra verbindet dich mit einer größeren Wirklichkeit.

Die nächsten fünf Chakren verbinden dein metaphysisches Selbst mit der Essenz des viel höheren Frequenzspektrums – einer höherschwingenden Bandbreite:

Das ultraviolette achte Chakra verbindet dich mit deinem höheren spirituellen Potenzial und ermöglicht Erleuchtung und höhere Kommunikation.

Die Regenbogenfarben deines neunten Chakras verbinden dich mit dem Bauplan der Seele, die du bist, während all deiner vielen Inkarnationen und Lebzeiten.

Die reine Lichtenergie deines zehnten Chakras verbindet dich mit deiner göttlichen Schöpfungskraft und der Synchronizität des Lebens.

Das leuchtend rosafarbene Licht deines elften Chakras verbindet dich mit deinem SELBST in anderen Dimensionen und den Wirklichkeiten des höheren Spektrums.

Die intensiv strahlende Miniatursonne deines zwölften Chakras verbindet dich mit dem unendlichen metaphysischen Universum, welchem du nun zuhören und es erfahren kannst.

Ich muss hinzufügen, dass keines dieser Chakren sich automatisch öffnet. Während du im Bewusstsein wächst, entwickeln und öffnen sich auch die Chakren. Die höheren Chakren müssen bewusst geöffnet werden, um sie erfahren zu können. Das ist ein natürlicher Prozess der bewussten Entwicklung im Wachstum eines Menschen.

Warnung: Lasse dich niemals, ich wiederhole, *niemals,* auf Leute ein, die behaupten, Chakren öffnen zu können. Das ist völlig unnatürlich und metaphysisch schädigend – eine sehr gefährliche Vorgehensweise.

Während meiner fünftägigen Intensivseminare[8] lehre ich Menschen, wie sie sich entwickeln und ihre Chakren öffnen können. Das fördert bewusstes spirituelles Wachstum, welches wiederum die Fre-

8 Sh. Anhang.

quenz eines Menschen erhöht und ihn für höhere und feinere Bandbreiten öffnet und damit verbindet.

Alle diese Bandbreiten eines universellen Lebens lassen vermuten, dass wir – ob wir es nun leben oder nicht – die Kapazität und das Potenzial haben, als multidimensionale Wesen zu leben. Was für ein Paradox: Diese unglaubliche Vielfalt jenseits unseres Sehens und Hörens ist uns so nah wie unser Atem, doch unserer Erfahrung so fern wie der am weitesten entfernte Stern und unser unerschütterlicher Glaube an Trennung.

Vielleicht hast du nun auch ein besseres Verständnis von Pan. Pan bedeutet *alles*. Pan ist auf allen Bandbreiten gleichzeitig. Pan ist eine uralte riesige, bewusste Intelligenz, die alle Frequenzen des unendlichen Spektrums einnimmt. Selbst ich kann zum ersten Mal die tatsächliche Größe Pans besser erfassen. Es macht höchst demütig, ist aber niemals erniedrigend.

Ich werde mein Bestes tun, dich in die metaphysische Welt der NATUR einzuführen. Wir alle sehen mühelos das physische Spektrum der NATUR, und so neigen wir dazu zu glauben, die NATUR sei rein physisch, so wie wir das auch von uns selbst glauben, aber dem ist nicht so. Die Bandbreite einer metaphysischen NATUR nimmt denselben Raum beziehungsweise Augenblick ein wie die physische Form, aber auf einer viel höheren Frequenz. Hier findet unsere *tiefere* Verbindung mit der NATUR statt.

Zusammenfassung:

Hoffentlich habe ich hier eine ganz neue Schwelle aufgebaut, an der du nun stehst, während du beginnst, die Tür zur geheimen Welt der NATUR zu öffnen. Du bist dir nun des vollen Spektrums an Potenzialen dieses erstaunlichen Wesens gewahr, das du in Wahrheit bist.

Du nährst das Wachstum dieses Wesens nicht mit intellektuellem Futter fürs Gehirn, sondern indem du bewusst auf die Chakren fokussierst und dich vom Wurzelchakra bis zum zwölften Chakra mit deiner bewussten Vorstellungskraft durch diese hindurch bewegst. Wenn du sie dir visuell vorstellen kannst, während du dies tust, schön und gut. Aber es ist keine absolute Notwendigkeit. Allein indem du dies bewusst tust, vielleicht einmal am Tag oder einmal in der Woche – das hängt von dir ab –, wirst du im Bewusstsein wachsen. Das *ist* Seelenentwicklung.

Kapitel drei

Über das Zuhören

Alles ist Energie und tauscht fortwährend Informationen aus – aber keiner hört zu.

Ein Mensch, der glaubt, das Selbst sei von allem Leben getrennt, weil er dies durch seine fünf Sinne erfährt, ist und lebt verloren in der Illusion. In dieser Illusion sind die grundlegenden Formen der Kommunikation das gesprochene Wort, die Kunst, meist in Form von Bildern, und die Klänge der Musik. Alles dies ist Energie, einschließlich unserer üblichen Ausdrucksformen und verschiedener anderer Möglichkeiten von Kommunikation, doch entspricht sie nicht unserem größeren Potenzial.

Geräusche sind ein wesentlicher Teil unserer Welt. Mir scheint es, dass wir, ähnlich wie die Affen, eine recht laute und geräuschvolle Gattung sind. Für viele ist dies eine tröstliche Tatsache, denn Klang oder Lärm gibt ihnen ein Gefühl von Verbindung mit der Umwelt. Andere Menschen meiden Städte und ihren Lärm und bevorzugen den Frieden und die Ruhe, die eher auf dem Land zu finden sind. Aufgrund der Art, wie ein Jeder von uns sein eigenes Verhältnis zu Geräuschen entwickelt, erschaffen wir unabsichtlich unser Verhältnis zum Leben. Damit legen wir unwissentlich auch unser inneres Wachstum im Bewusstsein oder unseren Mangel daran fest.

Denke einmal an die vielen Menschen, bei denen ein Fernseher oder Radio läuft, um ihnen ein Hintergrundgeräusch zu liefern – hören sie da wirklich zu? Sie benutzen es, um allfällige Stille zu verhindern.

Für viele Menschen ist Stille bedrohlich, wenn auch die meisten von ihnen das leugnen würden. Sie würden sagen, dass sie sich durch die Hintergrundgeräusche in Gesellschaft fühlen, und so ist es auch.

Dann sind da die vielen Menschen, die einen iPod regelrecht an ihren Ohren kleben haben, mit einer Auswahl von Hunderten von Musikstücken. Ich bin sicher, sie hören sich manches davon an. Aber wenn sie im Auto oder auf einem Spaziergang mit dem iPod im Ohr unterwegs sind oder in einem kurzen, oft hastigen Gespräch, hören sie nicht wirklich zu. Und traurigerweise hören viele Menschen, die *ohne* iPod im Gespräch mit anderen sind, auch nicht wirklich zu.

Aber ich werde das erklären und wie es unsere Beziehung zur metaphysischen NATUR beeinflusst.

Ich weise nur auf ein paar der offensichtlicheren Gründe hin, warum Menschen, die in einer geräuschvollen Umgebung leben, nicht zuhören. Es ist eine abhandengekommene Fähigkeit.

Damit geht auch eine Vorstellung einher. Menschen glauben zuzuhören, wenn sie jemanden sprechen hören. Nichts könnte der Wahrheit ferner sein. Jemanden sprechen hören ist eine Sache (die meisten können das), aber einem Menschen, der spricht, *zuzuhören* ist eine ganz andere Sache. Sehr wenige tun das im Alltag wirklich oder *können es* überhaupt. Die meisten Psychiater und Psychologen werden darin geschult, ihren Patienten *aktiv* zuzuhören. Das wäre eine sehr förderliche Übung, wenn sie in den Schulen gelehrt würde.

Wir leben in einer Welt zunehmender Taubheit. Teils ist sie alters- oder erblich bedingt, vielfach wird sie durch Industrielärm und allgemeine Lärmbelastung verursacht. Es gibt viele verschiedene physische Gründe.

Ein Grund, der nie erforscht wird, ist der metaphysische: *Wir hören nicht zu.* Wenn wir wahrhaft *zuhören*, stellen wir eine metaphysische Verbindung zu dem her, was wir hören.

Wenn wir die Klänge von Musik oder Stimmen nur *hören*, dann fehlt diese metaphysische Verbindung. Ein wahrer Musiker verbindet sich mit seiner Musik. Der Dirigent eines Orchesters hört der Musik des Orchesters als Ganzes und der eines jeden einzelnen Musikers genau zu. Orchesterdirigenten können vollkommen und wahrhaftig zuhören – vielleicht ohne es je selbst zu merken!

Ich leide ebenfalls unter einem gewissen Maß an Taubheit. Ich wuchs auf einem Bauernhof mit sehr vielen Maschinen auf zu einer Zeit, als Ohrenschützer oder ein wirksamer Lärmschutz ignoriert wurden. Nun, in meinen reifen Jahren, leide ich definitiv daran infolge des beständigen Lärms, der während dieser längst vergangenen Wintermonate vom lauten Gedröhn der Getreidetrockner und dem reibenden Geräusch des immer wieder gewendeten Getreides in den Stahltrommeln erzeugt wurde. Hinzu kommen noch Monate des Traktorfahrens, alles ohne Gehörschutz. All das war lauter, ohrenbetäubender Lärm. Damals schien es keinerlei Problem zu sein. Aber wie so viele andere zahle ich nun den Preis dafür mit verminderter Hörfähigkeit.

Außerdem muss ich gestehen, dass ich niemandem wahrhaft zuhörte. Nicht in der Schule und auch nicht zu Hause. Ich vergaß, was gesagt wurde, kaum dass die Worte ausgesprochen waren. Ich hörte die Worte, aber ich hörte ganz sicher nicht zu.

Ich hoffe, ich habe dir klargemacht, dass es einen bedeutenden Unterschied zwischen hören und zuhören gibt. Hören ist eine unbewusste Handlung. Es erfordert weder Aufmerksamkeit noch Konzentration. Es sei denn, du leidest unter Schwerhörigkeit. Wenn es ein Geräusch in deiner Nähe gibt, dann hörst du es. Wenn während einer spannenden Unterhaltung ein Hund zu bellen anfängt, dann hörst du den Hund, ob du willst oder nicht. Hören ist nicht selektiv. Du musst dafür sorgen, dass der Hund zu bellen aufhört, um dein Gegenüber deutlich hören zu können.

Zuhören ist ganz anders, es *ist* selektiv. Du musst voll bewusst sein, um zuhören zu können, nicht unbewusst.

Du kannst hören und denken, aber du kannst nicht zuhören und denken.

Und die meisten Menschen denken nonstop während einer Unterhaltung. Sie hören die Worte, aber sie hören nicht zu, während sie damit beschäftigt sind, eine passende oder beweiskräftige Antwort zu erdenken. Und das geschieht bei allen, die sich unterhalten, ohne dass sie es wissen oder bemerken.

Wenn du bewusst einem Menschen zuhörst, verbindest du dich metaphysisch mit ihm. Wenn er dich anlügt, wirst du es energetisch sofort wissen. Wenn du einen Menschen nur sprechen hörst, gibt es keine tiefere Verbindung – er kann lügen, ohne dass du es je bemerkst.

Ernsthaft, wer hört je Politikern bei ihrem ewigen Geschwafel zu? Wenn sie also ihre verlogenen Litaneien herunterleiern, hört keiner zu. Wir hören nur die Worte. Das geht sogar noch weiter. Die linke Gehirnhälfte hört diese Worte und setzt sich fortwährend mit ihnen auseinander – in Gedanken – aber ist unfähig zuzuhören.

Zuhören kommt aus der rechten Gehirnhälfte oder beiden Gehirnhälften zusammen. Die linke Gehirnhälfte ist damit beschäftigt, die hereinkommenden Worte zu organisieren, um ihnen dann – oft widersprechende – Worte zu entgegnen. Die rechte Gehirnhälfte nimmt sie einfach an und *weiß* zutiefst um ihre ganzheitliche Bedeutung.

Wenn die Gedanken während eines Gesprächs abschweifen und du einen Teil davon verpasst, fügt die linke Gehirnhälfte die fehlenden Worte automatisch ein, basierend auf deiner Annahme, was gesagt worden ist. Und meistens, ohne dass du das bemerkst.

Verloren in deinen eigenen Gedanken bemerkst du oft gar nicht, dass du den Gesprächsfaden verloren hast, auch wenn du dir bewusst sein magst, ihn wieder aufgenommen zu haben. Wir alle tun das – häufig.

Wenn wir einer Gruppe von Menschen vorgestellt werden, vergessen die meisten von uns die Namen innerhalb von Minuten. Wir haben nicht zugehört. Wir haben die Hände geschüttelt, aber wir haben keine *bewusste Verbindung* hergestellt.

Ich reite auf unserer Kommunikation herum – oder sollte ich sagen, dem *Mangel daran* – weil ich möchte, dass du etwas begreifst: Wenn wir unfähig sind, mehr als eine oberflächliche Unterhaltung miteinander zu führen, wie können wir dann erwarten, mit der NATUR zu kommunizieren, wo Worte als solches nutzlos sind?

Ich hoffe, du machst jetzt eine Denkpause. Ich kratze hierbei wirklich nur an der Oberfläche, aber dein Wunsch, mit der metaphysischen Welt der NATUR zu kommunizieren und dich tiefer mit ihr zu verbinden, hat keinerlei Chance, wenn du unfähig bist, *bewusst* zuzuhören. Ich kann die Wichtigkeit und den Wert dessen nicht genug betonen. Hinter diesen Worten stecken über fünfzig Jahre meiner aktiven Erfahrung.

Oft lächle ich während meiner Intensivseminare, wenn mir gegenüber jemand bemerkt, dass er schockiert ist festzustellen, dass er den Atem länger anhalten kann als seine Gedanken. Versuche es. Es mag dich überraschen!

Die meisten Menschen denken um die zwei- bis dreihundert Worte in der Minute. Und die meisten dieser Gedanken sind nur wiederaufbereiteter Unsinn. Das bedeutet: *ohne Sinn.*

Noch erschreckender ist die Erkenntnis, dass die Stressbelastung des emotionalen und mentalen Gehalts dieser unsinnigen Gedanken der von Tausenden vorangegangenen Inkarnationen sehr ähnlich ist. Gewiss – andere Sprachen, andere Worte, andere Bedeutungen – aber die gleichen Ängste, der gleiche Stress, die gleichen Sorgen. Unterschiedliche Ursachen, gewiss, aber die gleichen Wertigkeiten treffen zu. Stress ist Stress, unabhängig von der Ursache oder dem Zeitalter.

Warum betone ich das so sehr?

Wie dir wohl bewusst ist, kommunizieren nur sehr wenige Menschen wahrhaft mit Tieren. Beispielsweise die gut bekannte Linda Tellington-Jones, auch Penelope Smith und seit neuestem auch die brillante Anna Breytenbach[9] – um nur einige zu nennen, die ich persönlich kenne, sowie eine wachsende Anzahl anderer Menschen,

9 Alle drei Frauen haben in den letzten Jahrzehnten ihre eigenen Methoden der Tierkommunikation entwickelt. Mehr unter: https://www.tellington-methode.de/ – http://www.tierkommunikationen.de/ – http://www.animalspirit.org/ (nur auf Englisch).

die zweifellos dieses Talent entwickelt haben – und wahrscheinlich viele, die nicht öffentlich bekannt sind. Alle sind vergleichsweise seltene Menschen.

Wenn jemand von uns mit den verschiedenen Erscheinungsformen der NATUR kommuniziert, sei es ein Tier, ein Berg, ein Baum oder ein Fluss, tun wir dies meistens in Stille. Wir sind diejenigen, welche die *Energie* der stillen Kommunikation in Worte übersetzen. Um das tun zu können, spielen mehrere Faktoren eine Rolle. Aber an erster Stelle steht die Fähigkeit zu schweigen, still zu sein und zuzuhören.

Die NATUR kommuniziert nur im Augenblick. Nur der Augenblick ist Wirklichkeit. Vergangenheit und Zukunft sind Illusion. Nur die Menschen spielen ihre Spiele in der Welt der Illusion. Die NATUR lebt in der Welt der Wirklichkeit und drückt sich darin aus.

Es wird also offensichtlich, dass wir die Welt der Illusion verlassen und uns der Welt der Wirklichkeit anschließen müssen, um mit der NATUR kommunizieren und sich zutiefst mit ihr verbinden zu können. Und wenn du an diesem Punkt vielleicht glaubst, dass ich übertreibe, dann bist du in deinem Bestreben, dich mit der NATUR zu verbinden, in großen Schwierigkeiten.

Wenn du denkst, denkst du dich aus dem Augenblick heraus und in die Illusion hinein. Wenn du zuhörst – ohne Gedanken – dann bist du völlig im Augenblick. Du bist in der *wirklichen* Welt. Allerdings passiert das Menschen sehr selten! Das weist darauf hin, dass du dich *in* den Augenblick hinein hörst und aus ihm *heraus* denkst. Nimm einen tiefen Atemzug – und höre zu!

Zuhören ist eine der machtvollsten Fähigkeiten, die du für dein Wohlergehen entwickeln kannst. Die Auswirkungen gehen weit über jegliche Kommunikation mit der NATUR hinaus.
Alles Leben existiert und drückt sich im Augenblick aus.

Nichts in der NATUR verlässt je den bewussten Augenblick. Wir sind selten darin.

Nichts in der NATUR denkt. Wir hören selten damit auf.

Im unmittelbaren Augenblick ist, als was immer oder wie auch immer du Gott wahrnimmst. Im unmittelbaren Augenblick ist bedingungslose LIEBE, Frieden jenseits allen Verstehens, Seelenfreude, bewusste Intelligenz, absolute Freiheit. All dies existiert im unmittelbaren Augenblick. Doch Pilger und spirituell Suchende reisen auf der Suche danach durch die äußere Welt.

Alles existiert im unmittelbaren Augenblick, näher als der Atem des Suchenden und doch Milliarden von Meilen entfernt, wenn der Suchende durch die undurchsichtige Augenbinde des Intellekts schaut.

Ich habe das Zuhören vor vielen Jahren gelernt. Ich lebte einst sehr nah am Bellinger Fluss in Neusüdwales – ein Fluss, den ich sehr liebte.

Fünf Jahre lang saß ich auf einem dicken alten Brett, das den Fluss überbrückte, und versuchte, dem Fluss zuzuhören. Manchmal waren es ein paar Stunden, oft nur eine einzige, dann wieder nur ein paar Minuten am Tag. Es hing vom Wetter, meinem Terminplan und meinen Launen ab.

Ein Jahr verging, dann ein weiteres und alles, was ich hörte, war der spottende Ton meiner eigenen dummen, unnützen Gedanken, während ich versuchte, sie zu unterdrücken. Ich hörte Verkehrslärm, Hunde bellen, Traktoren auf dem Feld am anderen Ufer, Menschen schreien, Kinder lachen. Suche dir was aus – ich hab‘s wahrscheinlich gehört. Aber niemals habe ich Stille gehört. Ich hörte den Fluss glucksend und gurgelnd im Flussbett und die finsteren Geräusche, die er bei Hochwasser machte und Bäume und Uferteile zwang, in sein angestiegenes, wogendes und unerbittliches Wasser zu stürzen.

Alles, was ich wollte, war, der tiefen inneren Stille des Flusses zu lauschen. Ich wusste, dass sie da war. Ich wusste dies mit einer tiefen inneren Überzeugung. Natürlich hatte ich schließlich einen Durchbruch. Doch der Fluss war ein strenger Lehrer.

Einmal lief ich hinunter zu meinem Platz auf dem alten Brett und ein Dieselmotor lief auf vollen Touren auf der gegenüberliegenden Seite des kleinen Flusses. Er war dort über Nacht hingestellt worden und pumpte Wasser, um ein großes Kartoffelfeld zu bewässern. Der Lärm war ohrenbetäubend, schrecklich. Ich hasste ihn. Die Folge war, dass ich am Ufer des Flusses entlangging, bis die Bewässerungspumpe nur noch ein entferntes Murmeln war. Als ich mich hinsetzte, um zu lauschen, murmelte ich: „Ah, das ist besser."

Der Fluss sprach mich an: *Wie kannst du erwarten, das Zuhören zu lernen, wenn du bei Geräuschen zurückschreckst?*

„Es lenkt mich zu sehr ab", erwiderte ich. „Wie kann jemand bei all dem Lärm überhaupt zuhören?"

Die Pumpe ist zu deinem Wohl da. Du ignorierst das Geräusch und lauschst der Stille. Geräusche erfordern äußeres Hören. Stille erfordert inneres Hören. Beide sind sehr verschieden. Wenn du hier sitzt, wird dein Vorhaben ernstlich verzögert.

Mit einem tiefen Seufzer der Verzweiflung ging ich zurück zu meinem Brett, und im überwältigenden Lärm des Motors sitzend, gab ich mein Bestes, um zu lauschen.

Du wirst lächeln, wenn du hörst, dass ich in diesem dröhnenden Lärm der Motorpumpe schließlich in der Lage war zu lauschen. Es war merkwürdig. Meine physischen Ohren konnten den Lärm hören, aber während ich lernte, in immer tiefere Ebenen der inneren Stille hineinzuhören, war es, als ob der Motorlärm in den Hintergrund trat, bis er nicht mehr als ein lautes Murmeln war.

Es ging dabei nur um die Ausrichtung. Es war so leicht, sich auf das Geräusch auszurichten und sich ihm zu widersetzen, und es war so schwierig, sich auf die Stille auszurichten und mit ihr zu sein.

Aber ich blieb beharrlich – und es geschah. Das war wahrscheinlich nach der ersten Hälfte des fünften Übungsjahres.

Wochen nach meinem Durchbruch trug das Hochwasser, das sechs Jahre zuvor mein Brett angeschwemmt hatte, dieses wieder mit sich fort. Meine Zeit war vorüber. Nach nur weiteren sechs Wochen führte mich das Leben für immer von diesem Fluss fort.

Tat es das tatsächlich? Bevor ich Neusüdwales verließ, um nach Queensland zu ziehen, setzte ich mich an den Fluss und dankte ihm dafür, dass er so ein brillanter Lehrer war.

Augenblicke später, als wir uns in geselliger Stille befanden, begann der metaphysische Fluss durch mich hindurchzufließen, während der physische Fluss ungehindert weiter zwischen seinen schönen grünen Ufern floss. Die Energie des metaphysischen Flusses floss noch immer durch mich hindurch, als ich schließlich aufstand und ging. Er floss weiter durch mich hindurch, als ich nach Queensland zog und er tut es noch immer, während ich hier sitze und diese Worte schreibe.

Dies ist die metaphysische Welt der NATUR, die ich so LIEBE.

Zusammenfassung:

Wir haben nun klargestellt, dass die NATUR ein einzigartiger Lehrer ist, aber auch, dass wir Widerstand dagegen leisten, tatsächlich *gelehrt zu werden.*

In unserer sogenannten zivilisierten Gesellschaft haben wir tiefsitzende Probleme durch unseren Glauben, dass wir irgendwie jenseits und über der NATUR stehen. Nichts könnte der Wahrheit ferner sein.

Das Zuhören zu erlernen, erschließt dir eine große Kraft: die Kraft des JETZT.

Beim Zuhören geht es nicht einfach um das Hören physischer Worte oder Geräusche, sie sind oft lästig. Zuhören ist die *Hingabe* an den Augenblick mit einem ruhigen Geist und einem offenen Herzen. Wir sind fast nie an diesem Ort. Wir leben in der illusionären Welt der unbewussten Gedanken mit einem ausgefüllten und geschäftigen Verstand. Und leider mit einem Herzen, das nur allzu oft dem kleinen Selbst und dem SELBST verschlossen ist. Ehre dich selbst, indem du lernst, wahrhaft zuzuhören.

Kapitel vier

Über das Gehirn

Wir müssen uns aus unserem inneren Wissen heraus ausdrücken, statt aus den Mutmaßungen angeeigneten Wissens.

Mir ist bewusst, dass nun die Zeit für artenübergreifende Kommunikation gekommen ist. Mehr und mehr Menschen sind daran interessiert, diese Fähigkeit zu entwickeln, und das wird zunehmen. Ich finde es wichtig, solche Menschen auf einen Weg der Wahrheit zu führen, statt auf einen der Mutmaßung, intellektueller Fehldarstellung und Fehlinterpretation.

Gerade heute sah ich die Überschrift eines Artikels und den YouTube-Beitrag dazu, der sehr irreführend und falsch war. Er besagte im Prinzip, dass ‚Menschen lernen, die Gedanken von Tieren zu hören'. Das war so himmelschreiend inkorrekt, dass es mich störte. Und mir wurde klar, dass auch ich achtlos mit meinen Worten umgehen könnte.

Wieder einmal war es perfekt, denn die intellektuelle Schlussfolgerung des Artikels war mir eine Warnung, nicht denselben Irrtum zu begehen. Dies soll übrigens kein Tadel sein, der Autor ist höchstwahrscheinlich vom Wahrheitsgehalt seiner Worte überzeugt.

Für mich ist das ein Problem der linken Gehirnhälfte. Diese muss ein Thema verstehen, um fortfahren zu können – oder zumindest einen intellektuellen Zugang haben, durch den sie vorwärts kommen kann.

Doch die linke Gehirnhälfte ist für die Kommunikation zwischen den Gattungen nun einmal nicht ausgestattet. Sie ist besser gerüstet für Angst und Überleben, für Erzeugung und Steigerung von Wut und Aggression, für die menschliche Form von Kampf, Flucht oder Starre. Sie ist logisch, vernünftig und streitlustig. Bei ihr geht es auch um Sprache, Artikulation, Mathematik und viele andere unserer mentalen Fähigkeiten sowie um weitere höchst wichtige Faktoren unseres Alltagslebens.

Bitte halte dies nicht für Kritik an der linken Gehirnhälfte, denn so ist es nicht gemeint. Ich stelle lediglich fest, dass die Aktivität unserer linken Gehirnhemisphäre in der westlichen Welt wie auch in den asiatischen Ländern derzeit vorherrschend ist.

Wenn dies ein Hinweis darauf ist, dass die Dominanz der linken Gehirnhälfte zum Teil auf ihrer wirtschaftlichen Ausrichtung beruht, dann liegt darin ein Körnchen Wahrheit. Doch in unserer sogenannten Dritten Welt ist die linke Gehirnhälfte ebenfalls dominant.

Dies erlaubt die Schlussfolgerung, dass der vielleicht größte Faktor bei der Dominanz der linken Gehirnhälfte die *unbewusste* Tendenz des Intellekts ist, sich an mehr vom Gleichen zu klammern, unabhängig von den kulturellen Umständen. Es wird geschätzt, dass etwa 85 % der modernen Menschen eine dominante linke Gehirnhälfte haben.

Ein weiterer Grund dafür ist wahrscheinlich, dass unser gesamtes Ausbildungswesen im Intellekt der linken Gehirnhälfte gründet. Die paar wenigen Ausnahmen sind die bewussten, ganzheitlichen Privatschulen wie beispielsweise die Waldorfschulen u.a. Sie machen jedoch nur einen Bruchteil des allgemeinen Schulwesens aus.

Die linke Gehirnhälfte kann die Ursache und den Grund für einen Krieg intellektualisieren. Sie ist so unvernünftig, wie sie vernünftig sein kann. Es gefällt ihr besonders, wenn andere Menschen die Kriege führen, die sie als logisch, richtig und schlüssig wahrnimmt.

Die linke Gehirnhälfte hat keinen Bezug dazu, falsch zu liegen. Obwohl sie aus historischen Zusammenhängen weiß, dass Kriege zu noch mehr Kriegen führen, glaubt sie eigentlich, dass man für Frieden kämpfen kann – trotz aller Beweise für das Gegenteil.

Die linke Gehirnhälfte kann nichts mit der Tatsache anfangen, dass ein Land, das keinen Krieg führt, keineswegs ein Hinweis dar-

auf ist, dass das Volk dieses Landes in Frieden lebt. Es ist einfach nur ein Land, das sich nicht mit einem anderen Land im Krieg befindet. Der persönliche Selbsthass in der Bevölkerung sowie Feindseligkeiten, Wut, Familienstreitigkeiten und tägliche Kleinkriege setzen sich fort. Die linke Gehirnhälfte kann ungemein schlau sein, doch auch genauso dumm. Sieh dir nur einmal die Nachrichten aus aller Welt im Fernsehen an. Da erübrigt sich alles Weitere!
Okay, wenn ich dir nun die Vorstellung ausgetrieben habe, dass Tierkommunikation eine Funktion der linken Gehirnhälfte ist oder sein kann, umso besser!

Diese Wenigen – etwa 15 % – der Weltbevölkerung, deren rechte Gehirnhälfte dominant ist und jene, die auf natürliche Weise über ausgewogen arbeitende Gehirnhälften verfügen, also ‚ganzhirnig' sind, mögen sich durch die Funktionsweise unserer modernen Gesellschaft oft benachteiligt fühlen.

Um genau zu sein, kommen die wenigen ganzhirnigen Menschen in jeder Umgebung gut zurecht. Sie sind auf natürliche Weise im Gleichgewicht, oft offener und meist mehr in Harmonie mit dem Leben. Leider tun sich die Menschen mit einer dominanten rechten Gehirnhälfte in einer Welt, in der die linke Gehirnhälfte herrscht, *wirklich* schwer.

Und die Welt ist derzeit sehr stark von der Dominanz der linken Gehirnhälfte geprägt. Als Gattung sind wir von der NATUR mehr denn je zuvor getrennt. In ihrer Dominanz kann die linke Gehirnhälfte allein keinen Kontakt zur NATUR herstellen. Dafür bedarf es der Ausgewogenheit und Harmonie beider Gehirnhälften.

Ich habe darüber mit Anna Breytenbach gesprochen und wir lachten beide, als wir uns über unsere Erfahrungen mit Menschen austauschten, die wir unterrichteten und die versuchten, die Kommunikation mit der NATUR mit Hilfe des Intellekts zu erzwingen.

So funktioniert das nicht. Ernsthaft – ein Baum hat keinen Intel lekt, genauso wenig wie ein schwarzer Panther namens Spirit![10] Aber

10 Die berührende Geschichte der Begegnung von Spirit und Anna Breytenbach ist auf YouTube in einem kurzen Dokumentarfilm zu finden, hier der Link zu der Version mit deutschen Untertiteln: https://www.youtube.com/watch?v=ENj-0CiK97w&t=9s.

beide verfügen über bewusste Intelligenz und beide wissen, wie man energetisch auf brillante Weise kommuniziert.

Anna erzählte mir, dass es in der ersten Lektion ihrer Workshops über Tierkommunikation um Physik geht. Sie sagte, viele Menschen fänden das befremdlich. Ich schmunzelte und erwiderte, dass ich in meinen Intensivseminaren[11] über Spiritualität recht oft mit Quantenphysik anfangen würde. Aber worüber wir beide eigentlich sprechen, ist natürlich Energie!

Die rechte Gehirnhälfte hat eine ganz andere Funktion als die linke. Es gibt bei der Funktion unseres Gehirns kein Besser oder Schlechter, Richtig oder Falsch, Sollte oder Sollte nicht. Es geht dabei vor allem um Balance.

Wir alle haben beide Gehirnhälften. Aber die Dominanz ist das Problem, sei es die der linken oder der rechten Gehirnhälfte.

Ich wurde mit einer dominanten rechten Gehirnhälfte geboren. Die linkshirnlastige Schule war eine derart verwirrende Erfahrung für mich, dass ich mich im Grunde verschloss. Ich gehörte zur vier- oder fünfköpfigen Gruppe der Klassenletzten während meiner gesamten Schulzeit, welche nur neun Jahre dauerte. Ich verließ die Schule mit vierzehn Jahren. An dem Tag, an dem ich ging, wusste ich, dass es einen Gott gibt!

Weil sich mein dominant linkshirniger Bruder in der Schule auf brillante Weise selbst übertraf, schätzte mein Vater mich herzloserweise als unfähig ein. Die Tatsache, dass ich im Alter von zehn Jahren eine prächtige Sammlung von über zweihundert Kakteen und tropischen Pflanzen besaß, deren lateinische Namen und Pflegebedingungen ich alle kannte, entging ihm vollkommen.

Wenn ich jetzt, in späteren Jahren, daran zurückdenke, stelle ich fest, dass er Grund hatte, sein frühes Urteil über mich zu überdenken. Er versuchte es wiedergutzumachen, bevor er mit Anfang sechzig starb. Das war gut für uns beide!

Ich musste lernen, meine Gehirnhälften ins Gleichgewicht zu

11 Sh. Anhang.

bringen. Ich denke, dass ich heute mehr aus einer ganzhirnigen Sichtweise agiere, obwohl ich noch immer eine dominante rechte Gehirnhälfte habe.

Der Grund, warum ich über Gehirndominanz spreche, ist ganz einfach. Damit du mit der NATUR wahrhaft kommunizieren und dich verbinden kannst, ist es erforderlich, dass dein ganzes Gehirn ausgewogen arbeitet. Davon wird buchstäblich dein gesamtes Energiefeld beeinflusst.

Ich habe eine Liste von etwa fünfundvierzig Unterschieden in der Funktionsweise beider Gehirnhälften zusammengestellt. Ich werde an dieser Stelle nur ein paar davon erwähnen, um zu verdeutlichen, welche Schwierigkeiten die linke Gehirnhälfte hat, sich mit der NATUR zu verbinden.

Linke Gehirnhälfte	Rechte Gehirnhälfte
Was wir denken	Was wir fühlen
Sterbliches, persönliches Selbst	Unsterbliches Seelenselbst
Isolation und Trennung	Verbindung und EINSSEIN
Fortwährend schwatzender Verstand	Innerer Frieden und Ruhe
Intellektuell und clever	Intelligent und weise
Gut, schlecht, richtig, falsch	Es ist, wie es ist
Wettbewerb, Konkurrenz	Zusammenarbeit, Kooperation
Kopfwissen	Herzwissen
Das Physische	Das Metaphysische
Mehr unbewusst	Mehr bewusst

Dies genügt, um meine Ansicht zu verdeutlichen, dass eine dominante linke Gehirnhälfte eine schlechte Voraussetzung für die Kommunikation mit der NATUR ist, während es gleichzeitig ein Hinweis darauf ist, dass wir die notwendigen Fähigkeiten in der dafür ausgerüsteten rechten Gehirnhälfte zur Verfügung haben.

Ich werde dir eine Reihe von Anhaltspunkten geben, die die rechte Gehirnhälfte sofort *kapiert*. Die linke Gehirnhälfte mag eher dazu neigen, dem zu widersprechen oder es *nicht zu kapieren*.

Ich möchte nicht das Wort *verstehen* benutzen, denn das ist hauptsächlich eine Funktion der linken Gehirnhälfte. Sie muss verstehen … und wie versteht man, dass ein Baum ohne Intellekt in der Lage ist, mit einem zu kommunizieren?

Die rechte Gehirnhälfte *kapiert* das sofort, sie *erfasst* dies ohne das Bedürfnis, es verstehen zu müssen. Es ist in etwa so, wie die rechte Gehirnhälfte Musik hört – sie *verbindet* sich in ganzheitlicher Weise.

Das bedeutet, dass der Musiker *nach Gehör spielen* kann. Er kann mühelos das Musikstück lernen und wiederholen, mit dem seine rechte Gehirnhälfte in Verbindung war. Der dominant linkshirnige Musiker kann die Musik hören und genießen, um sie jedoch spielen zu können, muss er die Noten vom Blatt abspielen. Er muss die Noten lernen, während es für den dominant rechtshirnigen Musiker reicht, sie nur zu hören. Natürlich ist dies nur eine Verallgemeinerung, um meinen Standpunkt zu verdeutlichen.

Ich denke, das größte Hindernis, sich mit der NATUR zu verbinden, ist für eine dominante linke Gehirnhälfte das unentwegte Geschwätz. Dabei geht es um zwei Ebenen: zum einen um die bewussten Gedanken beim gezielten Grübeln über ein Problem oder eine Situation, zum anderen um die tiefere Ebene der sich wiederholenden, unbewussten Gedanken, bei denen der Denkende nicht einmal merkt, dass er sie denkt.

Als ich mich flussabwärts zurückzog, um von der Bewässerungspumpe wegzukommen, war ich mir meiner Gedanken sehr bewusst, mit denen ich mich mental über den Krach aufregte, der mich vertrieben hatte. Auf einer tieferen energetischen Ebene machte ich viel mehr Lärm als die Pumpe! Das erhöhte meine Verzweiflung, während ich, der innere Lärmverursacher, nach innerer Stille strebte. Als ich mich nach Monaten des inneren Konflikts schließlich dem lauten Geräusch der Bewässerungspumpe hingab, fand ich die innere Stille!

Wenn ich sage, dass Stille im Inneren ist und niemals im Außen gefunden werden kann, stimmt die rechte Gehirnhälfte begeistert zu, doch die linke muss darüber nachdenken. So eine Behauptung ist nicht logisch, sie ergibt keinen Sinn, ihre Schlussfolgerung: Behauptung ablehnen.

Um es noch schlimmer zu machen: Wenn ich sage, dass die NATUR, die dich umgibt, innerhalb des menschlichen Bewusstseins ist, jubelt die rechte Gehirnhälfte über eine solche Einsicht. Die oberflächlichere linke Gehirnhälfte reagiert und lehnt ab. Sie denkt: Wenn ich die NATUR außerhalb meiner selbst sehe – wie ich es tue – dann muss diese Information falsch sein. Der Unterschied ist, dass die linke Gehirnhälfte Informationen organisiert, während die rechte sie bedingungslos annimmt und beherzigt.

Die Folgen dieser sich stark unterscheidenden Verarbeitungsweisen von Information führen oft zu verblüffend unterschiedlichen Ergebnissen. Es gibt kein Richtig oder Falsch, was die Arbeitsweisen beider Gehirnhälften betrifft. Ich zeige lediglich die unterschiedliche Art ihrer Beziehung zum Leben auf. Der Intellekt entwickelte sich in der linken Gehirnhälfte, während der ganzheitlichere Aspekt der rechten Gehirnhälfte die Intelligenz schult. Gemeinsam als EIN Gehirn können die beiden Hemisphären ein wundervolles, erfüllendes Leben feiern.

Und noch ein weiterer Aspekt der Gehirnhälften ist recht unterschiedlich.

Die linke Gehirnhälfte ist ungeduldig und, wie du wahrscheinlich schon erraten hast, ist Geduld Sache der rechten Gehirnhälfte. Und wir wissen alle, dass wir in einer Welt zunehmend aggressiver und ungeduldiger Menschen leben.

Gewalt im Straßenverkehr: Wer hat vor zwanzig Jahren je von so etwas gehört? Dichter Straßenverkehr macht nur allzu deutlich, wie das Gehirn der Fahrer unter Druck funktioniert und welche Gehirnhälfte dann dominant ist!

Kannst du dir vorstellen, mit einer unfassbaren, unergründlichen metaphysischen NATUR ungeduldig zu werden? Ich habe es getan und es hat nicht funktioniert!

Seltsamerweise ist sich die rechte Gehirnhälfte bewusst, dass sie mit diesem mystischen Aspekt der NATUR *bereits verbunden* ist, genauso wie sie auch weiß, dass es keiner *physischen* Verbindung bedarf. Die rechte Gehirnhälfte ist erstaunlich geduldig, einfach weil sie keinen Bezug zu linearer Zeit hat. Sie hat einen Bezug zur sphärischen, metaphysischen Zeit, wo alle Zeit denselben Augenblick einnimmt.

Die linke Gehirnhälfte bezieht sich jedoch stark auf die lineare Zeit, sie kennt und erfährt nichts anderes. Sie spottet schon allein bei der Vorstellung, dass alle Zeit denselben Augenblick einnimmt, denn sie hat keine metaphysische Beziehung zur Zeit oder dem Leben.

Die NATUR lebt in zwei verschiedenen Zeitzonen, genau wie wir. Während wir mit unseren dominanten linken Gehirnhälften nur in der linearen Zeit leben, bezieht sich die NATUR, obgleich sie physisch-biologisch ist, auf alle Zeit, die denselben Augenblick einnimmt.

Bevor ich dieses Thema verlasse, möchte ich auf einen weiteren Aspekt ausführlich eingehen. Die NATUR ist sowohl physisch als auch metaphysisch – wie wir auch. Sie ist sich auf eine so kraftvolle Weise ihres unsterblichen und metaphysischen Selbstes gewahr, dass sie dem vergänglichen physischen Ausdruck erheblich weniger Beachtung schenkt.

Wir Menschen geben dem Wohlergehen unseres physischen und sterblichen Aspekts derart viel Beachtung, dass wir fast gar keine Beziehung zu unserem metaphysischen und unsterblichen Selbst haben. Und doch liegt ja – perverserweise – die *Missachtung* unseres Wohlergehens den meisten unserer Krankheiten und schlechten Gesundheit zugrunde. Wir sind freilich komplexe Kreaturen!

Um sich mit jeglicher Form der NATUR verbinden und mit ihr kommunizieren zu können – alles ist EINS –, müssen wir uns aus unserem inneren Wissen heraus ausdrücken, statt aus den Mutmaßungen angeeigneten Wissens.

Die linke Gehirnhälfte blüht bei angeeignetem Wissen auf, während die rechte Gehirnhälfte durch inneres Wissen genährt wird. Was genau ist der Unterschied?

Angeeignetes Wissen hat ein Verfallsdatum, auch wenn die linke Gehirnhälfte das leugnet. Angeeignetes Wissen entstammt immer der Vergangenheit, während inneres Wissen im Augenblick ist. Angeeignetes Wissen basiert auf Information und Kalkül, während inneres Wissen im Augenblick der intuitiven Eingebung entsteht. Traue niemals deiner Intuition, sagt die linke Gehirnhälfte, sie ist zu unzuverlässig, zu fantasievoll, zu fehleranfällig. Du musst diese intuitive Erkenntnis durch wissenschaftliche Forschungsergebnisse beweisen.

Hmm, ich vermute, du musst dich entscheiden, in welcher Welt du leben willst. In der Welt der Verbindung, des Vertrauens und des Einsseins oder in der Welt der isolierten, aber sogenannten bewiesenen Tatsachen.

Das Problem ist, dass die NATUR über keinen Intellekt verfügt, wie er der linken Gehirnhälfte zu eigen ist. Aber sie hat Bewusstsein, und dieses Bewusstsein verlässt niemals den Augenblick, den *Ort des inneren Wissens*. Das ist der Ausdruck bewusster Intelligenz und – ich wage es zu sagen – sehr rechtshirnig!

Zusammenfassung:

Wir haben nun festgestellt, dass es keine Möglichkeit gibt, wie sich die intellektuelle linke Gehirnhälfte wirklich mit der geheimen Welt der NATUR verbinden könnte. Wir müssen dafür bewusst, gewahr und offen sein – ohne ein Gehirn voller Glaubensmuster und Techniken. Wir müssen unseren Einsatz der rechten Gehirnhälfte pflegen und steigern und eine weit ausgewogenere Haltung entwickeln, nicht nur der NATUR, sondern auch unserem gesamten Leben gegenüber.

Anmerkung: Um die Aktivität der rechten Gehirnhälfte zu erhöhen, wähle das, was für dich am besten funktioniert *und tue es!*

Aus Freude singen, Lachyoga, den Verstand zum Schweigen bringen, schweigend in der NATUR spazieren gehen, bewusstes Gärtnern, schlichte Freude, Gedichte, einfach tagträumen, Fantasy-Literatur lesen, mit Kindern spielen, bewusste geistige Entspannung, an Blumen riechen, Tiere streicheln. Und jetzt die ganz Wichtigen: *dir selbst vertrauen, dir deines Bewusstseins gewahr sein, Menschen anlächeln und es so meinen, bewusst LIEBE wählen und sie auch ausdrücken!*

Kapitel fünf

Natur – die universelle Lehrerin

MYSTERIEN werden erfahren, sie können niemals verstanden werden.

Die NATUR hat uns so viel zu lehren. Für die landwirtschaftlichen und gärtnerischen Aspekte allein würde es ein eigenes Buch brauchen. Aber das soll hier nicht von mir geschrieben werden. An dieser Stelle bin ich damit zufrieden, nur einige der Lektionen der NATUR zusammenzufassen, die in unserer gegenwärtigen, linkshirnig geschäftigen Welt im Allgemeinen übersehen werden.

Heutzutage sind sich die meisten Menschen bewusst, dass wir einen hohen Preis für unsere zunehmende Trennung von der NATUR zahlen. Es ist offensichtlich, dass die Menschen durch ihr Handeln gegen die NATUR spirituell und materiell immer mehr verarmen. Unsere Nahrung wird immer nährstoffarmer, während genmanipulierte Nahrung den Siegeszug antritt. Unsere modernen Bauern werden immer mehr isoliert und ihre Arbeit durch ihre schwächer werdende Verbindung zum lebendigen Boden gemindert, was wiederum zu Naturprodukten mit negativen Auswirkungen auf die Konsumenten führt. Alles ist EINS!

Glücklicherweise haben wir eine stetig wachsende Anzahl von Bio- und Ökobauern. Außerdem haben wir ökologisch ausgerichtete Organisationen, die neue Informationen zu Gesundheit und Wohlbefinden in der Öffentlichkeit verbreiten. All dies ist zu unserem Wohl. Einige der Supermarktgiganten bieten inzwischen sogar dem Trend – oder vielleicht dem Geld – folgend Bio-Produkte an.

Doch trotz dieses positiven Öko-Aspekts stellt er doch nur einen winzigen, wenn auch glücklicherweise wachsenden Bruchteil all der Nahrung dar, die von einer im Grunde gleichgültigen und sorglosen

Mehrheit der Menschheit konsumiert wird.

Was den Wahnsinn noch verstärkt, ist die bestürzende Tatsache, dass die Hälfte der in der westlichen Welt produzierten Nahrung weggeworfen wird, während ein Drittel der Welt hungert.

Die Krönung der Wegwerfgesellschaft ist das Verfallsdatum, das all unserer Nahrung aufgestempelt wird. Dies wird unseren Nahrungsmittelproduzenten von den Versicherungsgesellschaften auferlegt, um dafür zu sorgen, dass niemand sich über verdorbenes Essen nach Ablauf des Verfallsdatums beschweren kann.

Wir sind *alle* spirituell verarmt durch die Art und Weise, in der die Mehrheit der Menschheit ganz nebenbei die NATUR ruiniert. Nehmen wir zum Beispiel einige jener offiziellen Gremien in Vorortgebieten, die einen Bereich von etwa einem Meter Durchmesser um einen Elektrizitätsmast oder um Straßenschilder herum mit Unkrautvernichtungsmitteln einsprühen lassen. Aufgrund ihres hochgiftigen, krebserregenden Gehalts an Glyphosat sind Erkrankungen nur eine Frage der Zeit. Die örtlichen Anwohner sind die ersten Opfer, und sie werden nie wissen, wie oder warum sie krank geworden sind.

Auf der physischen Ebene durchdringt der feine Nebel mit den mikroskopisch kleinen Tropfen ein viel größeres Terrain. Außerdem verbreitet sich unsichtbar und unmessbar die sehr zerstörerische metaphysische Energie von Glyphosat über ein noch viel größeres Gebiet, ganz unabhängig davon, in welche Richtung der Wind weht. Als krankmachende Energie durchdringt sie die Menschen, ihre Häuser, ihre Gärten und ihre Leben. Die Wirkung ist langsam und heimtückisch, während sie mit der Zeit das menschliche System zerstört. Wir sondern Lippenbekenntnisse über die schädliche physische Wirkung ab, aber es sind die unsichtbaren negativen Energien, die uns den größten Schaden zufügen können.

Die Folge unserer unnatürlichen Entfremdung von der NATUR ist, dass unsere Gesundheit stetig schlechter wird und Krebserkrankungen und andere lebensbedrohliche Krankheiten rapide zunehmen.

Trotz der durch die Möglichkeiten moderner Chirurgie vollbrachten Wunder sind wir viel zu abhängig von den Pharmaunternehmen, die sich wie Blutegel von menschlichen Erkrankungen ernähren. Wir zahlen einen enormen Preis dafür, dass wir uns mit unserer Gesundheit und unserem Wohlergehen in die Hände der mächtigen Pharmafirmen begeben.

Während wir in unserer modernen Welt immer mehr von der NATUR isoliert werden, wird der zügige Zusammenbruch unseres geistigen und emotionalen Wohlbefindens gefördert.

Genug davon – es gibt viele Bücher über diese Facetten des menschlichen Wahnsinns.

Doch es muss nicht so sein.

Welch eine Ironie, wenn du begreifst, dass alle Wesen gedeihen, wenn sie in Harmonie mit der NATUR leben. Sie sind metaphysisch mit dem Leben verbunden, und wenn sie den Übergang, ihren sogenannten Tod, erleben, *bleiben* sie im Bewusstsein verbunden. Diese Verbindung mit dem ganzen Leben ist sowohl auf einer physischen als auch auf einer metaphysischen Ebene natürlich.

Wir haben uns größtenteils vom Natürlichen abgewendet und leben *zumeist* unnatürliche Leben.

Es ist interessant, dass die nicht intellektuelle, aber der NATUR innewohnende bewusste Intelligenz um das EINSSEIN im Bewusstsein weiß und sich als solches ausdrückt.

Für die meisten Leute ist EINSSEIN ein vages Konzept, über das nur wenige nachdenken und das sehr selten erfahren wird. Es ist eine Sache, über das Netzwerk des Lebens intellektuell Bescheid zu wissen, aber eine völlig andere Sache, wenn man es erfährt. Und wir können das erfahren, aber *nicht durch den Intellekt.*

Mit dem Intellekt, der die Welt und das Leben außerhalb von sich selbst sieht, ist es leicht nachvollziehbar, dass wir Zuschauer geworden sind und nur noch selten in der NATUR mitwirken.

Sehr wenige Menschen erkennen oder begreifen das Leben als einen Prozess innerhalb des SELBST.

Durch unsere Augen schauen wir auf eine illusionäre Welt, die dem kollektiven Glauben entstammt und halten diese für das Leben. Dabei können wir so viel von der NATUR lernen. Die NATUR erfährt das Leben auf fast gegenteilige Weise. Sie nimmt am Leben vollkommen teil, sie schaut niemals zu.

Stelle dir zwei dominant linkshirnige Menschen vor, die durch einen Wald laufen. Sie haben entweder ihre iPods in die Ohren gestöpselt oder sie sind im Gespräch oder beides!

Sie gehen durch den Wald, ja, aber sie nehmen nicht an der *Erfahrung* des Waldes teil, sie erleben ihn nicht. Sie sind Zuschauer, die durch die Fenster ihrer Augen auf den Wald blicken, den sie als außerhalb ihrer selbst wahrnehmen.

Und von einem intellektuellen Standpunkt aus haben sie Recht. Der Wald, den sie sehen, *ist* außerhalb ihrer physischen Körper, eine überzeugende außerhalb ihres Selbst stattfindende Erfahrung. Sie können vielleicht die Vögel benennen, die Baumarten und auch die verschiedenen Gattungen von Flechten und Lebermoosen auf den Baumstämmen und Ästen und sich damit beweisen, wieviel sie über die NATUR wissen.

In welcher Art und Weise auch immer Menschen den Wald erfahren oder mit ihm umgehen ist ihre Sache. Aber wenn dies von ihrer linken Gehirnhälfte bestimmt wird, findet die Erfahrung ausschließlich in der physischen NATUR statt.

Jetzt stelle dir zwei dominant rechtshirnige Menschen vor. Sie sind da, um den Wald zu erfahren, also sind sie still. Sie gehen langsam, um innerlich möglichst ruhig zu bleiben. Das Geschwätz ihrer Gedanken wird immer weniger. Sie halten oft inne, hocken auf ihre Fersen, still und leise.

Allmählich werden sie noch bewusster … und sie lauschen. Sie mögen Geräusche hören, nah und fern, aber diese ignorieren sie. Sie lauschen der Stille.

Ganz allmählich, während sie langsam weiter durch den Wald gehen, beginnt er mit ihnen in Wechselwirkung zu treten. Die Waldenergie verstärkt sich in ihrer inneren Wahrnehmung.

Wenn sie still bleiben, steigen aus dem Inneren Erkenntnisse über das Leben des Waldes auf und offenbaren Dinge, von denen sie bisher noch nichts wussten. Sie spüren womöglich eine enorme, doch nebelhafte Präsenz innerhalb ihres Bewusstseins anwachsen, doch sie bleiben ruhig.

Sie fühlen eine tiefe Sehnsucht, mehr erfahren zu wollen, aber sie haben keine Fragen. Sie befinden sich jenseits von Fragen tief im Raum bewusster Erfahrung. Sie haben ein Gefühl des EINSSEINS, der mitschwingenden Verbindung, aber sie erlauben dabei der Stille, ungestört zu bleiben.

Und so setzt sich das fort, während sie immer tiefer in die größere Wirklichkeit hineingeführt werden, in der die geheime NATUR weilt. Dies ist keine verbotene Zone, sie ist jedem Menschen zugänglich, der die Demut hat, um seinen wahren Platz im großen Plan der NATUR zu wissen. Aber diese Demut ist selten zu finden, denn obwohl der Intellekt sie mental definieren kann, kann er sie nie wahrhaft erfahren.

Durch die Evolution im Laufe unserer vielen Inkarnationen sind wir in einen Bereich von Illusion gedriftet, einer Illusion, die sich nur auf die physische NATUR bezieht. Was wir sehen, gründet im menschlichen Intellekt und ist nicht die Wirklichkeit der metaphysischen NATUR.

Ein typisches Beispiel ist der Konkurrenzkampf in der NATUR. Wir sehen ihn als Konkurrenzkampf, einfach weil *wir* Konkurrenten sind.

Die meisten Menschen befinden sich während ihres Lebens im Wettkampf. Wir kämpfen gegeneinander in einem solchen Ausmaß, dass wir den Wettkampf zu professionellem Sport gemacht haben. Nicht, dass daran etwas verkehrt wäre, aber wir zahlen einen Preis dafür.

Menschen höherer Dimensionen kämpfen nie gegeneinander.

Wie die NATUR *arbeiten sie zusammen.*

Auch wenn wir die uns umgebende NATUR als höchst wettkämpferisch wahrnehmen, ist es nicht so, wie wir es sehen. Wir blicken durch die Augen von Trennung und Wettkampf und dies führt zu einer unrealistischen, intellektuell fehlgeleiteten Sicht und unserem falschen Verständnis von der NATUR.

Ein Gärtner mit einem grünen Daumen ist ein Mensch, der die Aufzucht von Pflanzen liebt. Dieser Typ Mensch ist selten wettbewerbsorientiert. Ich bin so einer. Als Junge mied ich Wettbewerbe und das tue ich noch immer. Ich lasse mich nie wissentlich auf einen Wettkampf ein.

Typen wie wir haben eine Verbindung mit der NATUR, die besonders tief ist, denn wir erfahren die NATUR uns gegenüber als vollkommen urteilslos, sie ist ein sicherer Ort. Doch auch wenn wir uns mit der NATUR wohlfühlen, bedeutet dies nicht notwendigerweise, dass wir uns auch mit anderen Menschen wohlfühlen, wenige von uns tun das. Ich persönlich musste das erst lernen.

Die Leute intellektualisieren die NATUR, was lächerlich ist, denn die NATUR ist vollkommen nonintellektuell.

Warum tun wir das und glauben die Geschichten, die unsere linke Gehirnhälfte erfindet? Warum werden so viele Leute abhängig von dem, was unsere intellektuelle Wissenschaft sagt? Es liegt am Bedürfnis der linken Gehirnhälfte zu verstehen.

Ich hoffe, dir auf diesen Seiten aufzeigen zu können, dass die geheime NATUR ein MYSTERIUM ist. MYSTERIEN werden *erfahren,* sie können niemals verstanden werden.

Aber weil die linke Gehirnhälfte das MYSTERIUM nicht annehmen kann, hat sie keine andere Wahl, als einen rein intellektuellen Ansatz für eine völlig nonintellektuelle NATUR zu haben.

Die NATUR besteht aus einer *enormen* Vielfalt von Ausdrucksformen bewusster Intelligenz.

Aufgrund der Funktion unserer linken Gehirnhälfte klassifizieren und identifizieren wir Intelligenz als eine Funktion des Gehirns.

Diese Logik geht ziemlich fehl.

Ich halte Intelligenz für den Ausdruck eines gewahren Bewusstseins. Je höher das Bewusstsein, umso größer die Ausdrucksmöglichkeiten der Intelligenz.

Allein die Taten unserer Politiker und Regierungschefs zeigen deutlich, dass es ihnen im Grunde an wahrer, *bewusster* Intelligenz fehlt, daher ihre Lügen, Korruption und verborgenen Täuschungen.

Die NATUR lehrt auf so viele Weisen. Wie wir alle wissen, entfalten sich Knospen einfach, um ihre verborgenen Blüten zu offenbaren.

Menschen bleiben für gewöhnlich ihr Leben lang viel zu oft eine fest verschlossene Knospe. Gewiss, einigen gelingt es, ihre Blütenblätter zu entfalten und den Ärger und die Werturteile langsam loszuwerden, die sie so lange – über viele Lebenszeiten – verschlossen hielten! Manche löschen den Brand der Anklage von der Knospe und erlauben den Winden des Wandels, all den selbsterzeugten Müll fortzureißen, der die Knospe verschlossen hielt –, und sie entfaltet sich. Den meisten gelingt das nicht. Sie halten stark an ihrer Anklage, ihrem Ärger, ihren Urteilen und ihren selbstzerstörerischen Gewohnheiten fest. Sie klammern sich eng an ihre Selbstgerechtigkeit und frömmelnde Engherzigkeit und verbleiben so als Knospe, verborgen in der zerdrückten und zerquetschten Blüte ihrer negativen Glaubenssätze. Niemals finden sie den Weg, die Knospe ihres größeren Potenzials zu entfalten, die Knospe größerer Möglichkeiten.

Die Blüten der NATUR entfalten einfach ihre Blätter und blühen. Sie halten sich selbst nie für nicht gut oder nicht schön genug … sie urteilen nie. Punkt. Sie *erlauben* schlicht dem Regen und der Sonne, ihr größtes Potenzial zu nähren und entfalten sich zu perfekten Blüten. In der NATUR gibt es keine besseren oder schlechteren Blüten, nur unterschiedliche. Und in der NATUR geht es vor allem um den Ansporn, der Einzigartigkeit der Unterschiede Ausdruck zu verleihen.

Wir scheuen uns oft, anders zu sein, wollen konform sein und doch entspricht es unserer Vielschichtigkeit, dass wir in unseren Unterschieden oft konform sind. Wir neigen dazu, die Meinung anderer über uns zu fürchten und übersehen dabei die zahlreichen selbstzerstörerischen Beurteilungen, die wir uns nur allzu oft auferlegen.

Im Vergleich zur NATUR tun wir uns schwer. Die linke Gehirnhälfte ist der Ansicht, dass wir überlegene Wesen sind und über den Tieren und anderen Wesen stehen. Wir leben und urteilen durch unseren Intellekt und erkennen nie, dass die meisten Menschen höchst oberflächliche Leben leben. Wir glauben an Erfolg und Scheitern und quälen uns selbst mit unseren dummen, irrigen und unbrauchbaren Glaubenssätzen. Erfolg bedeutet zu gewinnen, während Scheitern bedeutet wertlos zu sein und gefürchtet werden muss.

Blickt etwa der Kiesel am Fuß eines Berges zum Gipfel hinauf und denkt: Ich bin ein Versager. Ich bin in zehntausend Jahren nicht gewachsen. Ich hasse mich selbst.

Der Kiesel ist der Kiesel, der Berg ist der Berg. Als EINS erfahren sie das Bewusstsein als EINS. Größe ist unbedeutend, Trennung unbekannt.

Wie definiert man die NATUR? Dies ist eine Frage, die mir gestellt wurde. Für mich ist NATUR die enorme Kraft der Evolution des WANDELS auf ERDEN. Die NATUR ist geradezu das Bewusstsein der Evolution durch fortwährende Veränderung.

Als ich ein Bauer war, wurde mir klar, dass ich die NATUR auf meiner Seite haben musste. Viele Bauern haben die NATUR zu ihrem Feind gemacht. Wie dumm ist das? Sie bemühen sich, das Wachstum der Weiden durch Chemikalien anzuregen. Fairerweise muss man sagen, sie nennen es düngen – und glauben das wahrscheinlich auch. Indem sie jedes Jahr diesen chemischen Reiz einsetzen, zwingt er den Boden zu einer unnatürlichen Reaktion – genauso leicht, wie auch uns eine Droge zu etwas zwingen kann.

Während die Jahre verstreichen, wird der lebendige Boden allmählich weniger lebendig und seine Fülle an Mikro- und Makroorganismen schwindet immer mehr. Die natürliche Vorratskammer des Ackerbodens wird immer leerer, immer karger. Gleichzeitig reichern sich die unnatürlichen chemischen, beziehungsweise mineralischen Bestandteile des Düngers im Boden immer weiter an und zwingen ihn zur Degeneration.

Du könntest den Boden mit der Speisekammer der Fruchtbarkeit vergleichen. Jedes Jahr wird Fruchtbarkeit entnommen, aber nie wieder eingelagert. Auf Hunderttausenden von Bauernhöfen überall auf der Welt ist die Speisekammer schon fast leer.

Der nächste Schritt ist genmanipulierte Nahrung, nämlich die genetische Manipulation der kranken, unnatürlichen Pflanzen, um kranke, unnatürliche Nahrung in krankem degeneriertem Boden zu produzieren.

In unseren Augen sieht genmanipuliertes Gemüse physisch ganz gesund aus, aber metaphysisch ist seine Energie vollkommen unnatürlich und unserer Gesundheit und unserem Wohlergehen überhaupt nicht zuträglich.

Diese massive Ausbeutung unserer Nahrung geschieht, weil wir Menschen unseren Kontakt zur NATUR verlieren. Wären wir alle mit ihr verbunden, würde es solche Nahrungsgräueltaten niemals geben. Wären wir mit der NATUR verbunden, würden die Menschen begreifen, dass der größte Teil unserer Nahrung von schlechter Qualität ist. Wären wir mit der NATUR verbunden, würden Menschen keine Äpfel wollen, die mit Wachs überzogen sind, damit sie gut *aussehen*. Wären wir mit der NATUR verbunden, würden wir vor Zitrusfrüchten zurückschrecken, die systematisch von der ersten Blütenknospe bis zur gepflückten Frucht mit Giften eingesprüht werden. Wären wir mit der NATUR verbunden, würde uns die Energie in unserer Nahrung all das mitteilen, was wir über sie wissen müssten.

Doch du *kannst* diese längst verlorene Verbindung wiederfinden und sie erneut beleben.

Zusammenfassung:

In diesem Kapitel habe ich mich bemüht klarzustellen, dass unsere Entfremdung von der NATUR einen hohen Preis hat. Und bedauerlicher-, wenn auch unvermeidlicherweise zahlen mehr und mehr Menschen diesen Preis mit ihren zunehmenden Erkrankungen.

Um mit der NATUR zu kommunizieren und uns wahrhaft mit ihr verbinden zu können, ist es erforderlich, dass wir uns auf jeder Ebene wieder mit der NATUR verbinden. Obwohl ich von der physischen und metaphysischen NATUR spreche, sind sie doch EINS.

Ich bin Gärtnern begegnet, die über das, was ich hier schreibe, spotten würden, und doch leben sie es. Ihre Verbindung zu ihren Gärten ist wesentlich für ihr Wohlergehen. Ich erinnere mich an eine bestimmte Folge der längst vergangenen Fernsehserie *Burke's Backyard*[12]. Der Moderator sprach mit einer Frau Anfang achtzig über ihre Fähigkeit, in diesem Alter noch im Garten zu arbeiten. Sie deutete ans andere Ende des Gartens und sagte: „Du solltest dich mit meiner Mutter unterhalten!" Der Moderator ging zur Mutter, die geschäftig und glücklich Unkraut jätete. Sie war 102 Jahre alt! Während ihres Gesprächs erklärte sie lebhaft, dass es ihre Liebe zum Garten und der Aufenthalt in der NATUR waren, der sie fit und gesund erhielt.

12 Australische Garten- und Lifestyle-Sendung aus den Neunzigerjahren.

Kapitel sechs

Anschauen und sehen

Gehe hinaus in die NATUR, betrachte sie mit neuen Augen und sieh das Neue.

Wenn du eine Beziehung mit der geheimen Welt der NATUR haben möchtest, kannst du dies nicht mit verbundenen Augen tun. Du musst wissen, dass wir in unserem täglichen Leben von der NATUR weit entfernt sind. Du musst wissen, dass die meisten unserer Gedanken vollkommen auf die Illusion ausgerichtet sind und dass das Geheimnis der NATUR nicht in der Illusion zu finden ist.

Du musst dir bewusst sein, dass das, was du trinkst und isst, eine Wirkung auf deine Art zu denken hat sowie auf deinen Gefühlsausdruck, sei er nun wütend oder wertschätzend. Du musst erkennen, dass das, was wir als natürlich und biologisch bezeichnen, eher Begriffe für unser wachsendes, gewahres Bewusstsein sind als für die Energie der solcherart etikettierten Lebensmittel. Manche Obst- und Gemüseläden und sogar einige Supermärkte sind dafür bekannt, dass sie das Bio-Etikett auf Lebensmittel kleben, die gar keine Bioprodukte sind. Ich möchte gerne annehmen, dass dies nicht allzu häufig vorkommt.

Fairerweise muss man sagen, dass es heutzutage wahrscheinlich mehr achtsame, bewusste und engagierte Obst- und Gemüsebauern gibt als je zuvor.

Sicher, ich weiß, dass alle Erzeugnisse sogenannte Bio-Produkte waren, bevor unsere rücksichtslose landwirtschaftliche Ausbeutung mithilfe chemischer Düngemittel in den letzten hundert Jahren angefangen hat. Dem stimme ich zu, und auch der Boden war lebendiger und voller Energie. Aber das heißt nicht, dass alle Bauern bewusst und achtsam waren. Das waren sie nicht.

Ich war dabei, als die Chemie Einzug in die Landwirtschaft hielt. Obwohl ich jung war, kannte ich die Sichtweise vieler Bauern damals. Sie waren genauso scharf darauf, den Boden für höhere Produktion und Gewinne auszubeuten, wie die chemische Industrie scharf darauf war, *sie* auszubeuten. Und ich schreibe das ohne Vorwurf und Urteil.

Mein Vater war einer dieser Landwirte, und obwohl er eigentlich wusste, dass der natürliche, ökologische Ansatz die beste Vorgehensweise wäre, ließ er sich durch die Aussicht auf mehr Geld und die überzeugenden, mit Hochglanzfotos versehenen Prospekte doch herumkriegen. Er erlag auch der Verlockung seines scharfen Verstandes, denn offensichtlich waren die chemischen sogenannten Dünger und deren erhöhte Produktionskraft der Weg der Zukunft. Stallmist ade!

Wenn ich schreibe, dass es heutzutage mehr bewusste Biobauern gibt als je zuvor, dann meine ich genau das. Als Metaphysiker sehe ich das in ihren Energiefeldern und dem ihrer Produkte. Obwohl ich mein inneres Sehen nicht als unfehlbar bezeichnen möchte, so wächst und entwickelt es sich doch, je mehr ich es einsetze, genau wie ein Muskel.

Wie ich bereits erklärte, bedeutet eine tiefere Beziehung zur NATUR, dass wir bewusst unsere Augenbinden entfernen müssen. Es bedeutet, dass wir hinschauen und sehen. Klingt einfach, nicht wahr?

Aber das Gegenteil ist der Fall. Die meisten Menschen schauen etwas an, aber sehen nicht wirklich hin. Die Menschen betrachten die NATUR mit den Augen ihres Intellekts und durch die Brille ihrer Glaubenssätze, der Brille ihrer Erziehung, ihrer Eltern und Lehrer, ihrer Bezugsgruppe, der brillanten Filme von David Attenborough, und natürlich der Brille von gestern, letzter Woche, letztem Monat, letztem Jahr, letztem Jahrzehnt, letztem Leben und unendlich vielen Leben: alles *Vergangenheit.*

Doch wie wenig Menschen betrachten die NATUR durch die

Brille des Augenblicks, des JETZT, der Unmittelbarkeit? Tatsächlich nur sehr wenige.

Lass mich dir eine Geschichte erzählen. Als ich am Fuße von Mount Arthur in Tasmanien, dem Inselstaat von Australien, Landwirtschaft betrieb, erwarb ich etwas Waldland, das ein beträchtliches Stück weiter oben in den Bergen lag. Durch dieses hohe Vorgebirge zog sich ein Wald mit verschiedenen Eukalyptusarten. Sie gaben ihr Bestes, die riesigen Felsen auf den steileren Abhängen zu bedecken und zu verbergen. Der Wald war urwüchsig und wunderschön und außerdem Heimat eines Keilschwanzadlerpaars.

Um es kurz zu machen, ich rodete gut achtzig Hektar dieses Dschungels und befreite sie von hohem Farnkraut und Gebüsch, das einige der relativ baumlosen Bereiche bedeckte. Alle Bäume blieben unberührt. Ich las zahllose Lastwagenladungen von Steinen und Holz auf und transportierte sie von dem Land ab, das ich gerodet hatte. Ich investierte haufenweise zermürbender Arbeit in dieses erbarmungslose Land.

Eines Tages – der Boden war nun mit kümmerlichem Weidegras bedeckt – metzelte ich den Farn nieder, der noch immer versuchte, das Land wieder zurückzuerobern. Ich saß auf einem Traktor mit einem großen, motorbetriebenen Buschhacker hinter mir. Er riss die Farnstämme grob auseinander, anstatt sie glatt abzuschneiden und beschleunigte damit ihr Verfaulen, während ihr Saft durch diese maschinelle Attacke ausblutete.

Zur Mittagszeit hielt ich den Traktor an, schaltete den Motor ab und kletterte herunter. Die plötzliche Stille war verblüffend. Während ich mein Butterbrot aß, wurde ich mir der Stille bewusst und sie verwirrte mich. In der freien Wildnis ist Stille selten. Eine Krähe, die in der Ferne krächzt, ein Lüftchen, das durch die Blätter seufzt, verschiedene summende, brummende Insekten und dergleichen. Aber nein, alles war still. Und zwar so still, dass es allmählich eine Wirkung auf mich hatte. Ich wurde mir bewusst, wie meine Gedanken langsamer und immer langsamer wurden. Sehr merkwürdig!

Ich lag für ein paar Minuten auf meinem Rücken, um mich auszuruhen, und starrte hinauf in den Himmel. Etwa hundert Meter über mir kreiste langsam ein Keilschwanzadler, ohne dass sich ein Flügel oder auch nur eine Feder bewegte. Während ich ihn anstarrte und seine natürliche Anmut beobachtete, kam mir mit voller Wucht ein Gedanke: Mann! Ich wünschte, ich könnte fliegen wie ein Adler!

In diesem Augenblick verließen mich die Gedanken, und mit einer inneren, ruckartigen Drehung wurde ich mir plötzlich gewahr, dass ich durch die Augen des Adlers in meine eigenen menschlichen Augen blickte, die nach oben starrten. Beinahe geriet ich in Panik, aber eine Energie stabilisierte mich. (Es dauerte Jahre, bis ich erfuhr, dass Pan dieses Erlebnis überwacht hatte.)

Während ich langsam über meinem Land kreiste, konnte ich die Spuren meiner Rinder sehen, die weit in den Wald hineinführten, der die zaunlosen Weiden umgab. (Ich wusste bis dahin nichts von den Trampelpfaden und später ging ich ihnen nach.)

Ich konnte meinen ganzen Bauernhof unter mir sehen, und ich war mir bewusst, dass mein Blick von einer intensiven Klarheit war und viel weiter reichte als meine menschliche Sehkraft.

Ich wurde mir plötzlich gewahr, dass ich als Adler durch die Augen der Unmittelbarkeit, des unmittelbaren Augenblicks, blickte. Ich schaute und *sah* im bewussten Gewahrsein mit einer kristallinen Schärfe, die jenseits jeglicher bisherigen Erfahrung war. Dieser Augenblick ließ mich die menschliche Eigenart erkennen, etwas anzuschauen, aber nie *wahrhaft* zu sehen.

Als ich mir dessen bewusst wurde und mich daran gewöhnt hatte, veränderte sich alles. Ich blickte nun durch metaphysische Augen, und was ich sah, schockierte mich. Ich sah mein menschliches Selbst neben dem stillstehenden Traktor liegen. Vor mir tat sich ein riesiger tiefer Abgrund quer über mein Land auf – und auf der anderen Seite war der Wald: NATUR. Ich sah meine eigene Trennung – die menschliche Trennung von der NATUR. In diesem Augenblick beschloss ich, diesen unerbittlichen ABGRUND DER TRENNUNG zu überqueren. Das würde ich tun *müssen*, egal wie lange es dauerte.

Als diese Botschaft in meinem Bewusstsein ankam, legte der Adler seine Flügel an, sank ein paar Meter in die Tiefe, und mit einem physischen Ruck befand ich mich wieder in meinem Körperbewusstsein.

Zuerst war da ein Hochgefühl, eine Offenbarung erlebt zu haben – nur um von der kalten Vernunft eines überwältigenden Selbstzweifels vertrieben zu werden.

Innerhalb von vierundzwanzig Stunden verweigerte ich mich dem Erlebten komplett. Aber ich konnte es nie vergessen. Der Zauber der Erfahrung war zu tief in mir vergraben, als dass er sich verdrängen ließ, obwohl ich es versuchte. Diese Erfahrung erwies sich als lebensverändernd.

Um es kurz zu machen, der Wandel danach kam heftig und schnell. Innerhalb weniger Jahre hatte ich den Hof verkauft und reiste mit meiner Familie – Frau und vier Kindern – quer durch ganz Australien. Nichtsdestotrotz war ich meiner Aufgabe, den ABGRUND DER TRENNUNG zwischen der NATUR und der Menschheit zu überwinden, zutiefst verpflichtet.

Es dauerte fünfzehn Jahre. Ich überquerte den Abgrund, nur um festzustellen, dass es ihn gar nicht gab. Ein Paradox: Der ABGRUND DER TRENNUNG wird vom intellektuellen Verstand geschaffen und eben dieser intellektuelle Verstand kann ihn nicht überwinden.

Ich überquerte ebenfalls den genauso wenig existierenden Abgrund zwischen physischem und metaphysischem SELBST, aber all das ist eine andere Geschichte für eine andere Zeit.

Es soll genügen, von meiner Dankbarkeit dem Adler gegenüber zu berichten, der mir einen flüchtigen Eindruck von meinem Potenzial und der *Wahrheit* meines WESENS gab – und dem von uns allen.

Trotz der lebensverändernden Kraft dieser Erfahrung wurde mir die Fähigkeit, unmittelbar sehen zu können, nicht geschenkt – das wäre zu schön gewesen! Wie das geht, musste ich selbst lernen. Dieser Lernprozess ist eine absolut relevante Geschichte.

Zurück zu meinem alten Lehrer früherer Zeiten, dem Fluss.

Eines Tages, während ich lernte, der lautlosen Stimme des Flusses zu lauschen, stellte er mir eine Frage: *Siehst du mich als neu?*

Das war eine ziemlich beunruhigende Frage. Wenn ich auf eine Stelle an der Wasseroberfläche starrte, dann sah alles Wasser exakt gleich aus, jeden Tag. Ich konnte es nicht als neu sehen.

Das verstörte mich, da der ewig fließende Fluss offensichtlich in jedem Augenblick neu war – das vollkommenste Beispiel für die fortwährende Erneuerung des Lebens. Doch alles, was ich sehen konnte, war immer das gleiche Wasser. Wenn ich auf einen kleinen Bereich im Wasser starren würde und ihn im Blick behalten wollte, hätte ich am Flussufer entlanglaufen müssen. Damit musste ich mich ebenfalls geschlagen geben.

Lange Zeit kämpfte ich darum und beschäftigte mich damit, meine Fähigkeit des Zuhörens zu üben, die der Verbesserung bedurfte: Hatte mich der Fluss wirklich gefragt, ob ich ihn als neu ansehen könnte oder hatte mir mein Verstand einen Streich gespielt? Ich *wusste* es, aber leider zweifelte ich stark daran. Der Zweifel und ich waren enge Gefährten! Monatelang übte ich, das immer Neue des Flusses zu sehen, während ich ihm lauschte, um sicher gehen zu können, dass er mich nicht auslachte!

Nach fast einem Jahr war ich in meiner Absicht noch immer unerschütterlich. Im Rückblick weiß ich nun, dass das Leben dich beim Wort nimmt, wenn du etwas beabsichtigst. Aber es ist auch erforderlich, dass du darauf beharrst. Und beharren tat ich.

Ich verbrachte den größten Teil meiner Übungszeit mit dem Versuch, das Neue in meiner damaligen Frau und meinen Kindern zu sehen. Monat für Monat verging, doch sie blieben ärgerlicherweise die gleichen. Der gleiche Fluss, die gleiche Frau, die gleichen Kinder, das gleiche Ich, das gleiche alte Gleiche. Ich wurde buchstäblich vom Gleichsein überwältigt, aber das Neusein blieb mir vorenthalten. Ich fragte mich sogar, ob das, was ich da versuchte, überhaupt möglich war. Aber ich blieb dran und fühlte mich dabei zunehmend albern.

Als ich eines Morgens erwachte, fühlte und hörte ich in mir die Worte: *Nur das Neue in dir kann das Neue im Fluss und in anderen Menschen sehen.*

Meinem Gefühl nach war es der Fluss, der mit mir redete, weil es seiner Energie zu entsprechen schien, was sich später bestätigte.

Von da an hielt ich Ausschau nach dem Neuen in mir. Puh! Das dauerte weitere sechs Monate oder länger, also werde ich das überspringen und einfach sagen, dass der atemberaubende Augenblick kam, in dem ich das Neue in mir entdeckte. Auf der Grundlage des überraschend Neuen in mir begann ich dann nach dem Neuen in meiner Frau und meinen Kindern Ausschau zu halten und sah es schließlich auch.

Ich erinnere mich an meine anfängliche Aufregung und die Frustration, es nur mit so wenigen Freunden teilen zu können. Aber meine damalige Frau wusste es und sie verstand.

Als ich schließlich zum Flussufer hinunterging und den Fluss ansah, *erfuhr* ich ihn als fortwährendes Neusein. Ich lächelte vor Freude. Jetzt schien es so einfach. Was war der Unterschied?

Als ich darüber nachdachte, erkannte ich, dass es normal ist, durch die Verbindung von Augen und Gehirn zu schauen. Doch durch meine Beharrlichkeit hatte ich allmählich gelernt, auch durch die Verbindung von Herz und Augen zu schauen, welche metaphysisch schon immer existierte.

Es ist keine Umgehung der automatischen ‚Gehirnaugen', es schließt diese mit ein und ist insgesamt eine ganzheitlichere und tiefere Sichtweise. Und ich habe außerdem den Verdacht, dass es, obwohl dies für mich eine Entdeckung war, den indigenen Völkern verschiedener Nationen wahrscheinlich längst bekannt war und sie es ebenso wahrscheinlich vergessen haben.

Darum lege ich dir eindringlich nahe, hinzuschauen und *wahrhaft* zu sehen. Es wird von unschätzbarer Hilfe bei der Verbindung mit der verborgenen NATUR sein.

Bei uns modernen Menschen sind die Augen träge geworden. Wir tragen Brillen, nicht unbedingt, weil wir sie wirklich brauchen, sondern weil wir träge Augen für normal halten. Ich schließe mich selbst da mit ein. Ich trage eine Lesebrille.

Wir müssen unsere Nahrung nicht länger erjagen und fortwährend in nah und fern nach ihr oder möglichen Gefahren Ausschau halten. Unsere Leben sind nicht länger von unserer Fähigkeit abhängig, mit der Unmittelbarkeit, Klarheit und gespannten Aufmerksamkeit blicken zu können, die solche Situationen erfordern. Wir müssen nicht länger die Energie einer Pflanze sehen, um sofort *zu wissen*, ob sie potentielle Nahrung ist oder ein schnell oder langsam wirkendes Gift.

Träge Augen neigen dazu, ihre Umgebung als flach zu sehen, ohne es je zu bemerken. Landschaftsmaler üben sich im Sehen. Wenn wir das Landschaftsbild eines begabten Malers betrachten, staunen wir über seine Tiefe. Warum ist das so? Weil wir selten auf das wahre Aussehen der Landschaft achten, die uns im Alltag umgibt. Man hat es schon gesehen, weiß, was es ist – träge Augen! Ein guter Maler hat die Fähigkeit, uns eine Landschaft auf eine solche Weise zu präsentieren, dass sie beinahe von der Leinwand zu springen scheint oder uns tief ins Bild hineinzieht. Wir brauchen unsere Künstler.

In unseren Gärten ist es auch so. Wenn wir das Glück eines eigenen Gartens haben – viele haben das nicht – blühen die Pflanzen beinahe unermüdlich Jahr für Jahr. Da gibt es jene Leute, die jedes Jahr *die gleichen* Blüten sehen, und dann sind da die Wenigen, die diese Blüten jedes Jahr als völlig *neu* sehen. Die Farben und Formen sind die gleichen, aber sie sind jedes Jahr funkelnagelneu und haben im Garten eines Gartenliebhabers eine stetig wachsende Energie.

Zusammenfassung:

Wir haben nun festgestellt, dass Anschauen und *Sehen* sehr verschieden sind. Offensichtlich ist es erforderlich, dass du die NATUR, die dich umgibt, wahrhaft siehst, wenn du vorhast, eine sinnvolle Beziehung zu ihr zu haben.

Wenn du durch Australien reist, wirst du das durchfahren, was als ‚Oberes Ende' bekannt ist. Das ist die lange, lange Strecke im Norden von Australien, die von der Ostküste hinüber zur Westküste führt. Ich habe viele Leute sagen hören, dass dies eine sehr langweilige Strecke sei und es nichts zu sehen gäbe. Das ist die übliche Beschreibung, aber eine kolossal ungenaue. Was sie wirklich meinen, ist, dass es der langen Fahrt an Unterhaltung mangelt. Mit unseren heutigen elektronischen Spielzeugen und den Filmen können diese Leute nun natürlich die Fahrt hinter sich bringen, ohne jemals aus dem Fenster zu schauen – abgesehen vom Fahrer. Und der langweilt sich derart, dass er dazu neigt, am Steuer einzuschlafen.

Ich bin diese nördliche Strecke gefahren, und sie kann mehrere Tage lang durch eine flache, karge Wüste führen. Aber wenn du aussteigst und kurz zu einem Mitwirkenden in dieser trocknen Landschaft wirst, findest du unter Holzstücken und alter Baumrinde viele Reptilien und dazu eine überraschende Anzahl blühender Pflanzen. Du wirst Pflanzen entdecken, die sehr originelle, manchmal auch sehr schmerzhafte Methoden entwickelt haben, um sicherzugehen, dass du ihre Samen verbreitest. Worauf ich hinaus will: Dies ist eine *lebendige* NATUR und überhaupt nicht langweilig. Gehe hinaus in die NATUR, betrachte sie mit neuen Augen und *sieh das Neue.*

Kapitel sieben

Über das Bewusstsein

Der einzige Weg, um im Bewusstsein zu wachsen, ist, dies bewusst zu tun.

Was ist die NATUR? Die NATUR ist die *natürliche* Evolution des Bewusstseins. Was ist die Menschheit? Die Menschheit ist die *schöpferische* Evolution des Bewusstseins.

Beides gilt in unserem speziellen Teil des Sonnensystems nur für das Leben auf dem Planeten Erde. Es gehört sogar noch weit mehr dazu, aber jetzt bleiben wir zunächst mal bei Mensch und NATUR.

Was ist also der eigentliche Unterschied zwischen der NATUR und der Menschheit? Nun, das ist wirklich eine Frage, denn trotz des *EINSSEINS* im *Bewusstsein* sind die Unterschiede in seinem *Ausdruck* von einer unfassbaren Vielfalt. Das kann ich nicht genug betonen.

Die NATUR ist *fortwährend* voll bewusst. Die Menschheit ist *selten* voll bewusst.

Dies stellt offensichtlich ein gewisses Problem dar. Eigentlich ist es ein riesiges Problem, wenn du irgendwie mit der NATUR kommunizieren oder die geheime Welt der NATUR erleben möchtest. Wie verbindest du dich, wenn du immerzu unbewusst *außerhalb* des Augenblicks bist und die NATUR ewig bewusst *innerhalb* desselben ist?

Sei Dir gewahr, dass ich solche Behauptungen nicht aufstelle, um dich von der Kommunikation oder der Verbindung mit der NATUR abzubringen. Im Gegenteil, ich möchte, dass du dir ganz im Klaren darüber bist, was für dich bezüglich dieser Verbindung funktioniert und was nicht.

Ich erzähle dir von den physischen und tieferen metaphysischen Erfahrungen aus meinem ganzen Leben. Außerdem bin ich dir gegenüber total ehrlich, was meine persönlichen Erfahrungen angeht und wie sie für dich anwendbar sind oder sein könnten. Ich hege keinerlei Absicht, dir gefällige, aber nutzlose, mit Zuckerguss überzogene Techniken anzubieten, die tieferer Wahrheit und Ehrlichkeit entbehren.

Was ich in diesem Buch schreibe, hat die Kapazität und das Potenzial, dein ganzes Leben zu transformieren. Aber natürlich liegt das bei dir. Du wirst dies entweder der intellektuellen Bibliothek deines gegenwärtigen Wissens hinzufügen, was eine Verschwendung wäre, oder du nutzt die Gelegenheit, dir mit diesem Schlüssel die Tür zu etwas Neuem, Bemerkenswertem und höchst Beglückendem zu öffnen.

Lass uns kurz einige der verschiedenen Ausdrucksformen des Bewusstseins betrachten, die uns vertraut sind. Wir haben alle vom großen menschlichen Unbewussten gehört und gelesen.
Du haust mir ein schweres Stück Holz auf den Kopf und ich verliere das Bewusstsein. Richtig?

Nein, eigentlich ist das falsch. Was du mit deinem Schlag auf meinen Kopf bewirkt hast, ist die Trennung meines wachen Gehirns vom Bewusstsein. Das Bewusstsein ist weiterhin da, aber ich bin nicht in der Lage, mich damit zu verbinden, weil mein Gehirn vorübergehend betäubt wurde. Fälschlicherweise bezeichnen wir dies als bewusstlos.

Dann gibt es Leute wie den Psychiater C.G. Jung, der postulierte, dass wir Menschen ein kollektives Unbewusstes haben. Als er dies lehrte, erkannte man nicht, dass diese Lehre mangelhaft war, weil man es nicht besser wusste. Sie wurde also akzeptiert, einfach weil Menschen nie, selten oder überhaupt jemals voll bewusst sind. Schließlich etablierte sich diese Lehre als allgemeine Überzeugung, wurde zum Dogma, zur sogenannten Tatsache – alles auf Illusion basierend.

Ich finde es erschreckend, dass so eine fehlbare Theorie glaubwürdig werden kann. Jeder voll bewusste Mensch würde diesen Irrtum umgehend *erfahren und erkennen.* Du kannst nicht ohne Bewusstsein sein, weil es unmöglich ist.

Bewusstsein ist das metaphysische Gewahrsein dessen, was wir Leben nennen. *Bewusstsein ist Leben.* Du kannst nicht *ohne Leben* sein, auch wenn wir dieses Spiel spielen, indem wir an den Tod glauben. Die Gleichung von Leben und Tod scheint ebenfalls etwas zu sein, das die Menschheit nicht einmal annähernd begreift.

Zunächst einmal ist das gesamte Leben metaphysisch. Das Metaphysische geht dem Physischen *voraus.* Um es besser verstehen zu können, kannst du das Wort metaphysisch auch durch spirituell ersetzen, es ist ein und dasselbe.

In Wirklichkeit ist die Menschheit bewusst. Viele Menschen, die während einer Operation anästhesiert – bewusstlos! – waren, haben hinterher ausführlich das ganze Gespräch zwischen den Chirurgen geschildert, von denen sie operiert wurden. Dies ist weithin bekannt, doch oft wird es abgestritten oder ignoriert. Das Bewusstsein ist weiterhin da, ob das Gehirn betäubt ist oder nicht, denn wir sind fähig, auf anderen höheren Ebenen des Bewusstseins zu funktionieren.

Der große verstorbene J. Krishnamurti erklärte mit Nachdruck, dass es so etwas wie bewusstlos nicht gäbe. Ich erklärte mit dem gleichen Nachdruck, dass er falsch liege, bis auch ich schließlich spirituell erleuchtet wurde. Lächelnd habe ich mich dann metaphysisch bei ihm entschuldigt. Der Ausspruch eines Meisters ist für einen Schüler oft schwer zu begreifen.

Was wir jedoch *haben,* ist das kollektive Unterbewusste. Ich verstehe unter unterbewusst, sich des Bewusstseins nicht bewusst zu sein. Das bedeutet, dass wir weniger als voll bewusst oder unterhalb unseres vollen Bewusstseins agieren.

Es wird geschätzt, dass über neunzig Prozent der gesamten menschlichen Bevölkerung unterbewusst lebt.

Noch erschreckender sind die Leute, die glauben, dass dies zu unserem Vorteil sei, weil wir das Unterbewusstsein darin schulen könnten, Dinge zu tun, für die wir bewusst keine Zeit haben.

Sicherlich können wir das Unterbewusstsein trainieren, viele Dinge zu tun, einschließlich Geld verdienen, aber der große Haken ist, dass, wie immer wir es auch programmieren, wir dies *nicht tun* können, um unterbewusst im Bewusstsein zu wachsen.

Heutzutage lebt der größte Teil der Menschheit in einem sich ewig wiederholenden unterbewussten Programm unserer Vergangenheit, da wir unsere eigene Geschichte kontinuierlich wiederholen. Dies ist die Kette, die uns in unserem fortwährend selbstzerstörerischen Gleichsein verankert. Dies ist wahrhaftig kein guter Weg! Es ist ein Weg, der uns letztendlich nur zu Krankheit und Wahnsinn führen kann.

Der einzige Weg, um im Bewusstsein zu wachsen, ist, dies *bewusst* zu tun. Das ist alles. Wie können wir als die schöpferische Evolution des Bewusstseins leben, wenn wir unterbewusst sind, d.h. weniger als voll bewusst?

Ganz einfach: Das können wir nicht. Und als unsterbliche Gattung, die immer wieder inkarniert, sind wir leider gezwungen, all die negativen Auswirkungen des weniger als voll bewussten Seins zu leben und zu erfahren.

Genug davon! Es ist nicht nötig, die fortlaufende Reise der unsterblichen Seele, die wir sind, In Länge, Breite und Umfang zu erklären.

Bewusst sein bedeutet, sich des Lebens im Augenblick bewusst zu sein. Meist sind wir dazu nicht fähig. Warum? Weil wir denken. Und das Denken führt uns aus dem Augenblick heraus. Wir können uns nicht in den Augenblick hineindenken, nur aus ihm heraus.

Gedanken führen uns in die Vergangenheit, welche nicht existiert, oder in die Zukunft, welche auch nicht existiert.

Okay, wieder einmal müssen wir tiefer gehen: Als physische Menschen in der linearen Zeit haben wir Vergangenheit, Gegenwart und Zukunft. Das Problem ist, dass wir auch metaphysische Wesen sind, die in sphärischer Zeit leben, wo alle Zeit denselben Augenblick einnimmt. Nur weil wir fünfundneunzig Prozent unserer Aufmerksamkeit dem Physischen und Linearen widmen, macht es dieses nicht realer.

Leider erzeugt eine solche Ausrichtung die Illusionen, die wir unwissentlich für die Wahrheit halten.

Alles was wahr und wirklich ist, befindet sich im ewigen Augenblick. Nichts in der NATUR denkt. Tatsächlich ist nichts in der NATUR überhaupt dazu fähig. Wie ich schon sagte, können die meisten Menschen ihren Atem länger anhalten als ihre Gedanken.

Hinzu kommt die Tatsache, dass ein Tier ein ganz anderes Verhältnis zur Zeit hat. Wir erleben, wie die lineare Zeit vergeht. Wir möchten, dass uns unsere Zeit ‚irgendwie' unterhält oder unterrichtet oder was auch immer für uns als Individuen Bedeutung hat. Ein Tier kennt keine lineare Zeit, es lebt in der Unmittelbarkeit des Augenblicks. Außerdem hat es eine Beziehung zum Lauf der Jahreszeiten, seinem Wachstum und seiner Entwicklung, zur Fortpflanzung und zu Zeiten des Hungers oder Überflusses.

Ein Leopard kann stundenlang reglos und hellwach auf einem Felsen liegen. Er erlebt keine Langeweile, seine Aufmerksamkeit ist vollkommen im Augenblick gebannt. Seine Schwanzspitze bewegt sich permanent, zuckt fast ununterbrochen, hält selten still. Man kann dies mit einem Radar vergleichen, das alles in seiner Umgebung absucht. Die energetische Bewegung durch einen fliegenden Vogel in vielleicht fünfzig Meter Entfernung wird bemerkt, die Gesundheit und Vitalität des Vogels registriert. Eine Bewegung in den entfernten Bäumen erzeugt einen Duft, den die Nase erforscht, während die Schwanzspitze die Art der Bewegungen untersucht: Handelt es sich um Beute oder eine drohende Gefahr? So ist der Leopard ununterbrochen mit seiner unmittelbaren Umgebung beschäftigt und voll daran beteiligt, ohne sich körperlich zu bewegen. Weit über seine Wachsamkeit hinaus ist der Leopard EINS mit seiner Umgebung.

Während ich dies schreibe, kann ich von meinem Arbeitszimmer aus ein Glanzfleckdrongoweibchen[13] sehen, das etwa zehn Meter über der Erde in einem gewebten Nest hockt, das an einem Eukalyptusbaum hängt. Es hockt da den ganzen Tag still und ruhig und schaut sich nur um. Ist es gelangweilt, deprimiert und schaut es auf seinem Smartphone nach dem neuesten Tratsch? Es ist einfach im Augenblick, hütet seine Eier und hält sie warm. Zeit hat für es keinerlei Bedeutung und es verstreicht keine Zeit, denn seine Beziehung zum Leben ist vollkommen anders als unsere. Sie ist nicht besser oder schlechter, mehr oder weniger – sie IST einfach.

Doch um uns mit der NATUR zu verbinden, müssen wir uns mit diesem SEIN verbinden, es nicht verstehen oder analysieren wollen, sondern es bewusst erfahren. Und mit Übung kann uns das gelingen.

Wir Menschen haben außerdem das Potenzial zum Superbewusstsein. Ich meine nicht eines wie Superman, aber wie ein vollkommen bewusster, entwickelter Mensch. Vollkommen bewusst sein geht dem super bewusst sein voraus. Das ist nur sehr wenigen beschieden und ist ein seltener, verfeinerter Bewusstseinszustand. Er tritt auf, wenn ein Mensch sich als EINS mit der ganzen Menschheit, der NATUR und der Schöpfung als EINER ganzheitlichen Energie schöpferischer LIEBE weiß und sich als solche erfährt. Dieser Zustand kann nicht verfolgt oder durch Manipulation erreicht werden, noch gibt es geeignete Techniken dafür, ihm ist Ausdehnung und Wachstum des menschlichen Bewusstseins zu eigen.

Ein super bewusster Mensch urteilt nicht, seine Gedanken sind bedächtig und tiefgehend und wenn er will, kann er Phasen innerer Stille erfahren. Er ist sich bewusst, dass LIEBE die Macht der Schöpfung ist, und obwohl er noch die volle Intensität der Gefühle erfährt, ist er ihnen und ihren Auswirkungen nicht länger verhaftet. Er ist auch mit der ewigen Seele, die er ist, vollkommen verbunden und lebt ein Leben in der Synchronizität.

13 Drongos sind eine australische Singvogelgattung.

Zusammenfassung:

In diesem Kapitel haben wir festgestellt, dass du dich auf einer unterbewussten Ebene nicht wahrhaft mit der NATUR verbinden und mit ihr kommunizieren kannst. Es ist sehr zu deinem Vorteil, es im täglichen Leben zu üben, gewahr und bewusst zu sein.

Du kannst die Verbindung mit der NATUR nicht von der Verbindung mit Menschen und dem Leben trennen. Egal, wie es dir auch erscheinen mag, energetisch ist nichts voneinander getrennt.

Wenn du von der linkshirnigen Vorstellung ausgehst, dass du getrennt bist und *lernen* musst, dich zu verbinden, wirst du scheitern. Im Gegenteil, du musst eine Menge falscher Überzeugungen *verlernen.*

Du beginnst deine neue, bewusste Verbindung mit der Grundannahme, dass du bereits EINS mit der NATUR bist. Du baust auf einer größeren Wirklichkeit auf, die IST, statt zu versuchen, eine neue Wirklichkeit zu konstruieren, die auf intellektueller Illusion basiert.

Ich empfehle dir, dass du übst, dir des bewussten Seins bewusst zu sein. Klingt merkwürdig, lustig sogar, aber es ist der Weg zu einer größeren Beziehung zum Leben auf all seinen Ebenen.

Kapitel acht

Angst – beim Menschen und in der Natur

Erkläre Angst niemals zu der deinen. Das ist keine gute Idee.

Wir neigen zum Glauben, dass Angst eine einzige fundamentale Energie ist, die uns durch unsere vielen verschiedenen Erfahrungen präsentiert wird. Für uns Menschen stimmt das, aber beim Thema Angst geht es um mehr, als es auf den ersten Blick scheint. Es gibt viele menschliche Ängste und auch die Angst, die wir in der natürlichen Welt der NATUR sehen und wahrnehmen.
Es ist nicht alles, wie es scheint.

Ich vermute stark, dass Angst allen meinen Lesern sehr vertraut ist. Und ich vermute ebenso, dass eigentlich nur wenige fähig wären zu beschreiben, was sie in Wahrheit ist. Wir erleben sie, aber wir ergründen selten ihre Energie oder ihr Wesen. Für uns ist die Angst ein sehr weit verbreitetes negatives Gefühl.

In meinen Intensivseminaren verweise ich gelegentlich auf meine früheren Jahre, als Angst buchstäblich mein Leben beherrschte – wie sie das bei Milliarden von Menschen tut. Ich sage dann scherzhaft, dass ich mein Quantum an Angst, über das jeder von uns verfügt, bereits im Alter von neunundvierzig Jahren und drei Monaten aufgebraucht hätte. Jetzt erlebe ich nie Angst. Ich wähle LIEBE, niemals Angst.

Viele Menschen haben eine verständliche Angst vor Schmerz und Krankheit und fürchten sich sehr vor dem Sterbeprozess des Todes. Ich *weiß*, dass es den Tod nicht gibt, also fürchte ich ihn auch nicht.

Der Übergang vom Physischen zum Metaphysischen – den wir Tod nennen – ist genauso Teil unserer persönlichen Schöpfung, wie es unser gesamtes physisches Leben war! Ich wähle entschieden LIE-

BE als vorherrschende Energie für meinen letztendlichen Übergang.

Wenn ich Menschen über Angst sprechen höre, stelle ich fest, dass die meisten von ‚*ihren* Ängsten' im Sinne von Eigentum sprechen. Erkläre Angst niemals zu der deinen. Das ist keine gute Idee. Okay, du hast sie sicherlich erschaffen, aber du musst keinen Anspruch auf sie erheben.

Angst kommt aus unserem kollektiven Unterbewusstsein. Es ist wie ein metaphysischer Speicher, in dem unsere bedeutsameren Erfahrungen der Vergangenheit lagern, d.h. aus vielen Lebenszeiten unserer linearen Vergangenheit.

Die sogenannten *schlechten* Erfahrungen haben uns in unterschiedlichem Maß, aber ausnahmslos emotional, verstört. Eine Inkarnation folgte auf die nächste und immer wieder erzeugten die verwirrenden Gefühle stets noch mehr emotionale Verwirrung. All dies auf einer subemotionalen Ebene, welche gemeinsam mit unseren unterbewussten Gedanken der tiefe, unerkannte Gehalt unserer unterbewussten Lebensweise ist. Diese verwirrten Gefühle erzeugen außerdem stetig wachsende und zerstörerische Ängste.

In unseren modernen Zeiten versuchen wir nun, mithilfe von Psychiatern, Psychologen und Beratern, intellektuell mit unseren verwirrten Gefühlen und Ängsten umzugehen. Obwohl dies gewisse Erfolge mit sich bringt, sind diese in der Regel eher vorübergehend als dauerhaft. Der clevere Intellekt mag vielleicht unsere vielen Gefühlsausdrücke gut verstehen, aber letztendlich kann er sie nie erfahren.

Und leider gilt: Je gewaltvoller unsere Erfahrungen waren, umso länger bleiben sie in unserem Unterbewusstsein. In diesem unterbewussten emotionalen und mentalen Speicher sind Trauma und Drama mit Abstand am kraftvollsten. Unsere schrecklichen Erfahrungen haben eine starke, manchmal grausame Wirkung auf uns und erzeugen dadurch sehr kraftvolle Prägungen im Unterbewusstsein. Offensichtlich sind all diese Traumata und Dramen von Angst geprägt und gezeichnet. Angst können wir nicht verstehen.

Wenn diese Erinnerungen auch nicht in unserem leicht zugänglichen mentalen Gedächtnis gespeichert werden, so doch zutiefst in der Zeitlosigkeit unserer emotionalen und zellularen Erinnerung und der unserer Psyche. Wenn der vertraute Auslöser für Angst in unserem gegenwärtigen Leben auftritt, brechen diese alten negativen Ängste aus dem tiefen Unterbewusstsein hervor.

Frage dich selbst, ob du jemals bewusst Angst wählst. Denkst du jemals, dass du nun wählen wirst, erschrocken zu sein? Ernsthaft: Niemals! Angst sprudelt in einem einzigen Moment hervor, überwältigt dich, deine Gedanken und deine gegenwärtigen Gefühle, indem sie von den dunkleren, ängstlichen und niederen Emotionen überschwemmt werden. All dies kommt aus der Vergangenheit, *niemals aus dem Augenblick*. Erkennst du das? Bei allem Respekt, die meisten Menschen sind atmende, laufende und leibhaftige Reaktionen, die darauf warten einzutreten. Angst ist immer *reaktiv*. Liebe antwortet immer. Eine Reaktion kommt aus der Vergangenheit, eine Antwort aus dem Augenblick. Angst ist eine Reaktion, LIEBE eine Antwort.

Ein weiterer Aspekt der menschlichen Angst muss hervorgehoben werden, damit du dir dessen bewusst wirst. Die menschliche Angst gründet in unserer Vorstellung. Wenn wir uns etwas vorstellen, neigen wir dazu, dies nicht für real zu halten. Wir setzen die Vorstellungskraft mit Fantasie gleich. Das ist ein Irrglaube. Wenn du ein bisschen Zeit hast, dann google mal nach Geschichten von Menschen, die aufgrund ihrer Einbildung und *eines Glaubens* an etwas gestorben sind – und nicht etwa daran, dass ihr Leben in wirklicher unmittelbarer Gefahr war.

Lass es mich deutlich sagen: Sie starben nicht an der Todesgefahr in ihrer Situation, sondern weil sie sich so stark *vorstellten*, dass ihre Situation tödlich sei. Es gibt viele solcher Geschichten. Die folgende ist nur eine davon.

Ohne weiter ins Detail zu gehen: Es gibt in Afrika eine harmlose, ungiftige Schlange, die haargenau so aussieht wie eine bekannte hochgiftige Schlange. Das ist ein Verteidigungstrick der ungefährlichen Schlange. Etliche Afrikaner sind an einem Biss von ihr gestorben. In ihrem Glauben, dass es die giftige Schlange war, erwies sich der Biss als fatal. Ihre Angst vor der Schlange erzeugte ihre tödliche Einbildung. Und eine höchst angstvolle und negative Vorstellungskraft ist definitiv eine tödliche Krankheit.

Was sagt uns das also?

Okay, jetzt wird's ernst. Das ganze menschliche Leben findet im Rahmen gewisser universeller Prinzipien statt. Diese Prinzipien sind von unerschütterlicher Kraft.

Für das Prinzip der Vorstellungskraft gilt: *Das Bewusstsein kann nicht zwischen einem kraftvoll vorgestellten Ereignis und dem tatsächlich stattfindenden, physischen Ereignis unterscheiden.* Warum? Einfach weil es im Bewusstsein keinen Unterschied gibt – es ist alles zeitlose Energie.

Die meisten Menschen ignorieren diese universellen Prinzipien zu einem hohen Preis. Wenn wir einmal außerhalb der Grenzen der WAHRHEIT leben, dann leben wir in unseren eigenen, selbsterschaffenen Illusionen. Und Illusionen sind tödlich. Dabei ist wahrscheinlich der Missbrauch unserer Vorstellungskraft eine der tödlichsten. Ehrlich gesagt finde ich, dass auf den meisten Totenscheinen ‚Tod durch Fehlgebrauch der Vorstellungskraft' stehen sollte. Es träfe ausnahmslos zu. Wie Buddha sagt: „Jeder Mensch ist der Schöpfer seiner eigenen Gesundheit oder Krankheit."

Ich versuche in diesem *sehr kurzen* Überblick über die menschliche Angst keineswegs, etwas zu beweisen. Ich versuche, dich in eine Richtung zu lenken, in die die meisten Menschen nicht gehen. Du brauchst dich nicht mit der Angst herumzuplagen. Sie ist keine Seuche und doch ist sie paradoxerweise ansteckend. Ein weiterer Triumph der menschlichen Vielschichtigkeit. Jemand bricht in einer Menschenansammlung in Panik aus und die Panik verbreitet sich mit verheerender Geschwindigkeit und furchtbaren Folgen.

So muss es nicht sein. Du kannst dich selbst von den Ängsten befreien und die Freiheit erleben, die damit einhergeht. Angst ist nicht automatisch, es sei denn du bist es! *Wenn du ‚automatisch' lebst – unterbewusst – dann bist du der Gnade der Illusion ausgeliefert, und leider ist sie gnadenlos.*

Meine kurze Schilderung des Unterbewusstseins, der niederen Gefühle und der Angst illustriert die Art, wie ich diese Energiebewegungen auf einer metaphysischen Ebene *sehe*. Auf dieser höheren Frequenz befinden sich *alle* unsere Gefühle in einem zeitlosen Raum.

Wenn unsere Gefühle voller Angst sind – dem negativsten aller Gefühle – sehen sie energetisch wie ein Wirbelsturm aus, in dem die schädlichen Energien größer und kräftiger werden und immer weiter herumwirbeln. Und sie sind auch genauso zerstörerisch.

Gehen wir noch einen Schritt weiter. Metaphysisch nimmt alle Zeit denselben Augenblick ein – sphärische Zeit. Die negativen Ängste und die Wut aus diesem deinem gegenwärtigen Leben haben eine starke Wirkung auf deine Vergangenheit und deine Zukunft.

Genauso hat dies wiederum eine starke Wirkung auf deine Ängste und verstärkt sie in deinem jetzigen Leben.

Denke an die Metapher des Wirbelsturms aus negativen Gefühlen. Während er an Größe und Kraft gewinnt, wirbeln die negativen Gefühle durch mehrere Leben *gleichzeitig* – und all dies, ohne dass wir es in unserer linearen Abhängigkeit und metaphysischen Unwissenheit erkennen.

In meinen Intensivseminaren[14] lehre ich Menschen, wie sie emotionale Balance erlangen können. Obwohl ich darüber recht ausführlich spreche, erkennen nur wenige den unglaublichen Gewinn, den sie aus emotionaler Balance ziehen können.

Wieder einmal versucht der Intellekt, etwas zu verstehen, das er niemals erfahren wird. Diese übermäßig dominante mentale Herangehensweise ans Leben ist uns wirklich nicht förderlich.

---

14 Sh. Anhang.

Nun bist du hoffentlich bereit für eine andere Art der Offenbarung. *Unsere Erfahrungen mit der Angst existieren nicht in der NATUR.*

Wir nehmen die NATUR im Rahmen unserer Erfahrungen wahr, aber dies gibt uns eine ungenaue und sehr verzerrte Sicht. Die NATUR lebt bewusst und, ganz ehrlich, so etwas wie bewusste Angst gibt es nicht. Klingt das fragwürdig? Gut, lies weiter.

Als metaphysisch Reisender habe ich die Energie vieler Tiere erfahren. Mit anderen Worten, ich war metaphysisch mit ihnen in ihrem Bewusstsein – in ihren Körpern – und erlebte, was sie erlebten. Und kein einziges Mal habe ich bei irgendeinem Tier Angst erlebt, so wie *wir* Angst verstehen und erleben.

Ich werde das ausführlich erklären, weil das sehr wichtig ist, wenn du die geheime Welt der NATUR betreten willst. Illusion ist kein Teil des NATURreiches, nur der menschlichen Welt. Und Illusion und Irrglauben werden die Tür zum verborgenen Königreich der NATUR fest verschlossen halten.

Nichts in der NATUR hat Vorstellungskraft. Das ist allein unsere Sache in der physischen Welt der Erde. Wissentlich oder unwissentlich erschafft ein jeder von uns mit seiner Vorstellungskraft die Richtung und den Inhalt seines Lebens. Ich könnte ein Buch darüber schreiben, doch genug! In diesem Buch geht es um das Betreten der geheimen Welt der NATUR.

Wenn man bedenkt, dass uns die Ratten zahlenmäßig wahrscheinlich um ein Vielfaches überlegen sind, können wir von Glück sagen, dass sie über keine Vorstellungskraft verfügen! Das gleiche gilt für Kakerlaken und Ameisen, die uns wahrscheinlich um eine milliardenfache Anzahl übertreffen. Ratten sind schlau, sehr schlau, aber dieses Schlausein basiert auf dem Grad ihrer bewussten Intelligenz, nicht auf Intellekt oder Vorstellungskraft. Sie haben eine schnelle Auffassungsgabe und sind unglaublich anpassungsfähig; mit Vorstellungskraft ausgestattet würden sie zu respekteinflößenden Feinden.

Muss ich noch sagen, dass die meisten Menschen ihr eigener schlimmster Feind sind?

Die Menschen projizieren üblicherweise ihre Angstvorstellungen auf Tiere. Eine wilde Katze läuft vor Menschen weg und sofort glauben sie, dass sie das aus Angst tut. Es ist keine *menschliche* Angst. Wirklich verwilderte, ungezähmte Katzen sind extrem rabiat und wild. Also werden sie gejagt, erschossen und vergiftet. Diese Katzen verbinden mit Menschen großen Stress und Schmerz, also sagt ihnen ihr Erhaltungstrieb: Lauf weg.

Eines meiner unvergesslichsten metaphysischen Erlebnisse mit Angst hatte ich in einer Schlange. Es war eine meiner klassischen Lernerfahrungen. Ich war im Körper und im Bewusstsein einer Puffotter in Südafrika. Alles war friedlich und still, die Schlange lag auf einem viel genutzten Weg einfach in der Sonne. Die Puffotter lauerte nicht einmal geeigneter Beute auf, sie war schon satt und sonnte sich. Keine Gedanken – keine waren möglich. Innere Stille, aber so unglaublich kraftvoll im Moment. Eine *‚Jetztheit' im Augenblick*, die Menschen so selten erfahren.

Eine Frau kam. Aus Sicht der Schlange war die menschliche Energie ein Wirbelsturm an Verwirrung, während die Schlange in einer Welt der absoluten Klarheit lebte. Die Frau sah die Schlange, mich. Sie hielt inne, fast gelähmt vor Angst, und schrie, weil sie in gefährlicher Reichweite der Schlange war. Während die Schlangenzunge rein und raus züngelte, konnte ich mühelos die Pheromone schmecken, die von der Frau ausgingen.

Wie soll ich das beschreiben? Die Energie der Pheromone war etwas Abscheuliches, Unnatürliches und absolut Abstoßendes. Es war wie ein Geschmack, Geruch oder eine Berührung von *Anti*-Leben. Merkwürdigerweise enthielt das Aroma der Angst Gewalt.

Ich konnte fühlen, wie die Feindseligkeit der Schlange zügig an Kraft gewann. Ihr ganzer Instinkt war darauf ausgerichtet, diese Abscheulichkeit zu beißen und zu töten, dieses Anti-Leben – das, was in der NATUR nicht existiert.

Im Inneren der Schlange wurde mir bewusst, dass es nicht die Frau war, die sie töten wollte, sondern diese Abscheulichkeit aus gewaltvoller Anti-Lebensenergie. Unglücklicherweise war die Frau die

Quelle all dessen. Gerade noch rechtzeitig sprang sie schreiend zurück, weit außerhalb der Reichweite der Schlange. Ich konnte noch immer die Gewalt, die Abscheulichkeit schmecken, aber sie verging, als sich der Mensch weiter von uns entfernte.

Ich erlebte nicht zum ersten Mal, dass menschliche und tierische Angst so unterschiedlich und nicht einmal miteinander verwandt sind, aber es war mit Abstand das kraftvollste Erlebnis.

Es ist mein voller Ernst, wenn ich sage, dass die Situation eine ganz andere gewesen wäre, wenn die Frau *bewusst* LIEBE gewählt hätte!

Die Frau, nun längst weit genug entfernt, schrie noch immer. Lächerlich!

Ich verließ das Bewusstsein der Schlange und da ich auch physisch in der Nähe war, trat ich vor und streichelte die Schlange. Das entsetzte die Frau noch mehr als zuvor und ihr Schreien wurde schriller. Sie dachte offensichtlich, dass sie nicht nur einer tödlichen Schlange begegnet war, sondern nun auch noch ein Irrer da war!

Der Schlange gefiel es jedoch, von einer ruhigen Energie gestreichelt zu werden. Nach ein paar Minuten hob ich sie auf und legte sie ins Gebüsch neben dem Weg, auf dem sie sich gesonnt hatte. Dann entschuldigte ich mich für die menschliche Angst und ihre Auswirkungen.

Diese Schilderung wird gezeigt haben, dass ich offensichtlich keine Angst vor Schlangen habe. Hier geht's nicht um Angeberei. Es ist nur einfach so, dass Schlangen in mir keine Angst hervorrufen. Das haben sie nie. Riesige Spinnen okay, die lassen mich etwas erschaudern, aber Schlangen nicht. Es gab einen Moment, in dem dies zweifellos mein Leben rettete.

Ich war etwa Mitte dreißig und befand mich auf meinem Bauernhof in Tasmanien unten am Bach. Es war früher Abend und mit einem 22er Gewehr wollte ich ein oder zwei Kaninchen fürs Abendessen schießen. Als ich ein Kaninchen sah, ging ich auf die Knie, um besser zielen zu können.

Ich trug sehr kurze Arbeitshosen – die waren damals Mode – und als ich mich hinkniete, hatte ich das Gefühl, dass sich irgendetwas direkt unter mir bewegte. Ich blickte am Gewehrlauf entlang auf das etwa fünfzig Meter entfernte Kaninchen und wurde mir im selben Augenblick der großen schwarzen Tigerotter bewusst, die sich zwischen meinen Knien wand. Ich befand mich in einer völlig hilflosen Haltung. Ich konnte das Gewehr nicht auf die Schlange richten und mit einer einzigen Kugel wäre es sinnlos gewesen. Mit meinen beiden nackten Oberschenkelmuskeln und der hoch aufgerichteten Schlange dazwischen war ich mehr als verwundbar.

Ich seufzte. Sollte hier alles zu Ende sein? Trotzdem hatte ich keine Angst. Ich mag Schlangen. Ich wusste, dass diese Schlange äußerst giftig und ziemlich aggressiv ist und dass ein einziger Biss in meinen nackten Oberschenkel höchstwahrscheinlich das Ende vom Spiel gewesen wäre.

Die Tigerotter reckte sich höher und höher und bewegte ihren Kopf mühelos auf mein Gesicht zu. Es ist unnötig zu erwähnen, dass ich mich nicht bewegte, nicht einmal ein Zucken. Als der Schlangenkopf auf Höhe meiner Augen war, nur eine Handbreit entfernt, die gespaltene Zunge flackernd und zuckend, die Haube aufgestellt wie bei einer Kobra, aber nicht ganz so groß, war mein einziger Gedanke, wie unglaublich schön sie war. Wir waren uns unheimlich nah.

Wir starrten einander an, was wie eine Ewigkeit schien, aber wahrscheinlich höchstens eine halbe Minute dauerte. Dann, sehr langsam, senkte die Schlange ihren Körper wieder ins Gras, während sie fortwährend züngelte. Schließlich glitt sie ohne Eile – ihr Kopf nun normal groß – von mir weg … und ich nahm langsam einen langen, tiefen Atemzug.

Hätte ich Angst ausgestrahlt, wäre das Resultat völlig anders gewesen. Und stell dir vor, nach all dem war nirgendwo mehr ein Kaninchen zu sehen!

Okay, ein paar Absätze weiter oben sprach ich über das, was wir fälschlicherweise als Tierangst bezeichnen. Ein Tier hat kein Verhältnis zum Tod. Wir betrachten unser persönliches, physisches Leben als das Leben selbst, und wenn der Körper stirbt, dann halten wir das für den Verlust des Lebens. Das ist falsch. Sicher, es ist das Ende eines weiteren physischen Körpers, aber *alles Leben ist unsterblich*, auf ewig.

Ein Tier hat einen scharfen Sinn dafür, dass sein metaphysisches und physisches Leben EIN Ausdruck ist. Keine Dualität, sondern EINS. Wir sind etwa zu fünfundneunzig Prozent auf unser physisches Sein ausgerichtet und zu weniger als einem Prozent auf unsere Unsterblichkeit, das metaphysische Sein. Das projizieren wir dann auf die Tierwelt. Falsch, so ist es nicht. Die Tierwelt ist nicht wie wir. Wir sind diejenigen, die sich vom Leben selbst entfremdet haben, nicht die Tiere. Ein Tier hat keinen rein physischen Selbstbezug in der Art, wie wir ihn haben. Sein Verhältnis zu sich selbst ist natürlicherweise viel ganzheitlicher. Es hat die trügerische Illusion der Trennung nicht gelernt und entwickelt.

Wenn ein Tier vor einem anderen wegrennt, halten wir das sofort für Angst. Aus der Sicht des Tieres ist das anders. Wir denken, es hat Angst, sein Leben zu verlieren, aber ein Tier hat keinen solchen Gedanken noch *kann* es ihn haben. Es *weiß* um sich selbst als Leben. Tod ist nicht Teil des Tierbewusstseins, noch war es Teil des unsrigen. Wir selbst haben den Tod in unser persönliches Bewusstsein integriert. Alle Tiere haben ein eingebautes Überlebensprogramm. Warum? Weil jede Tierart Bewusstsein ist, das danach strebt, durch die enorme Vielfalt aller existierenden Arten zu wachsen. Wenn ein Tier vor einem Raubtier wegrennt, wird sein instinktives Programm von Kampf, Flucht oder Starre aktiv. Warum? Weil das Programm so angelegt ist, dass jedes Tier die höchstmögliche Ausdrucksform des Bewusstseinspotenzials seiner Art erleben kann.

Also rennt ein Kaninchen vor einem Fuchs weg. Wenn es das nicht täte, gäbe es keine Kaninchen und keinen höchstmöglichen Ausdruck ihres Bewusstseinspotenzials. Das hat nichts mit einem Kaninchen zu tun, das aus lauter Angst vor dem Tod zwischen den

Reißzähnen des großen bösen Fuchses flieht. Dieses Kaninchen folgt seinem Selbsterhaltungsprogramm, um so viel wie möglich von seinem Potenzial zu verwirklichen. Auf diese Weise wächst das Kaninchenpotenzial – und wächst das Kaninchenbewusstsein. Und das gilt für alle Tiere, für jedes in seinem einzigartigen Bewusstseinsausdruck.

Es fordert dich vielleicht heraus, die Glaubenssysteme loszulassen, denen du verhaftet bist. Doch wenn du offen genug bist und beharrlich bleibst, kannst du schließlich die geheime Welt der Natur betreten. Du wirst dann eine größere natürliche Wahrheit kennenlernen und erfahren, als sie jemals von Menschen erkannt wurde.

Es macht mich oft traurig, wenn ich Tierliebhaber sagen höre, Tiere seien genau wie wir. Das sind sie nicht, nicht annähernd. So eine Aussage ist ein Hinweis darauf, dass dieser Typ von Tierliebhabern keine Ahnung hat, was ein Mensch eigentlich ist oder worin sein schlummerndes Potenzial liegt.

Tiere sind weder mehr noch weniger als wir. Sie sind Lebensformen, die diesen Planeten mit uns teilen. Wir alle sind EIN Bewusstsein, EINE Energie. Die zur Verfügung stehenden Ebenen des bewussten Ausdrucks und der Intelligenz sind bei Tieren und uns Menschen unterschiedlich. Weil alle Tiere voll bewusst sind, nutzen sie in der Regel mehr der ihnen zur Verfügung stehenden bewussten Intelligenz, als wir es tun. Je höher die Entwicklung des Tieres, umso mehr Intelligenz nutzt es.

Wir leben unterbewusst und sind daher unfähig, bewusste Intelligenz zu nutzen. Stattdessen haben wir vor langer Zeit begonnen, unseren Intellekt zu entwickeln und einzusetzen. Jetzt haben wir ein Stadium erreicht, in dem wir tatsächlich glauben, dass Intellekt eine Form von Intelligenz sei. Je schlauer dein Intellekt, desto intelligenter wirst du gehalten. Für mich trifft das Gegenteil zu. Dies sind die Menschen, die am weitesten von ihrer bewussten Intelligenz entfernt sind.

Sieh dir nur einmal unsere Umweltbilanz an. Die Ausbeutung der

ERDE und ihrer Ressourcen, unsere mit Plastik angefüllten Ozeane, unsere Zerstörung der großen Regenwälder sollen ein Ausdruck von Intelligenz in Aktion sein? Ich denke nicht!

Dies wird von unserem närrischen Intellekt gerechtfertigt. Sieh dir nur mal die führenden Köpfe unserer Welt an. Intelligent? Tut mir leid, sie sind alle sehr clever und clever geht unfehlbar mit Dummheit einher!

Zusammenfassung:

Wir haben jetzt festgestellt, dass die Menschheit ihr Verhältnis zur Angst schon immer auf Tiere projiziert hat. Tiere können zu Tode gestresst und verwirrt sein. Ein verwirrtes Tier zeigt alle Symptome, die wir für einen Ausdruck von Angst halten, aber das ist keine menschliche Angst. Unsere Angst gründet in negativer Vorstellungskraft. Ein Tier hat diese Vorstellungskraft nicht. Selbst wenn ein Tier erschrocken scheint, ist es eigentlich ein sehr hohes Level an überwältigendem und oftmals tödlichem Stress.

Natürlich kann ich das nicht beweisen, und unsere zynische, skeptische Welt von heute ist dem Bedürfnis danach verhaftet und braucht und fordert Beweise.

Mir ist jedoch bewusst, dass die meisten meiner Leser über das Bedürfnis nach wissenschaftlichen Beweisen hinausgewachsen sind und stattdessen ihrem Instinkt, ihrer Intuition und der Stimme ihres Herzens vertrauen. Das ist der Weg, dem du folgen solltest.

Vertraue deiner eigenen, von Herzen kommenden Intuition, deinem eigenen inneren Wissen. Wenn du lernst, die geheime Welt der NATUR zu betreten, wirst du Lektionen weit jenseits deiner Vorstellungskraft lernen.

Kapitel neun

Eine größere Wirklichkeit

Du kannst nicht eingesperrt und gleichzeitig frei sein.

Offensichtlich ist die Wirklichkeit weit größer, als wir sie physisch erfahren. Wenn man den winzigen Bruchteil unseres visuellen und auditiven Spektrums daran bedenkt, dann wird man neugierig, was mit den anderen neunundneunzig Prozent ist. Das wirft die Frage auf: Was ist Wirklichkeit?

Eine gute Frage!

Wenn du eine größere Wirklichkeit erfährst, als deine Freunde und Familie sie erleben – was dann? Wie gehst du damit um? Viele Menschen befinden sich in diesem Dilemma; du könntest einer davon sein.

Ist es in Ordnung, wenn du ein Gespräch mit der NATUR führst, das niemand anders hören kann? Kannst du das annehmen und gelassen bleiben? Wenn du fähig bist, andere Lebensformen zu sehen, die keine wirkliche physische Substanz haben, beunruhigt dich dies oder ist es für dich leicht, das zu akzeptieren? Nur einige von vielen Fragen.

Es ist nicht ungewöhnlich, dass sensitive Kinder sich in dieser Zwickmühle befinden. Leider überzeugen die Eltern das Kind nur allzu häufig, dass dies nichts als reine Fantasie sei, und so geht dem Kind ein großes Potenzial verloren.

Wie ich bereits andeutete, hatte auch ich damit Schwierigkeiten. Es dauerte lange, bis ich meine eigene Wahrnehmung der Wirklichkeit annehmen konnte. Ich lernte schließlich, dass es nicht meine persönliche Wirklichkeit war, die ich erlebte, sondern ein Aspekt einer weit größeren. Ich war derjenige, der sie zu etwas Persönlichem machte.

In einem außergewöhnlichen, seltenen Augenblick konnte ich diese geheime Welt der NATUR mit einem anderen Menschen teilen, und, um ehrlich zu sein, brauchte ich diese Erfahrung dringend. Meine sich verändernde Wirklichkeit forderte mich derart heraus, dass ich mich verloren, einsam und zunehmend bedroht fühlte.

Es ist nicht leicht, darüber zu berichten, wie man die Konsenswirklichkeit der Massen hinter sich lässt. Es ist etwas ganz anderes, wenn einem dies unbeabsichtigt widerfährt. Natürlich war dies die Folge meines früheren Entschlusses, den ABGRUND der TRENNUNG zu überwinden, aber das wusste ich damals nicht. Ich wusste nur, dass die normale Welt langsam verblasste, während an ihre Stelle eine mir damals unverständliche Neuheit trat.

Dieser mit einem Freund gemeinsam erlebte Moment war mir sehr kostbar. Ich bezweifle, dass ihm das je klar war, vielleicht erinnert er sich nicht einmal mehr daran. Aber ich werde es nie vergessen.

Wir lebten zu der Zeit beide in einer spirituellen Gemeinschaft im oberen Thora-Tal in Neusüdwales. Es war ein außergewöhnlich schönes Regenwaldtal. Aber unser gemeinschaftliches Anwesen, das ehemals einen Milchbauernhof beherbergt hatte, besaß viele Flächen offener Weiden, auf denen vereinzelt majestätische Bäume standen. Auf der einen Seite wurde es durch einen kristallklaren Fluss begrenzt und auf der anderen vom dichten, wieder hereinwachsenden Regenwald.

Es war später Abend und ich lief vom Wohngebäude zu den Waschräumen den Hügel hoch. Die Sonne ging unter und einer dieser mystischen Augenblicke der Dämmerung begann. Plötzlich fiel mir etwas Merkwürdiges auf.

Früher war es auf subtropischen Milchfarmen eine verbreitete Praxis, einen großen Feigenbaum nahe dem Gebiet anzupflanzen, wo die Kühe aufs Melken warteten. Statt einer bescheidenen modernen Herde von zweihundertfünfzig Kühen galten damals fünfundzwanzig Kühe als angemessene Herde. Nichtsdestotrotz führte dies zu einem nass-sumpfigen Terrain – besonders in der Regenzeit.

Das machte den Feigenbaum höchst wertvoll, weil er täglich große Mengen überflüssigen Wassers aufsog. Es funktionierte tatsächlich sehr gut. Wir hatten die alte Molkerei auf unserem Gelände in ein Büro und ein Atelier umgewandelt.

Der alte Bauer, von dem wir das Anwesen erwarben, hatte die Molkerei ein paar Jahre vor dem Verkauf aufgegeben und einen großen Salzleckstein für seine Mastrinder in den Schatten des Baumes gelegt. Ihnen bekam das bestens, aber leider erkannte der Bauer nicht, dass die giftigen Salze in den Boden sickerten und damit in die Wurzeln der Feige gelangten, was den wunderschönen Baum langsam sterben ließ.

So hatten wir es bei der Übernahme der Farm mit einem sterbenden Baum zu tun. Wir versuchten vielerlei, um ihn zu retten, aber es war zu spät, die tief eingedrungene Salzvergiftung des Baumes aufzuhalten. Die Folge war, dass wir alle toten und absterbenden Zweige aus dem Baum schneiden mussten und nur den toten Baumstamm mit ein paar dicken Aststummeln übrig ließen. Wir hatten kaum eine Wahl, da die Feige eine Weichholz-Baumart ist und die schweren Äste leicht abbrechen, wenn der Baum tot ist. Und Menschen, die sich zu diesem Zeitpunkt darunter aufhielten, würden das nicht sehr schätzen!

Während ich also in der Dämmerung den Hügel hinauflief, war ich überrascht zu sehen, dass der ganze Baum dastand. Vollständig. Jeder Ast, jeder Zweig war an seinem Platz und alles strahlte in einem weichen, leuchtenden Licht. Kein einziges Blatt, aber das komplette alte Geäst.

Als ich ehrfürchtig den Baum anstarrte, bemerkte ich Terrance, einen engen Freund, der ebenfalls gerade etwa zwanzig Meter von mir entfernt den Hügel hinaufging. Auch er starrte den Baum an.

Ich rief: „Terrance, kannst du den Baum sehen?“

Er rief leise zurück: „Ja, es ist unglaublich. Er ist – ganz.“

Als er mich erreichte, standen wir eine Weile still nebeneinander und sahen nur den Baum an. In den nächsten paar Minuten verblasste das Dämmerlicht. Es wurde dunkler und der leuchtende Feigenbaum erlosch allmählich und wurde wieder zum riesigen, hässlichen Baumstumpf.

Terrance und ich starrten einander an. „Du hast das wirklich gesehen?“, fragte ich.

Er nickte und fing an, genau das zu beschreiben, was auch ich gesehen hatte. Da merkte ich, wie dringend nötig es für mich war, meine Sicht der geheimen Welt, die mir immer vertrauter wurde, mit jemandem zu teilen. Half es, dass es ein enger Freund war? Ja, mir schon.

Ich habe keine Ahnung, was es zwei Menschen gestattete, ein so seltenes Phänomen miteinander zu erleben, ich fühle nur Dankbarkeit. Alles, was ich wusste, war, dass sich meine Wirklichkeit veränderte und ich umso weniger Antworten auf meine Fragen hatte, je näher ich dem Mysterium der Natur kam.

Im Laufe vieler Jahre lernte ich schließlich die Kunst der Erkundung, zu forschen, aber keine Antworten zu *brauchen*. Ich empfehle diesen Weg als sehr viel weiser als alle Fragen. Fragen beschränken dich auf den Intellekt und verschließen viele Türen zu etwas, das der Intellekt nicht verstehen kann. Erkundung ist frei und öffnet die Türen zum Mysterium immer weiter.

Was hat das mit dem Betreten der geheimen Welt der Natur zu tun, magst du fragen. Einfach alles. Lies noch einmal das zweite Kapitel über die Struktur der Wirklichkeit.

Dieses Kapitel solltest du immer wieder lesen. Um das geheime Reich der NATUR betreten zu können, musst du lernen, während du in deiner vertrauten alltäglichen Bandbreite bleibst, dir auch der Bandbreite einer höheren Frequenz bewusst und metaphysisch darin aktiv zu werden. Auf diese Weise wirst du *bewusst* zwei Bandbreiten gleichzeitig einnehmen.

Eigentlich lebst du die ganze Zeit so, aber *nicht* bewusst.

Du wirst lernen, dass die metaphysische Welt in einer höheren Frequenz nicht dieselbe ist wie die, in der sich dein physischer Körper aufhält. Und doch haben sie natürlich auch Gemeinsamkeiten.

Was ist Wirklichkeit? In Wahrheit ist der unmittelbare Augenblick Wirklichkeit. Sonst nichts. Und dieser unmittelbare Augenblick ist für jeden Menschen anders. Viele Menschen werden sich deckende oder ähnliche Erfahrungen haben, aber die kleinen Unterschiede sind da.

Das ist ein Hinweis darauf, dass jeder Mensch seine eigene Wirklichkeit erlebt. Und so ist es auch.

Aber für eine Gattung, die emotional so unsicher und zutiefst instabil ist wie die gegenwärtige Menschheit in dieser Welt, würde es in einem Pandämonium, im Massenwahn, enden, wenn alle nur ihre eigene Wirklichkeit leben.

Das führt uns zur Welt der Illusion. Das ist eine von der Menschheit geschaffene Welt, von der wir glauben, dass wir alle an derselben grundsätzlichen Wirklichkeit teilhaben. Und in der Welt der Illusion tun wir das auch. Wir leben in einer Konsenswirklichkeit, in der wir alle scheinbar dasselbe Weltbild teilen.

Wenn jemand sich dabei zu weit von richtig oder falsch, sollst oder sollst nicht, gut oder schlecht, von akzeptablem oder inakzeptablem Verhalten entfernt, wird dieser Mensch als unsozial, Nonkonformist, Exzentriker, Spinner und dergleichen bezeichnet.

Im Allgemeinen gilt: Wenn ein paar Millionen etwas glauben, muss es richtig sein – so funktioniert die Konsenswirklichkeit. Die Menge macht´s aus! Das ist der Ursprung unserer Religionen. Wenn du eintausend Anhänger hast, hast du eine Sekte. Wenn du eine Million Anhänger hast, hast du eine Religion! Ich werde jedoch über unsere gottesfernen Religionen ohne jeden weiteren Kommentar hinweggehen – ich sage lediglich, dass sie in einer größeren Wirklichkeit keinen Platz haben.

Mir wurde die folgende Frage gestellt: „Kannst du die geheime Welt der NATUR in einer größeren Wirklichkeit betreten und gleichzeitig deine eigene Wirklichkeit behalten?"

Das hängt allein von deiner Offenheit ab. Im Allgemeinen kannst du deine persönliche Wirklichkeitswelt behalten, solange sie nicht voller Angst ist. Wenn sie das ist, dann ist diese Welt dein Gefängnis für so viele Lebenszeiten, wie du brauchst, um die Illusion zu überwinden. Wenn deine persönliche Wirklichkeit auf LIEBE basiert und sehr offen ist, dann sind Angstvorstellungen ein relativ kleiner Aspekt.

Mit anderen Worten, du kannst deine persönliche Wirklichkeitswelt behalten, solange sie sich nahtlos in eine größere Weltenwirklichkeit einfügt, ohne auch nur den geringsten Konflikt.

Vor vielen Jahren, als Pan[15] erstmals als Mentor in mein Leben trat, war ich ziemlich ängstlich. In meinen vergangenen Leben war viel zu viel Schmerz und Leiden, als dass ich dem Klammergriff der Angst leicht hätte entkommen können.

Als Mentor hatte Pan wenig Verständnis für meine Ängste. Seine Methode schien darin zu bestehen, mich mit dem Kopf voran in metaphysische Situationen zu katapultieren, die mich zwangen, mich meinen Ängsten zu stellen. Und ich hatte viele!

Dies ist eine Geschichte, die ich schon oft erzählt habe. Ohne es zu bemerken, sind wir alle durch unsere Gefühle eingeschränkt und begrenzt. Es sind nicht unsere Gedanken, die uns in Wahrheit beschränken, es sind die Gefühle, die diese ängstlichen Gedanken begleiten. Sie sind die wahren Gefängnisgitter.

Pan war mein geistiger Führer geworden, und obwohl ich dankbar dafür war, machte mir diese Tatsache zu schaffen. Es passte nicht zu meiner begrenzten und konservativen Denkweise.

Als wir noch im Bellingen Tal, aber nicht mehr in der Kommune lebten, stieg ich eines Morgens vorsichtig das steile Ufer zum schönen Bellinger Fluss hinunter. Wir lebten in einem alten Haus am Ufer dieses mittelgroßen Flusses, aber hoch genug über ihm, außerhalb der Reichweite des regelmäßigen Hochwassers.

Ich hatte eine Reihe von groben Stufen in die steile Uferböschung hineingehackt. Als ich diese hinunterkletterte, konnte ich den Fluss durch eine Lücke im Unterholz an der Stelle sehen, wo mein altes, oft erwähntes Brett[16] lag.

---

15 Wenn du neugierig auf mein Verhältnis zu Pan bist, dieses ist in der Trilogie *Durch die Augen der Liebe*, *Jenseits der Grenzen der Wirklichkeit* und *Geheimnisse von Jenseits und Diesseits* ausführlich geschildert (sh. Anhang).

16 In *Mit der Natur reden*, sh. Anhang.

Zu meinem großen Schrecken konnte ich Pan sehen, der auf meinem federnden, superbiegsamen Brett mit höchster Leichtigkeit auf und nieder sprang. Ein Teil meines Schrecks bestand in der Tatsache, dass das Brett etwa fünfzig Zentimeter breit und zehn Zentimeter dick war und etwa so biegsam wie ein durchschnittlicher Backstein!

Doch da war der sehr physisch aussehende Pan, der es höchst elastisch machte. Das war nicht im Entferntesten möglich!

Wenn du einen Schock dieser Art erfährst, setzt dein Gehirn aus. Es kann nicht verarbeiten, was es sieht, weil das, was es sieht, absolut unmöglich ist.

Ich war so daneben und schockiert, dass mein Gehirn entschied, ich müsse träumen. Noch immer außer mir, reagierte ich, indem ich mir selbst auf die Wange schlug, aber versehentlich so fest, dass ich das Gleichgewicht verlor und zu Boden stürzte. Das tat weh! Okay, es war kein Traum, ich war wach und Pan hüpfte noch immer.

Zitternd kletterte ich sehr vorsichtig die restlichen Stufen hinunter. Ich versuchte, nicht zu Pan zu schauen, aber es schien, als könnte ich meine Augen nicht von ihm abwenden. Erbarmungslos fesselte seine Energie meinen Blick, während ich weiter hinunterstieg.

Als ich ans Flussufer trat, war Pan direkt vor mir. Mein altes Brett klemmte sicher an seinem gewohnten Platz und Pan vollbrachte darauf das Unmögliche.

Mir direkt in die Augen sehend, sprang Pan hoch und brachte das Brett beim Herunterkommen dazu, sich kraftvoll zu biegen. Das katapultierte ihn noch höher in die Luft, wo er – völlig unmöglich – drei langsame, unglaublich anmutige Saltos schlug.

Dann hielt er in der Luft für lange Augenblicke inne, nur, um dann höchst leichtfüßig auf der Wasseroberfläche des Flusses zu landen, ohne auch nur den geringsten Spritzer zu verursachen.

Er stand auf der Wasseroberfläche und blickte mich an, mit einem Ausdruck voller Mitgefühl. Er wusste genau, was ich gerade durchmachte.

Das hört sich vielleicht nicht nach einer großen Sache an, aber die Wirkung auf mich war unerwartet und vollkommen niederschmetternd. Ich fiel auf den Boden und krümmte mich in eine Embryonalhaltung. Ich wollte nur noch weinen, weinen und weinen. Ich vergoss tatsächlich reichliche Tränen.

Die Grenzen und Beschränkungen meiner Gefühle waren zerschmettert worden. Was ich sah, war auf keinerlei Weise möglich, doch ich sah, wie es geschah. Keine Erklärung würde helfen, keine wurde angeboten.

Es scheint, als hättest du nicht gewusst, dass jeder Mensch innerhalb der Grenzen und Beschränkungen seiner Gefühle lebt. Die Gedanken sind frei, aber die menschlichen Gefühle sind streng eingeschränkt und begrenzt.

Wenn du meine Welt der NATUR betreten willst, geht das nicht. Deine Gefühle werden dich davon abhalten, so wie sie es auch bei den meisten Menschen tun. Einige Schamanen lernen, wie man diese Grenze überschreitet, und manche nehmen dafür Drogen zu Hilfe, aber in beiden Fällen bleiben die Grenzen bestehen.

Wenn ich dein Lehrer sein soll, genügt das nicht. Diese Grenzen und Beschränkungen müssen aufgehoben werden, bis sie in deiner Wirklichkeit nicht länger existieren. Sie sind nicht Teil einer größeren Wirklichkeit. Du kannst nicht eingesperrt und gleichzeitig frei sein.

All das drang auf mich ein, während Pan meine erste richtige Lektion fortsetzte. Ich weiß jetzt genug, um zu begreifen, dass in diesem schockierenden Moment meine persönliche Wirklichkeit in enge Berührung mit einer größeren Realität gebracht wurde und dass Pan der Architekt dieses erschütternden, schmerzhaften und doch großartigen Augenblicks war.

Ich blieb embryonal zusammengekrümmt, Tränen tropften von meinen Wangen. Es ist mir unmöglich, die aufsteigenden Ängste angemessen zu beschreiben oder die Scham, die ich darüber empfand.

Ich wollte schreien, meine Qualen hinausschreien, während meine rationalen Gefühle sich in einem aussichtslosen Kampf mit der Offenbarung dieser größeren Wirklichkeit befanden. Ich lernte in meiner ersten Lektion, dass unsere begrenzenden Wahrnehmungen in einer größeren Wirklichkeit keinen Platz haben. Eine Lektion im Loslassen!

Rückblickend denke ich oft, dass es eine recht brutale Lektion war, aber hinsichtlich meines eigenen Charakters hätte es keine wirksamere geben können.

Es war nicht die letzte solcher schroffen und niederschmetternden Behandlungen, aber nichts kam dieser ersten überwältigenden Erfahrung gleich, als meine Gefühle aus ihrer ruhigen und vertrauten Komfortzone herausgerissen wurden.

Mit der Zeit gab ich die Grenzen und Beschränkungen auf und war fähig, eine viel größere Freiheit zu erfahren.

Wenn du reich bist und in einem Gefängnis sitzt, kann dir dein Reichtum wahrscheinlich eine Menge Spielzeug für Erwachsene beschaffen, um dich abzulenken – aber du bleibst im Gefängnis. Das ist die konventionelle Lebensweise.

Wir sehen die Grenzen und Beschränkungen nicht, die uns gefangen halten, auch wenn wir oft das Gefühl haben mögen, dass uns etwas fehlt. Wir versuchen vergebens, diese Leere mit den Spielzeugen des Reichtums zu füllen.

Wenn die sogenannten physikalischen Gesetze dein ganzes Leben lang auf dich einwirken, neigst du dazu, an sie zu glauben. Der Schwerkraft trotzen zu wollen, hat ernsthafte Folgen. Wenn du dies einmal als Kind gelernt hast, weil du von einem Baum heruntergefallen bist, als du Kräheneier holen wolltest, wirst du ein Glaubender. Und das bedeutet ein emotional Glaubender!

Und doch gehört keines dieser Angstgefühle in eine größere Wirklichkeit. Sie halten die Ängstlichen auf einem niedrigen Energieniveau und machen es ihnen fast unmöglich, in die höheren Reiche zu gelangen.

Ich habe dir diese Geschichte erzählt, um meinen Standpunkt zu verdeutlichen. In diesem Buch zeige ich dir einen Weg in eine andere Welt.

Glaube ja nicht, dass die größere Wirklichkeit der metaphysischen Welt der NATUR nur ein natürlicher Teil deiner physischen Welt ist – das ist sie nicht.

Ein großer Teil unserer physischen Realität gründet in Illusion, sie ist nicht wahrhaft real. Sie ist ein gemeinsamer Traum, den wir kollektiv erleben. Er ist die Basis unserer physischen Wirklichkeitswelt und wird das auch bleiben – und das ist in Ordnung!

Aber diese Illusion in Jahrtausenden von Lebenszeiten auszuleben, ohne je einen Blick von etwas Größerem zu erhaschen, ist wahrhaft nicht praktikabel. Als unsterbliche Wesen leben wir ewig – aber wer will schon ewig in einem Traum sein, der nur allzu oft zum leibhaftigen Albtraum wird.

Ich erinnere mich an eine Fernsehwerbung vor langer Zeit und muss lächeln. Ein Gangster vermittelte den ruchlosen Mitgliedern seiner Bande die Vorteile von ‚gutem' Öl in ihrem Fluchtauto. „Öl ist nicht nur Öl", raunte er mit einer barschen rauen Stimme.

Genauso ist Wirklichkeit nicht nur Wirklichkeit. Es gibt so viele Wirklichkeiten, wie es Menschen gibt. Wir haben unsere persönliche Wirklichkeit, eine Konsenswirklichkeit, eine nationale Wirklichkeit und eine grundlegend breitere, globale Wirklichkeit. Diese sind alle gut bekannt und akzeptabel, weil sich jeder ihrer bewusst ist.

Selten finden wir Berichte von Menschen mit Erfahrungen in einer größeren Wirklichkeit, doch es gibt sie. In der Regel erscheinen sie unter einem Titel wie ‚seltsames Phänomen' oder ‚Spiritualität', oder ‚Grenzbereich' oder sonst irgendeiner ignoranten Bezeichnung.

Dies erlaubt sogenannten normalen Menschen zu vermeiden, dies zu lesen, da viele von ihnen nicht wünschen, dass ihre Normalität gestört wird. Auch wenn du einer von Millionen Ausnahmen bist, bist du nichtsdestotrotz nur einer der Wenigen.

Bevor ich dieses Thema abschließe, bedenke Folgendes: Deine gesamte heutige Wirklichkeit gründet in deinen persönlichen Erinnerungen an die Vergangenheit.

Wir teilen viele ähnliche Erinnerungen und Geschichten. Manche schrecklich, andere wundervoll, aber keiner teilt seine persönlichen mentalen und emotionalen Erfahrungen *voll und ganz* mit anderen. Doch aus diesen erschaffst du dein tägliches Leben.

Angst reagiert, LIEBE antwortet – dies weist darauf hin, dass du heute entweder eine lebendige Reaktion *oder* eine lebendige Antwort bezüglich deiner Erinnerungen bist. Du lebst entweder ein reaktives Leben auf der Grundlage deiner vielen negativen Erinnerungen und rackerst dich ab oder du lebst ein Leben in Resonanz mit deinen vielen guten Erinnerungen – und genießt wahrhaft dein Leben.

Dennoch bleibt die einzige Wirklichkeit die Wirklichkeit des sich entfaltenden Augenblicks. Stell dir vor, du würdest bewusst im Augenblick ohne übermäßigen Einfluss aus der Vergangenheit leben. Dies, lieber Leser, ist die Welt eines freien Tieres. Nicht ein eingesperrtes Haustier oder ein Nutztier – sondern eines, das in der freien Wildbahn lebt.

In der geheimen Welt der Natur betritt der metaphysische Forscher eine ganz andere Wirklichkeit und lässt von seinem täglichen mentalen und emotionalen Gepäck so viel wie möglich hinter sich.

Zusammenfassung:

Wir haben nun ein Verständnis dafür bekommen, warum eigentlich so wenige Menschen die geheime Welt der NATUR betreten. Es können weit mehr Menschen mit den Tieren, den Bäumen, den Felsen und Flüssen und der NATUR sprechen, als ihr Reich wirklich betreten. Gewiss gewinnen diese Menschen einen immer tieferen Einblick in die NATUR und bewegen sich weit über die Begrenzungen unseres intellektuellen Wissens und der Welt der physischen NATUR hinaus.

Was ich hier klarstellen möchte, ist, dass du weit mehr als nur weise Worte brauchst, um zu wissen, wie du dieses geheime Königreich betreten kannst. Mir persönlich ist während meiner Weiterentwicklung nie ein Handbuch untergekommen. Ich erinnere mich, dass mich das Buch von J. Allen Boone *Die große Gemeinschaft der Schöpfung* anregte und es gab noch einige andere. Aber es gab nichts, das mir vermittelte, wie ich diese schwer greifbare Tür öffnen könnte oder was zu erwarten sei, wenn es mir gelänge. Wie Frank Sinatra einst *I did it may way*[17] sang, tat ich es auf meine Weise!

Es gibt viele Fallen, darum schreibe ich dieses Buch für dich. Ich musste meinen Weg finden und stolperte von einer Fehlannahme zur nächsten, aber gab niemals auf. Es war ein Weg voller Straßensperren[18].

Es ist wohl offensichtlich, dass mir meine Beziehung zur mystischen NATUR unglaublich kostbar ist. Der letztendlich unvermeidliche Tod meines physischen Körpers wird diese Beziehung nur vertiefen.

17 *My Way*, USA 1968, Text: Paul Anka, Melodie: Claude François

18 Straße auf Englisch heißt Road und also geht es auch um den von ihm intendierten Witz, dass es seine eigenen Blockaden waren.

Kapitel zehn

Verbindung und Trennung

Die NATUR kennt nur EINSSEIN und Verbindung.

Wenn wir die Welt mit unseren physischen Augen betrachten, sehen wir eine Welt der Trennung. Und natürlich glauben wir das, was wir sehen. Doch da für uns nur ein Prozent des elektromagnetischen Spektrums sichtbar ist, liegt die Vermutung nahe, dass es weit mehr gibt, als wir physisch sehen können. Beachte, dass ich *physisch sehen* sage. Wir haben eine metaphysische Sicht, die auf einer viel höheren Frequenz und größeren Bandbreite funktioniert, aber das ist anders, als durch physische Augen zu schauen.

Es ist nun eine allgemein anerkannte Philosophie, dass alle lebenden Wesen innerhalb eines riesigen globalen oder sogar universalen Netzwerks des Lebens verbunden sind.

Wenn man bedenkt, dass alles EINE Energie ist, wird es offensichtlich, dass EINE Energie alles Leben in sich vereint. Es scheint, dass unsere Physiker lange dafür gebraucht haben, um das zu entdecken, wohingegen praktizierende Metaphysiker das seit Jahrhunderten wissen.

Vor ein paar Jahren hörte ich den Vortrag eines Physikers auf einer Konferenz, auf der ich ebenfalls einen Vortrag hielt. Ich war hocherfreut über seine Ausführungen von bestimmten Aspekten der Quantenphysik, die ich oft auf meinen metaphysischen Reisen gesehen habe. Meine Freude lag nicht in der Bestätigung – die brauchte ich nicht – sondern an der Tatsache, dass die Physik sich unvermeidlich in dieselbe Richtung bewegt wie die Metaphysik! Eines Tages werden sie sich auf Augenhöhe begegnen.

Seit vielen Jahren habe ich auf meinen metaphysischen Reisen in der NATUR und auch in der physisch menschlichen Welt den

Torus gesehen – tausendfach – aber ich hatte nicht die leiseste Ahnung, was ich da sah. Du kannst dir meine Freude vorstellen, als ich den Dokumentarfilm Thrive[19] sah, in dem die dreidimensionale Grafik eines Torus gezeigt und sein Name genannt wurde. Ich habe offenbar weit mehr verschiedene Versionen davon gesehen, als bisher dokumentiert worden sind.

Ohne Frage ist es der Bewusstseinszustand eines Menschen, der die Energie und Gestalt seines Torus bestimmt. Der menschliche Torus kann von energetisch schön bis gestört und deformiert variieren.

Wenn wir einen Waldspaziergang machen, sehen wir alle die einzeln stehenden Bäume um uns herum. Physisch ist das so. Was wir nicht sehen, ist das sie verbindende Lebensnetz, das nur zu diesem Wald gehört – auch wenn wir *intellektuell* wissen, dass es da ist! Der Wald ist eine komplexe Energie des EINEN und drückt sich in etwas aus, das wir als eine Vielfalt von Tausenden verschiedener Pflanzen wahrnehmen, die alle voneinander getrennt erscheinen.

Paradox ist, dass sie zwar physisch getrennt erscheinen, sie aber metaphysisch alle energetisch EINS sind. Die NATUR kennt nur EINSSEIN und Verbindung. Trennung hat in der NATUR keine Wirklichkeit.

Du betrachtest den Wald, während du durch die physischen Bäume und die üppige Vegetation läufst: Das also ist ein Wald. Das ist etwa so, wie wenn du im Spiegel dein Bild betrachtest: Das also bist du.

Bist du das wirklich? Wenn du in einen Spiegel schaust, weißt du ganz genau, dass du nicht wirklich dein Spiegelbild bist. Es ist lediglich eine Reflexion von dir. Wenn der Spiegel entfernt wird, während du hineinschaust, weißt du, dass du nicht tot oder ausgelöscht bist, nur weil es nicht länger ein Spiegelbild deines physischen Körpers gibt, das du anschauen kannst.

In ähnlicher Weise ist die materielle Welt der NATUR nicht

19 Thrive (dt: Gedeihen), USA 2011, inzwischen auch mehrfach im Internet und als Kauf-DVD mit deutschen Untertiteln zu finden.

mehr als die physische Reflexion im nicht wahrgenommenen Spiegel der größeren metaphysischen Wirklichkeit. Und auch hier gilt: Wenn du die physische Reflexion aus dem Spiegel entfernst, heißt das in keiner Weise, dass es die metaphysische Wirklichkeit nicht länger gibt oder sie ausgelöscht ist.

Die meisten Menschen glauben, dass wir mehr als ein physischer Körper sind. Das lässt vermuten, dass wir ein spirituelles Leben, vielleicht sogar einen metaphysischen Körper haben, der über den physischen hinaus im Spiegel nicht sichtbar ist und auch nicht für andere Menschen, wenn wir sozusagen ‚tot' sind.

In der geheimen Welt der Natur ist jeder Baum, den wir im Wald sehen, die physische Reflexion eines größeren metaphysischen Waldes, den wir nicht sehen können.

Ergo, wenn wir ihn nicht sehen können, existiert er auch nicht. Falsch. Er *existiert* auf einer anderen Bandbreite. Wir, die wir auf *unserer Bandbreite* leben, tun unser Bestes, um die Welt zu definieren.

Das entspricht etwa der Betrachtung des Planeten durch ein Teleskop, das auf eine einzige winzige Stelle gerichtet ist, um von diesem Fixpunkt aus unseren Planeten zu definieren. In der Weise, wie wir uns selbst auf die Definition unserer Welt von einer einzigen Bandbreite aus beschränken, so wird auch das Teleskop von unseren bedauerlichen Beschränkungen bestimmt.

Von dieser fixierten Stelle aus würde dem Teleskop mögliches Leben auf einem anderen Kontinent oder einer höheren als der dreidimensionalen Ebene entgehen. Hoffentlich wären wir dann so vernünftig zu erkennen, dass wir nicht genug vom Planeten sehen können, um irgendwelche weitreichenden Schlussfolgerungen zu ziehen.

Wir haben genau das gleiche Problem mit unserem Wald auf der ERDE! Wir *denken*, wir können den ganzen Wald sehen und dass er *nur* physisch ist. Also bringen wir uns selbst um das Potenzial dessen, was eine ganz andere und erhellende Walderfahrung sein könnte.

Und das Spaßige dabei ist, wenn du das geheime Reich des Waldes erleben und darüber schreiben würdest, würden nur jene, die eine tiefere Verbindung mit der NATUR haben, das annehmbar finden. Die Wissenschaft wäre geneigt, dich mit zwei Worten abzukanzeln: „Beweise es!" Und das könntest du nicht. Du müsstest deinen Frieden mit der Welt einer Menschheit machen, die unwissentlich und unterbewusst wählt, nicht über ihre Glaubenssätze und die von ihr akzeptierten Beschränkungen hinaus *zu blicken*.

Während meiner öffentlichen Vorträge bitte ich manchmal das Publikum, sich im Raum umzusehen und die anderen anzuschauen. Wir erscheinen alle getrennt voneinander. Doch energetisch sind wir EINE menschliche Energie, die sich in verschiedenen Körpern ausdrückt.

Wir sehen nur die Körper, nicht die Energie. Ein Körper stirbt, aber die Energie nicht. Dieser Mensch setzt nun sein endloses Leben für eine zeitlose Weile als metaphysisches Wesen fort, bis er erneut physisch inkarniert.

Dann macht er wieder *sowohl physisch als auch metaphysisch* weiter, ohne sich seiner metaphysischen Wirklichkeit bewusst zu sein. Das nennt man normal. Auf diese Weise verringern wir drastisch unser ganzheitliches Potenzial.

Die Folge ist, dass die meisten Menschen deutlich weniger als ein halbes Leben leben, solange ihr physischer Körper existiert. Heutzutage ist die westliche Welt derart auf das Physische fixiert, dass der Tod eines Körpers als *Verlust des Lebens* bezeichnet wird.

Wie erschreckend ignorant: So eine Illusion dient uns nicht.

Du kannst das Leben nicht verlieren, du *bist* das Leben. Deinen Körper – der du nicht bist – *kannst* du verlieren. Du hast schon tausende davon verloren, und doch bist du hier und liest diese Worte in deinem aktuellen Körper.

Wenn wir unser Leben im unverrückbaren Glauben ans Getrenntsein verbringen, geschieht Folgendes: Wir werden Teil einer kollektiven Illusion, die wir dann versuchen zu verstehen. Und wenn wir denken, wir haben sie verstanden, täuschen wir uns selbst, einfach weil alles nur eine Illusion ist. Aber das wissen wir nicht und so geht das intellektuelle Schmerzensspiel immer weiter. Verstehst du?

Lass mich dir eine einfache Frage stellen. Wir leben in einer Welt voller Angst, Wut, Anklage, Gewalt, Massenarmut, tiefsitzender Hoffnungslosigkeit und Verzweiflung. Wir leben mit grassierenden Erkrankungen, Geisteskrankheiten, Furcht und Depression und ständig steigenden Selbstmordraten.

Ist dies das Ergebnis von EINSSEIN und einer tiefen inneren Verbindung mit allem Leben?

Oder ist es möglicherweise das Ergebnis all der endlosen Ängste, die unsere Isolation und Trennung begleiten, unsere tragische Unverbundenheit?

Zum Ausgleich sollte ich natürlich sagen, dass die Welt auch voller LIEBE und Freude, Güte und Mitgefühl ist und dass das Leben auch erhebend und erfüllend sein kann. Aber das trifft nur für sehr wenige zu und es hat nichts mit Geld zu tun.

Mit Geld kann man fast alles kaufen, außer wirklicher Freiheit, Frieden, Freude, Glücklichsein und der Erfahrung bedingungsloser LIEBE. Nein, dies wird nur von jenen wenigen erfahren, die in *bewusster* Verbundenheit leben.

Okay, nachdem ich dir jetzt die verschiedenen Eigenschaften von Trennung und Verbindung und deren Wirkung auf unser menschliches Leben nähergebracht habe, werden wir diesen wichtigen Aspekt des Lebens aus der Sicht der NATUR betrachten.

Ich schrieb über das *Netzwerk* des Lebens. Ich erwähnte auch, dass dies nun zunehmend Akzeptanz erfährt.

Aber wie viele dieser Menschen, die das *Konzept* eines Netzwerks verstehen, *erfahren* es tatsächlich?

Das Problem ist, dass der Intellekt, obwohl er die *Theorie* vom Netzwerks des Lebens versteht, es niemals *praktisch* erfahren kann. Und dieses Netzwerk der Verbindungen ist keine Theorie, ein Konzept oder eine Vorstellung – es ist eine Wirklichkeit, die schon immer existiert hat! So lange es nur eine akzeptable intellektuelle Hypothese bleibt, werden einige Leute ein paar kluge Dinge darüber sagen und schreiben, aber diesen Worten wird es energetisch immer an der realen Erfahrung mangeln.

Ich habe gelesen, wie die Bewegungen einer Büffelherde in Nordamerika die Bewegungen eines Kängururudels in Australien beeinflusst und umgekehrt. Sehr clever, aber meiner Meinung nach hat der Autor niemals eine Bisonherde oder ein Kängururudel erlebt, es war eine theoretische Annahme.

Paradoxerweise, obwohl ich vor einigen Jahren metaphysisch eine Herde von Bisons in Montana erlebte, habe auch ich nach über fünfzig Jahren in Australien noch nie bewusst ein Rudel Kängurus erlebt. Das ist noch auf meiner To-do-Liste!

Ich begegnete dieser Verbindung zwischen Mensch und Tier erstmalig durch ein schmerzhaftes Erlebnis mit einer Herde von Rindern. Damals erkannte ich, dass meine Rinderherde mehr auf meine persönliche Energie eingestimmt war als irgendeiner meiner menschlichen Freunde. Die Kühe kannten mich *energetisch*.

Als ich mit Mitte zwanzig von England nach Tasmanien, dem Inselstaat Australiens, auswanderte, wurde ich ein Viehzüchter. Eine Reihe unglücklicher Umstände in der NATUR, die weit jenseits meiner Kontrolle waren, führte innerhalb der ersten achtzehn Monate zum Tod der meisten meiner Rinder.

Es war der düstere Beginn einer neuen Karriere. Um wirtschaftlich überleben zu können, war ich gezwungen, auf Milchwirtschaft umzusteigen. Jung und undiszipliniert, wie ich damals war, dauerte es acht Wochen, bis ich begriff, dass ich das zweimal tägliche Melken der Kühe hasste. Selbstdisziplin hoch zehn! Zur Melkroutine kam noch das zweimalige tägliche Füttern von zweihundert Schweinen und die Aufzucht von hundert Kälbern mit dem Eimer hinzu. Es war buchstäblich endlose Arbeit. Mein Tag begann morgens um fünf und endete gegen sieben Uhr abends. Und während der Zeit des Kalbens, des Heuens und bei der Arbeit auf den Weiden wurde mein Arbeitstag natürlich noch um ein paar Stunden länger.

Das Positive daran war, dass ich in diesem jugendlichen Alter über einen enormen Energievorrat verfügte. Tatsächlich bin ich bis heute mit einem ähnlichen Vorrat an Energie gesegnet.

Damals gab es noch nicht diese erstklassigen Melkmaschinen wie heute. Um es deutlich zu sagen: Ich mochte die Kühe, aber das Melken ... bäh! Aber genug, die Situation ist klar!

Zu meiner Schande war ich meist schlecht gelaunt, wenn ich die Kühe molk und sie wussten es. Ich hatte keine Ahnung, *woher sie das wussten*, aber es war eindeutig. Je schlechter meine Laune, umso mehr flog mir die grüne, matschige Kuhscheiße um die Ohren und saute alles ein, einschließlich meiner selbst. Ich muss zugeben, dass verbesserte meine Laune keineswegs.

Dieses Chaos dauerte etwa drei Jahre lang an, bis es schließlich zu einem recht gewaltsamen Ende kam. Eine der langbeinigen Kühe schlug nach mir aus, als sie in den Melkstand kam. Sie erwischte mich am großen Oberschenkelmuskel und lähmte fast mein Bein.

Als ein Widdermann, der eigentlich gar nicht so schnell wütend wurde, verlor ich vollkommen die Beherrschung, leider. Ich nahm eine Beinkette, schleuderte sie über meinem Kopf mit der Absicht, sie ihr fest auf die Rippen zu schlagen. (Ja, ich weiß, widerwärtig! Ich war nicht immer der feine Mann, der ich heute bin – ich musste ihn erst kultivieren!)

In meiner wütenden Hektik machte ich den Fehler, die Kuh nicht im Melkstand festzubinden. Als ich die Kette schwang, um sie zu schlagen, tänzelte sie seitwärts und schlug erneut nach meiner aggressiven und wütenden Energie aus. Die Kette verfing sich an ihrem Huf und wurde mit Gewalt aus meinen nassen Händen gerissen. Ich bezweifle, dass sie es überhaupt spürte. Dadurch schnellte die Kette in hohem Bogen zu mir zurück und wickelte sich dann um meinen linken Arm, was mit höllischen Schmerzen verbunden war. Ich wurde beinahe ohnmächtig.

In diesem schockierenden Moment der Qual *erkannte* ich augenblicklich und mit voller Wucht, dass ich der Schöpfer meiner Schmerzen, des ganzen Melkchaos und Tumults war. Ich hatte keine Ahnung, warum diese plötzliche Offenbarung auf einer Welle höchsten Schmerzes so gewaltsam und traumatisch in mein Bewusstsein getrieben werden musste – aber ich verstand und akzeptierte es umgehend.

Ich lag mehrere Tage lang flach. Es dauerte vier Monate, bis die Schmerzen im Knochen aufhörten, so stark war die Prellung. Aber es veränderte mich. Nur meine damalige Frau wusste, dass ich mich verändert hatte, sie lebte mit mir. Aber nicht einer meiner Freunde machte jemals auch nur eine Bemerkung über meine Veränderung. Für sie blieb ich immer der Gleiche.

Doch jede einzelne Kuh in der gesamten Herde von einhundert Rindern wusste, dass ich mich gewandelt hatte. Als ich wieder anfing zu melken, waren alle Kühe ruhig und entspannt. Es flog keine grüne Scheiße mehr. Kein Ausschlagen. Keine zappelnden Kühe. So hatte ich es noch nie erlebt. Auch ich war ruhig, und fügte mich schließlich meiner Situation mit einem gerüttelt Maß an Demut. Und so blieb es noch Jahre, solange ich mit dem Melken fortfuhr.

Damals wusste ich noch nichts über das EINSSEIN und nichts über Verbindung. Aber meine Kühe wussten es auf jeden Fall. Sie lebten es. Sie kannten mein Energiefeld besser als ich selbst. Als sich meine Energie von gewaltsam zu wohlwollend wandelte, antworteten sie in angemessener Weise.

Während der folgenden Jahre erforschte ich, was geschehen war. Ich weiß jetzt, dass es der Beginn und die Öffnung meiner tiefen metaphysischen Verbindung mit allem Leben war.

Diese ausschlagende Kuh machte mir ein kostbares Geschenk, denn nichts weniger als dieses Maß an Gewalt hätte meinen Panzer der Abgestumpftheit durchbrechen können. Der entsetzliche Schmerz öffnete einen alten Abszess schwelender Intoleranz, der endlich sein Verfallsdatum erreicht hatte. Und was für ein vollkommenes Timing!

Zusammenfassung:

Es ist wirklich wichtig für dich zu akzeptieren, dass wir in zwei höchst verschiedenen Welten leben und dass sie beide genau denselben Raum beziehungsweise Augenblick einnehmen. Das geschieht tatsächlich auf vielen Ebenen, aber die ich meine ist die Welt der unendlichen GANZHEITLICHEN VERBUNDENHEIT und die etwas vertrautere WELT DER ISOLATION und GETRENNTHEIT. Frage dich selbst: Welcher Welt gibst du mehr Aufmerksamkeit und Zuwendung?

Da gibt es kein Richtig oder Falsch, keinen Tadel oder Kritik. Ich lebte viele Jahre in der Welt der Trennung, auch wenn ich in meiner Jugend häufig Ausflüge in die Welt der Verbundenheit unternahm.

Indem ich den selbst erschaffenen Abgrund der Trennung überquerte, wurde mir endlich die Welt der Verbundenheit offenbart.

Über einen Menschen, der mit beiden Welten verbunden lebt, hat der ABGRUND DER TRENNUNG keine Macht mehr.

So lebe ich heute. Ich bin höchst vertraut mit der WELT DER TRENNUNG, aber ich bin nun ein Bewohner der WELT DER GANZHEITLICHEN VERBINDUNG.

Glaube ja nicht, dass es die eine oder die andere Welt sein muss. Erinnere dich jedoch daran: Wohin und auf was immer du deine Aufmerksamkeit richtest, dorthin fließt deine Energie und verbindet und ermächtigt dich.

Kapitel elf

Unsere natürliche Leichtigkeit des Seins

Erlaube deinem Fortschritt, so natürlich und gemächlich zu sein wie die Entfaltung von Blütenblättern in der Morgensonne.

Wir alle sind mit unseren physischen Körpern sehr vertraut. Wir wissen oder es kümmert uns vielleicht nicht, wie sie funktionieren oder was für sie am besten ist, aber wir werden fortwährend daran erinnert, dass unsere physischen Körper existieren. Im Allgemeinen neigen unsere Körper dazu, krank und geschwächt zu werden, wenn wir sie vernachlässigen, indem wir energiearme Getränke und Nahrung zu uns nehmen. Glücklicherweise gilt das auch umgekehrt und weit über achtzig Jahre alte Körper können gesund und munter sein, wenn ihr Bedarf an gesunder Nahrung und Bewegung gedeckt wird. Leider ist das zu selten der Fall.

Du, lieber Leser, magst dir völlig bewusst sein, dass dein physischer Körper das Gefährt für die Seele ist, die du wahrhaft bist. Das ist wahrscheinlich einer der Gründe, warum du diese Art von Büchern liest. Doch das wird allgemein selten berücksichtigt, noch denkt man überhaupt darüber nach.

Doch genau diesen tieferen Aspekt des Selbst möchte ich nun ansprechen. Ich habe sehr sorgfältig – wenn auch kurz – ausgeführt, in welch grundlegender Weise die NATUR ein nichtphysischer Ausdruck des Lebens ist.

Auf unserer Bandbreite sehen wir eine physische Wirklichkeitswelt, aber begeben wir uns auf die Bandbreite einer höheren Frequenz, ist da eine größere Wirklichkeit. Genau wie die NATUR also gleichzeitig eine physische und eine metaphysische Bandbreite einnimmt, so gilt dies offensichtlich auch für uns. Dies ist ein Aspekt der Dualität.

Du hast einen physischen und einen metaphysischen Körper. Du wirst schnell erkennen, dass du dich achtundneunzig Prozent deiner Zeit auf deinen physischen Körper beziehst und etwa zwei Prozent auf deinen spirituellen Körper und die metaphysische Welt. Und bei den zwei Prozent bin ich noch extrem großzügig!

Obwohl du also eine physische Beziehung zur physischen NATUR haben kannst und wahrscheinlich hast, ist diese jedoch nur eine Schneeflocke auf der Spitze des sprichwörtlichen Eisbergs, was die potenzielle metaphysische Beziehung angeht, die du haben könntest.

In diesem Buch geht es um das *Betreten* der geheimen Welt der NATUR. Es ist meine volle Absicht, dir dies zu ermöglichen. Ja, das wird eine steile Lernkurve mit sich bringen und ein gewisses Maß an selbstauferlegter Disziplin, aber wenn dir diese Mission gelingt, wirst du diese neue Fähigkeit auf ewig haben. Und ewig ist eine *sehr* lange Zeit!

Warum ewig? Weil du im Bewusstsein gewachsen sein wirst. Und wenn eine Fähigkeit zu einem Aspekt deines Bewusstseins geworden ist, führst du sie in jeder Inkarnation mit dir. Mit anderen Worten: Du kannst in diese geheime Welt nicht eintreten und gleichbleiben – genauso wenig, wie du nicht gleichbleiben und diese geheime Welt betreten kannst!

Wir haben in jeder Inkarnation einen einzigen physischen Körper. Der ist genug! Doch haben wir mehrere metaphysische Körper, die alle denselben Raum und Augenblick einnehmen wie der physische Körper, wenn auch auf der Bandbreite einer höheren Frequenz.

Die verschiedenen Ebenen der mentalen und emotionalen Körper haben für dieses Buch keine Bedeutung, außer dass es weise wäre, soviel emotionales und mentales Gleichgewicht zu entwickeln und zu halten wie möglich. Nicht vorgetäuscht oder erzwungen, nur eine ruhige emotionale und mentale Gelassenheit.

In unseren fünftägigen Intensivseminaren[20] mache ich mit den Teil-

20 Sh. Anhang.

nehmern eine Übung, in der sie sich in eine metaphysische Situation begeben, die ihnen ihr metaphysisches Selbst und seinen Körper offenbart. Es kann eine sehr gefühlsintensive Erfahrung sein, deine eigene Leichtigkeit des Seins zum ersten Mal wahrzunehmen.

Wenn du irgendeines meiner letzten Bücher[21] gelesen hast – ich schreibe seit über vierzig Jahren – wird dir der Begriff *Lichtkörper* vertraut sein. Wir haben alle diesen Lichtkörper, aber nur wenige Menschen sind sich seiner bewusst.

Heutzutage glaubt man üblicherweise, dass wir rein physisch sind. Das ist bedauerlich, weil uns dieser *selbstbegrenzende* Glaube um so vieles bringt.

Ehrlich gesagt bist *du* ein großartiges, metaphysisches, multidimensionales, unsterbliches Wesen aus LICHT und LIEBE. Erinnerst du dich? Und ernsthaft, wenn du diese WAHRHEIT in deinem Alltag *leben* würdest, *würde* sie dich befreien!

Einfach vielleicht, aber nicht leicht! Dieser uralte Glaube, dass wir nur ein Körper sind, hat uns reduziert und dazu geführt, dass unser Körper schon vor langer Zeit zum Gefängnis geworden ist.

Und doch, jede Nacht, während wir schlafen, verlassen wir dieses Gefängnis, und unser Astralkörper kann sich frei aufschwingen. Und wir haben unsere astralen Erlebnisse, an die wir uns manchmal als Träume erinnern, nur um dann, kaum dass wir aufwachen, den Gefangenenstatus wiederherzustellen. Ernsthaft, das ist keine gute Idee!

Wenn du die Gelegenheit ergreifst, die ich dir in diesem Buch biete, kannst du für immer frei sein und diesem Gefängnis entfliehen – aber merke: Damit ist nicht ‚sterben' gemeint!

Wohin du deine Aufmerksamkeit richtest, dorthin fließt die Energie, verbindet und erschafft. Der gewöhnliche menschliche Fokus ist sprunghaft, instabil und zerstreut. Er entspricht etwa einer kurzlebigen Eintagsfliege, die in bedeutungslosen Bögen über einem Teich rauf und runter schwirrt.

---

21 Sh. Anhang.

Mit Übung kannst du einen stabilen Fokus entwickeln. Eine einfache Übung ist, dich in einen Garten oder Park zu setzen und auf irgendeinen Baum zu fokussieren, der deine Aufmerksamkeit erregt. Ich schlage einen Baum vor, einfach weil er dich unterstützen wird.

Alles was du tun musst, ist, dich auf den Baum auszurichten. Du musst nicht gegen Gedanken ankämpfen oder versuchen, sie anzuhalten, aber hindere sie daran, sich in alle Richtungen zu zerstreuen. Fokussiert ist das Gegenteil von zerstreut. Wenn du denken musst – und das wirst du – bleibe mit deinen Gedanken beim Baum als Mittelpunkt deiner Aufmerksamkeit.

Versuche nicht es zu tun, *tu* es einfach. Sobald du *versuchst,* irgendeine der Übungen zu machen, die ich vorschlage, benutzt du deine linke Gehirnhälfte und das wird nicht funktionieren. Deine rechte Gehirnhälfte kann das einfach und mühelos, ohne es versuchen zu müssen.

Dafür gibt es keine vorgegebene Zeitdauer, wie lang ist deine Entscheidung. Wenn du eine längere Zeit vermeiden möchtest, wird dir die Erfahrung entgehen, die ich dir biete. Die am besten funktionierende Zeitdauer ist die, welche dich an den Rand deiner Komfortzone bringt. Du wirst letztendlich feststellen, dass es immer leichter geht. Wenn du innerhalb deiner Komfortzone bleibst, wirst du nicht sehr viel erreichen. Das gilt für fast alles im Leben. Das ist nicht fair, oder?

Okay, wenn du die Fähigkeit entwickelt hast, deinen Fokus eine befriedigende Zeit lang zu halten, wechselst du vom Baum, den du physisch sehen kannst, zu deinem eigenen metaphysischen Lichtkörper, den du physisch nicht wahrnehmen kannst.

Darum brauchst du den Fokus. Der Baum wird dir weiter behilflich sein, denn da du so viel fokussierte Zeit mit ihm verbracht hast, seid ihr nun im Bewusstsein verbunden! Wer hätte das gedacht? Du hast deine erste bewusste Verbindung mit der inneren Welt der NATUR hergestellt, ohne es überhaupt zu bemerken!

Noch einmal, du brauchst für diesen Lichtkörperfokus so lange, wie es dein gegenwärtiger Bewusstseinszustand erfordert. Du weißt nun, dass du im Bewusstsein wächst, während du bewusst übst.

Interessanterweise könntest du zum Beispiel Bogenschießen bis hin zur Meisterschaft üben, aber das würde nicht heißen, dass du im Bewusstsein gewachsen bist.

Du wächst im Bewusstsein, wenn dein *Bewusstsein vollkommen* von dem, was gerade deine spirituelle Übung ist, *in Anspruch genommen wird.*

Doch möchte ich hinzufügen, dass du deine Spiritualität ins Bogenschießen einbringen und damit die Erfahrung sehr bereichern kannst, wodurch du im Bewusstsein wachsen wirst. Nichts ist von deiner Spiritualität ausgeschlossen, es sei denn, *du* schließt es aus – und viele Menschen tun dies die meiste Zeit, ohne es zu beabsichtigen.

Lass es mich klar sagen: Du fokussierst einfach auf die Vorstellung von deinem Lichtkörper. Stelle dir vor, dass du ein Körper aus Licht bist, der etwa dreimal so groß wie dein physischer Körper ist und leuchtet. Du kannst einen formlosen Lichtkörper haben, wenn das für dich stimmt – aber ich rate davon ab. Wir sind mit unserem physischen Körper sehr vertraut und daher bleibe ich immer bei der körperlichen Gestalt.

Du *versuchst nicht, ihn zu erschaffen*, denn der Lichtkörper ist immer Teil von dir. Auch bemühst du dich nicht, ihn zu sehen. Du lernst ihn kennen, sensibilisierst dich dafür, ihn zu spüren, dir seiner gewahr zu sein und erlangst eine sich stetig vertiefende Vertrautheit mit ihm.

All dies geschieht in deinem eigenen Tempo und Rhythmus. Es ist ein bisschen wie der alte englische Spruch: „Wie lange dauert es, bis mein Zug in London ankommt?“ „Das hängt davon ab, an welcher Station du einsteigst. Von Cambridge aus nicht so lang, von Edinburgh aus ziemlich lange.“ So ist es eben.

Entsprechend der Qualität und Absicht unserer bewussten Spiritualität sind wir entweder näher dran oder weiter entfernt. Aber die gute Nachricht ist, dass du jedes Mal näherkommst, wenn du bewusst übst.

Es tut mir leid, dass ich dir keine rasche Lösung oder ein paar leichte Tricks anbieten kann. Habe ich das geschrieben? Nein, das tut mir überhaupt nicht leid. Ich ehre *dich*, indem ich dir einen wahren Weg in die Herrlichkeit der geheimen Welt der NATUR anbiete. Und es ist *mir* eine Ehre, das zu tun!

Mit Übung wirst du allmählich deinen Fokus nutzen können, um deinen Lichtkörper zu entwickeln und zu pflegen, der so lange übersehen und vernachlässigt wurde.

Erinnere dich: Wohin du denkst, Energie du lenkst, dort verbindet und entwickelt sie sich. Du bist ein Schöpfer und das ist dein Geburtsrecht. Eines Tages, wenn du ein Stück vorangekommen bist, wirst du dir vielleicht der Größe dessen bewusst werden, was du erschaffen hast.

Der Tag wird kommen, an dem du für mehr bereit bist. Bereit, deine ersten metaphysischen Schritte in eine größere Wirklichkeit, in die geheime Welt der NATUR zu tun. Interessanterweise entsprechen die Farben des Regenbogens den Chakrafarben deines metaphysischen Körpers.

Ich schlage vor, dass du dir bewusst vorstellst und wenn möglich visualisierst, wie du durch die Farben des Regenbogens gehst. Mache das langsam, ohne Hast oder Eile.

Beginne mit dem roten Wurzelchakra – atme, sieh und fühle Rot. Mache weiter mit Orange – Sakralchakra – erfahre Orange vollkommen. Dann kommt Gelb – Solarplexuschakra – erfahre Gelb vollkommen und weiter zu Grün – Herzchakra – erfahre vollkommenes Grün. Dann Blau – Halschakra – erfahre Blau vollkommen. Als Nächstes kommt Indigo – Stirnchakra – erfahre zutiefst Indigo. Du gehst weiter zu Violett – Kronenchakra – und tauchst vollkommen in Violett ein.

Während du bewusst durch diese Farben gehst, steigt deine Frequenz mit den ansteigenden Frequenzen der Farben. Auf dieser Ebene hat das rote Wurzelchakra die niedrigste Energie, das violette Kronenchakra die höchste.

Jetzt stellst du dir vor, wie du aus dem Regenbogen trittst und auf einem leuchtenden Pfad von Licht gehst. Vor dir ist ein Wald und als du dich ihm näherst, spürst du schon den Willkommensgruß, den er dir entgegenschickt.

Eine Anmerkung zur Vorstellungskraft: Du kannst dir nicht etwas vorstellen, das es nicht gibt. Manche Menschen sind diesbezüglich skeptisch, was wahrscheinlich ihre begrenzte Vorstellungskraft beweist!

Deine Vorstellungskraft ist dein schöpferischer Faktor. Kein Tier kann sich etwas vorstellen.

Erinnere dich, Vorstellungskraft ist keine reine Fantasie, wie wir immer geglaubt haben. Ohne es zu erkennen, erschaffst du dein Leben, deine Welt – mit deiner Vorstellungskraft. In dieser Übung wirst du sie zum gleichen Zweck einsetzen.

Es wird der Augenblick kommen – du wirst dich nie daran erinnern wann – in dem deine Vorstellung einer größeren Wirklichkeit begegnet und mit ihr verschmilzt – und deine Reise in die NATUR beginnt.

Es ist der richtige Gebrauch der Vorstellungskraft, der uns aus den Gefängnissen unserer irregeleiteten und verblendeten Vorstellungen befreien wird.

Alle großen Weisen, Mystiker, Dichter und gefeierten spirituellen Lehrer haben dies im Laufe der Jahrhunderte entdeckt – jeder zu seiner Zeit. Und noch immer bleibt es der großen Masse der Menschheit versagt.

Unsere Vorstellungskraft ist eine Kraft, die von der Bevölkerung generell missverstanden und missbraucht wird. Doch Sportpsychologen haben genau erkannt, wie Vorstellungskraft zum großen Vorteil für ihre sportliche Klientel eingesetzt werden kann.

Von jetzt an heißt es üben, üben, üben. Ich hörte einmal eine junge Weltklassepianistin über ihr Üben sprechen. Als sie drei Jahre alt war, wusste sie, dass sie Konzertpianistin werden wollte. Ihre Klavierlehrerin sagte ihr, dass sie vier Stunden am Tag üben müsse, bis sie alt genug wäre, um in die Schule zu gehen. Wenn sie mit der Schule begänne, müsse sie acht Stunden am Tag üben. Das tat sie. Mit sechzehn Jahren feierte sie ihre Weltpremiere in der Carnegie Hall in New York. Sie führte ihren Erfolg auf die vielen, vielen Übungsstunden zurück. Es schien ihr nicht aufzufallen, dass sie außerdem eine recht bemerkenswerte junge Dame war.

Eine letzte Sache noch. Es gibt absolut nichts bei dieser Übung zu befürchten. Dennoch ist es die Angst vor dem Unbekannten, welche die furchtbaren Gefängnisse, in denen die Leute leben, so widerstandsfähig macht. Ich wiederhole: Da gibt es nichts zu fürchten. Angst ist ein falscher Beweis, der echt erscheint.[22] Sie ist nie real, *immer* falsch.

Angst entspringt dem Fehlgebrauch der Vorstellungskraft. Sie hat keine Wirklichkeit bis auf die, die wir ihr verleihen.

Ich bin sehr oft metaphysisch gereist und habe einige Bücher geschrieben, die meine Abenteuer ausführlich schildern.[23] Niemals hatte ich eine Begegnung, für die ich nicht angemessen vorbereitet war. Es gab Schocks und viele Überraschungen, aber Angst war niemals ein Thema.

Zusammenfassung:

Wir haben nun die Vorgehensweise etabliert, die zum Üben erforderlich ist, um tatsächlich die geheime Welt der Natur betreten zu

22 Im Englischen ein Akronym des englischen Wortes für Angst: FEAR = False Evidence Appearing Real.
23 Sh. Anhang.

können. Nichts davon ist leicht, aber im Vergleich zum Klavierspielen ist es völlig natürlich.

Wir waren nie dazu bestimmt, nur innerhalb der Beschränkungen des physischen Körpers zu leben, noch uns selbst einzusperren und in diesen Gefängnissen der Ignoranz und falscher Glaubenssätze zu bleiben.

Sei dir jedoch bewusst, dass wir Tausende von Lebenszeiten im Gefängnis des physischen Körpers verbracht haben – dennoch ist er kein Gefängnis und war auch nicht als solcher gedacht.

Als WESEN AUS LICHT UND LIEBE bist du fähig, ihn *bewusst* zu verlassen, wenn du es wünschst. Nimm dir als unsterbliches Wesen alle Zeit, die du brauchst.

Übe. Übe geduldig. Versuche nicht, den Prozess zu beschleunigen oder clever zu sein. Unterschätze dich nicht, aber überschätze dich auch nicht.

Erlaube deinem Fortschritt, so natürlich und gemächlich zu sein wie die Entfaltung von Blütenblättern in der Morgensonne. Du *bist* ein ewiges Wesen!

Kapitel zwölf

Chaos – Ordnung – Balance

Alles was wir brauchen, haben wir im Bewusstsein.

Ich habe über diese im Grunde genommen unbekannten metaphysischen Prinzipien schon in einigen meiner bisherigen Bücher[24] geschrieben. Aber wenn du einen Vorstoß in die geheime Welt der NATUR planst, dann wäre es für dich nützlich, sie noch eingehender zu lesen.

Also, lass uns am Anfang beginnen.

Ich erzähle hier die Geschichte, wie ich erfahren habe, was wahrscheinlich die grundlegende Dynamik der Bewusstseinsevolution ist. Ich bin noch nie Texten anderer Autoren begegnet, die dem auch nur entfernt nahegekommen wären – obwohl es sie möglicherweise gibt.

Ganz ehrlich, ich denke, die akademische Welt wird wieder über mich spotten, aber das ist für mich in Ordnung. Was ich nicht beweisen kann, wird sich mit der Zeit zeigen. Ich habe festgestellt, dass die Öffnung unserer metaphysischen Augen ein sehr langsamer Prozess für jene ist, die glauben, sie könnten bereits metaphysisch sehen.

Das Folgende geschah im Jahr 2005 während einer metaphysischen Reise mit Pan.[25]

Ich sitze in meinem Arbeitszimmer und denke über mein eigenes, sich veränderndes Wesen nach, das ziemlich rasch – okay, im Laufe von Jahren! – durch mein metaphysisches Reisen gereift ist.

Früher war ich impulsiv und stur und vom Bedürfnis nach

---

24 Sh. Anhang.
25 *Durch die Augen der Liebe*, sh. Anhang.

Trauma und Drama getrieben, ohne es zu bemerken. Das machte es wirklicher und einprägsamer. Jede Aufgabe, die Pan mir stellte, schien ich nur mit einem Maximum an Schmerz und Leiden bewältigen zu können, verursacht durch Unmut und Widerstände.

Doch im Laufe der Zeit, mit Pans stets geduldiger Führung und meinem Durchhaltevermögen, kam ich an diesen Ort der WAHRHEIT, der spirituellen Erleuchtung, den Ort, an dem das Selbst sich vollkommen dem SELBST hingibt.

Mein ganzes Verhältnis mit Pan hat sich ebenfalls gewandelt. Früher war es wichtig für mich, seine metaphysische Gestalt in meiner eigenen metaphysischen Wirklichkeit zu sehen. Aber Pan hat mir dieses Privileg allmählich entzogen. Es war nie real. Es war ein von Pan in mir erzeugtes Bild, so dass ich ihn sehen konnte und mich dabei wohlfühlte.

Aber Pan zeigte mir, dass Komfort und Stagnation miteinander einhergehen, und also wurden all diese Hilfen allmählich entfernt, während ich mir dieser größeren Wirklichkeit, der geheimen Welt der NATUR, immer sicherer wurde.

An Pan denkend entspanne ich mich und gebe mich dieser stets zur Verfügung stehenden Energie hin! Ich verlagere meinen Fokus und bewege mich so weich wie Wasser, das aus einem Glas gegossen wird, aus meinem physischen Körper in meinen Lichtkörper.

Ohne Zögern gehe ich in diese andere Dimension des Lebens, der Orte und Gelegenheiten, die nicht in der physischen Wirklichkeit gründen.

Wir haben die physische Welt wie auch eine nichtphysische unsichtbare Wirklichkeit, das heißt: für uns unsichtbar auf unserer langsameren Bandbreite. Für die Wesen, die diese unsichtbare Wirklichkeit bewohnen, ist sie so wirklich und sichtbar, wie es unsere Welt für uns ist.

Mehr noch. In diesem Augenblick werde ich sanft in diese andere, unberührte Welt der NATUR gezogen. Ohne dass ich Gestalt oder Form hätte, werde ich gedreht und gewirbelt, während es mich durch diese Welt einer stillen NATUR in einen Aspekt hineinzieht, der sich ebenso roh wie gewaltsam anfühlt.

In einem Weizenfeld werde ich mir meines Lichtkörpers gewahr. Als ich mich umsehe, bin ich wirklich verwirrt. Nicht wegen des Weizens, denn bei meiner langen landwirtschaftlichen Vorgeschichte ist mir Weizen sehr vertraut.

Aber dieser hier ist anders. Der Weizen bedeckt das ganze Feld, aber statt grün zu sein, scheint er in Farbschattierungen zwischen Schwarz und Rot zu flackern.

Als ich genauer hinschaue, sehe ich, dass der Weizen durchaus grün ist, aber innerhalb des Grüns scheinen die Farben Rot und Schwarz um die Vorherrschaft zu ringen. Mit meinen Lichtfingern über einige der Weizenhalme streichend, stelle ich fest, dass die Farben nicht physisch sind. Physisch und natürlich auch metaphysisch ist der junge Weizen grün, während die Rot- und Schwarztöne irgendwie innerhalb des *Energiefeldes* einer jeden Pflanze sind.

„Was ist das?“, frage ich Pan. Gelegentlich fühlte ich mich von Pan etwas verlassen und sehr einsam, wenn ich ihn bei einigen meiner tieferen metaphysischen Erlebnissen nicht sehen konnte, aber ich weiß jetzt, dass Pan da ist, wo immer ich bin.

Erkennst du ein Weizenfeld, wenn du eines vor dir hast?

Im Inneren spüre ich eine Andeutung von Gelächter, das nicht mein eigenes ist. Leise murre ich, dass das Feld offensichtlich Weizen ist, aber was ist das rote und schwarze Energiezeug?

Energie kann man fühlen, also spüre hinein.

Ich seufze. Tief im Inneren bin ich mir nicht sicher, ob ich mich mit dieser Energie verbinden will. Sogar ohne es zu versuchen, fühlt es sich sehr verstörend an. Ich schaue mich um, um Zeit zu schinden.

Komm schon, Michael, wenn du einen Sturm bewältigen kannst[26], *wird das hier ein Kinderspiel.*

Ich zucke bei dieser Erinnerung zusammen. Das war ein ziem-

26 *Im Reich des Pan*, sh. Anhang.

lich erschreckendes Erlebnis, eines, das ich nicht wiederholen will. „Okay, also was soll ich tun?"

Stelle eine bewusste Verbindung mit diesen Energien her, sei mit ihnen.

Ich stöhne stumm. Das ist nicht etwas, das ich tun will. Warum weiß ich nicht. Ich weiß nur ganz genau, dass ich mich mit diesen roten Energien nicht verbinden möchte. Ist es mein alter Widerwille oder etwas anderes?

Möchtest du meine Hilfe?

„Nein, ich will ganz sicher nicht deine Hilfe. Ich weiß nur zu gut, dass du mich einfach hineinschmeißen wirst. Nein danke, ich mache es auf meine Weise", sage ich eilig.

Erinnerungen an Vergangenes versetzen mich innerlich in Aufruhr. Ich möchte es gerne auf meine Weise machen, in der Art, wie ich mich zuerst mit den Zehenspitzen in einen eiskalten Ozean begeben würde.

Wie du wünschst.

Mit den Zehenspitzen eintauchen ist leichter gesagt als getan. Auf die flackernden roten Farben fokussierend, nehme ich Kontakt mit ihnen auf. Ich sage *mit ihnen,* denn das Rot ist so voller Schattierungen und Varianten von Rot, dass es sich mehr wie nach *vielen* statt nur *einer* Farbe anfühlt.

Für zeitlose Augenblicke scheint es, als würde ich durch das ganze Weizenfeld gewirbelt, mein Lichtkörper unter dem Einfluss der Rotheit. Als ich mich stabilisiere, spüre ich die heranrauschende Energie von totalem Chaos über mich hinwegfegen, und jegliche Stabilität wird zerschmettert. Mir wird schlecht, aber Übelkeit ist im Lichtkörper unmöglich. Dachte ich!

Die Energie, die ich fühle, ist dynamisch, eine enorme Kraft, die antreibt und erzwingt, doch ist dies weder negativ noch in seiner Wirkung irgendwie falsch. Es erinnert mich daran, als ich metaphysisch in einem Sturm war, und doch war es ganz anders, weil ich nicht die Kontrolle verlor. Ich fühle mich selbst vor ungezügelten

Emotionen platzen, mit unbeherrschbarer Absicht, einer Wildheit, die niemals gezähmt oder an die Kette gelegt werden kann.

Das Gefühl von Übelkeit hält an. Das ist das erste Mal, dass ich mich in dieser nichtphysischen Welt unwohl fühle, und ich gerate aus dem Gleichgewicht, mental aus der Spur, bin durcheinander und konfus, absolut chaotisch. Mein Lichtkörper ist ebenfalls in Unordnung. Ich mag das Gefühl nicht.

„Okay Pan, ich fühle mich ziemlich mies. Was nun?"

Seit wann füttere ich dich mit dem Löffel?

„Ich mag das nicht. Ich weiß nicht, was ich fühle. Ich kann nicht fokussieren. Ich weiß sogar kaum, was ich tue. Ich fühle mich wie wirbelndes Chaos."

Ganz richtig! Das ist genau das, was die rote Energie repräsentiert – Chaos!

„Oh, und was soll ich dann damit machen?"

Gar nichts. Es gibt nichts, was du damit tun kannst, aber du könntest versuchen, die Balance zu halten."

Von der wirbelnden, verwirrenden und doch dynamischen Energie umschlossen, versuche ich, mein Gleichgewicht wiederherzustellen, mein Zentrum, aber das ist etwa wie der Versuch, Wärme in einem Eisberg zu finden. Balance kann man vergessen, ich kann mich auf gar nichts fokussieren. Meine Anstrengung zu fokussieren, gleicht in etwa dem Versuch, einen Wirbelwind stabilisieren zu wollen.

„Hm, kann ich nicht", sage ich vorsichtig. Ernsthaft, in Pans Gegenwart ‚ich kann nicht' zu sagen, ist heikel.

Ich spüre Pan innerlich lachen. *Natürlich nicht.*

„Also, worum geht es dann?", frage ich kühn.

Ich werde dir das Leben zeigen, auf Bauernhöfen und Feldern, in Bäumen und Wäldern, auf Bergen und Hügeln, in Städten und Dörfern, in Häusern und Heimen, in der Wildnis und im Zoo, in Städten und den Menschen, in Gesundheit und Krankheit, in Wut und Trauer und vieles mehr.

Durch meine Augen wirst du das Leben als Energie sehen. Die Energie, von der du gerade mal nur den Rand berührt hast, ist CHAOS, und CHAOS ist in allem, das auf der Erde physisch manifestiert ist. Weder gut noch schlecht, falsch oder richtig, negativ oder positiv. CHAOS ist reine Energie.

Ich nicke gedankenverloren. „Wenn also die Farbe Rot in all ihren Schattierungen CHAOS ist, dann lässt der gesunde Menschenverstand vermuten, dass die flackernden Schattierungen von Schwarz, äh, ORDNUNG sind?"

Natürlich. Was könnte es für eine großartigere Alchemie geben als CHAOS und ORDNUNG? Bist du bereit?"

„Nein! Äh, bereit für was?"

„Na, ORDNUNG zu erleben – was sonst?"

Sicher, was sonst! Ich fühle mich noch immer, als wäre ich die Beute einer unsichtbaren Spinne, fest eingewickelt in den seidenen Schnüren von turbulentem Chaos.

„Kannst du mich hier rausholen? Ich weiß nicht, wie ich das bewerkstelligen soll."

Lass auf eine Weise los, die dir angemessen erscheint.

Ich denke über seine Worte nach. Da muss es einen verborgenen Sinn geben, aber ich kann meine Gedanken nicht ausreichend sortieren, um es herauszufinden. Plötzlich beginnt mein Lichtkörper zu zittern und dann drehe und wirble ich mich wie ein Derwisch um die eigene Achse. Zu meinem Entzücken kann ich sehen, wie die Rotschattierungen aus meinem Lichtkörper geschleudert werden und meine gewohnte Leichtigkeit des Seins zurückkehrt. Das fühlt sich so viel besser an.

„Habe ich das gemacht oder du?"

Jenseits deiner Gedanken wusste dein eigenes Bewusstsein die Lösung. Also, ORDNUNG erwartet dich!

Das Weizenfeld ist weiterhin da, und während ich metaphysisch darüberlaufe, kann ich nicht anders, als mich zu fragen, wie sich der Weizen bei diesen Energien von CHAOS und ORDNUNG wohlfühlt. Mit dem Gedanken kommt das Wissen, dass ich das schon bald herausfinden werde.

Ich lenke meine Aufmerksamkeit nun auf die flackernden schwarzen Farben, die in einer verrückten, doch andersartigen Weise mit der roten Energie des Chaos zu tanzen, zu wirbeln und sich zu winden scheinen.

Als sich meine Aufmerksamkeit auf die schwarze Energie richtet, fühlt sie sich von mir angezogen. Mein Lichtkörper wird rasch zu flackernden Schattierungen von Schwarz und seltsamerweise scheint sich alles zu verlangsamen.

Erst jetzt stelle ich fest, dass die rote Energie des Chaos eine beschleunigende Wirkung hat, während das Schwarz der Ordnung verlangsamt und steuert, ohne *wirklich* zu steuern.

Dieses Gefühl von Ordnung, das mich durchrauscht, ist sehr kraftvoll. Ich kann die Kraft der ORDNUNG geradezu fühlen. Mein eigenes Wesen wird stark von der Ordnung der Dinge angezogen, also fühle ich mich damit in großer Harmonie.

Doch je tiefer ich in die Energie der Ordnung gezogen werde, umso l-a-n-g-s-a-m-e-r und s-c-h-w-e-r-f-ä-l-l-i-g-e-r wird sie. Ich fühle mich ausgeschaltet und erstickt durch irgendeine abstrakte Art von Dogma.

Ich fühle die Sterne auf ihren Bahnen und die Richtigkeit dessen, aber fühle auch wieder das Paradoxon: ORDNUNG ist weder richtig noch falsch, gut oder schlecht, positiv oder negativ. Sie ist tatsächlich so wie das CHAOS.

Für mich fühlt es sich so an, als ob ORDNUNG das Geschäft schließt, um darin Ordnung zu machen, während die gesamte Menschheit gezwungen ist, in einer langen Schlange ordentlich davorzustehen und endlos zu warten, bis das Geschäft wieder aufmacht. Ich weiß, es würde so nie wieder öffnen; CHAOS ist irgendwie die Dynamik, die das Geschäft betreibt.

Fasziniert spüre ich die Stumpfheit der ORDNUNG und weiß, dass seine stumpfe Klinge am rohen Stein des CHAOS geschärft wird. Dann begreife ich plötzlich durch eine weitere Eingebung, dass Pan die perfekte BALANCE zwischen CHAOS und ORDNUNG ist.

Wieder wirble ich wie irre herum und schleudere die ORDNUNG auf eine Weise aus mir heraus, die ich nie für möglich gehalten hätte. Ich mag meine persönliche Art von Ordnung, aber BALANCE ist weit wünschenswerter.

„Ich muss zugeben, ORDNUNG und CHAOS sind ganz anders, als ich mir je vorgestellt hätte. Ich vermute, das Leben ist der Prozess, um diese in BALANCE zu bringen."

Ja. Und das ist keine leichte Aufgabe, wenn die Menschen kein Bewusstsein über ORDNUNG und CHAOS als universelle Energien haben. Energien, die alles Leben auf der Erde durchdringen. Energien, die für Menschen unter der Kontrolle menschlicher Gedanken sind. Energien, die heilen oder töten können. Ich könnte damit fortfahren.

„Ich hab's kapiert. Aber was ist mit BALANCE? Wann begegne ich ihr?"

Wir sparen die BALANCE für deinen nächsten Ausflug auf. BALANCE muss ein wenig erklärt werden. Außerdem liegt es bei dir, sie zu erschaffen.

„Du meinst, meine *eigene* Balance?"

Natürlich. Wo sonst ist BALANCE, wenn nicht *innerhalb des SELBST und im Augenblick?*

Klar, wo sonst?

***

Einige Tage vergehen, während ich müßig über BALANCE nachdenke. Als ich eines warmen Morgens in unseren Garten gehe, halte ich inne und lege eine Hand auf den neuen weichen Baumstamm eines Eukalyptusbaums. Obwohl wir viele hundert verschiedene Arten an Eukalyptusbäumen in Oz haben, machen wir es uns ausnahmslos leicht und nennen sie grey gum trees ‚graue Gummibäume' (Eukalyptus punctata)[27].

27 Anm.Ü. Im Deutschen gibt es keine geläufigen ‚Spitznamen' für die verschiedenen Eukalyptusarten, und manche von ihnen gelten gar für mehr als eine Eukalyptusart … Also haben wir uns mit einer Mischung beholfen und zum besseren Verständnis die Spitznamen übersetzt und, wo möglich, den lateinischen Namen eingefügt.

Diese Art des Eukalyptus gehört zu jenen, die praktisch jedes Jahr ihre äußere Rinde abwerfen. Eine ziemliche Sauerei. Aber was ich an diesen Bäumen liebe, ist ihre natürliche Intelligenz. In unserem subtropischen Klima sollten wir feuchte Sommer und einigermaßen trockene Winter haben. Das ist normal. Leider sind *sollten haben* und *normal* nicht länger normal.

Durch den Klimawandel haben wir oft trockene Sommer und nasse Winter. Doch wenn der Sommer trocken wird, scheinen die Eukalyptusbäume sich dessen bewusst zu sein, lange bevor der Sommer beginnt.

Die kalendarischen Jahreszeiten können wir vergessen. Für uns endet der Winter Anfang September und der Sommer beginnt Ende September. Der Frühling wird für zwei Wochen dazwischen gequetscht.

Ab Oktober und weiter im November und Dezember scheinen die Eukalyptusbäume ein eingebautes Wissen zu haben, was den zu erwartenden Regen im Sommer angeht. Wenn es nicht genug Regen geben wird, um neues Wachstum des Baumstamms anzuregen, dann wird der Baum seine alte graue Rinde behalten. Doch wenn der zu erwartende Regen für ein gutes Wachstum im November und Dezember ausreichen wird, dann wirft der Baum seine alte Rinde in großen dicken Stücken schichtweise ab. Und er scheint damit einigermaßen richtig zu liegen. Egal wie der langfristige Wetterbericht ist, meine grauen Gummibäume lassen mich wissen, ob es einen nassen oder trockenen Sommer geben wird – bisher!

Dieses Jahr ist glücklicherweise nass, also sind die Baumstämme meiner grauen Gummibäume neu und glatt. Die neue Rinde hat eine Farbe von blassem ausgewaschenem Orange-Ocker, aber in nassem Zustand wird sie zu einem derart verblüffend intensiven Orange, dass sie ein Foto in dieser Phase völlig unglaubwürdig aussehen lässt. Erst wenn die Rinde altert, verblasst sie zum vertrauten Blassgrau.

Ich liebe die natürliche Intelligenz dieser Bäume. Manche Menschen runzeln die Stirn, wenn ich die Fähigkeit der Bäume zu wissen, ob sie in den nächsten sechs Monaten wachsen können oder nicht, als Intelligenz bezeichne.

Beachte, dass ich dies als *natürliche* Intelligenz bezeichne, wie die Intelligenz der NATUR. Ich bin mir sicher, dass die Wissenschaft meiner Wortwahl widersprechen würde. Aus einer metaphysischen Sicht ist die ganze NATUR ein Ausdruck von Intelligenz, was selbstverständlich die Tier-, Pflanzen- und Mineralienwelt einschließt. Ich bin mir sicher, einige Leute würden sagen, dass eine solche Fähigkeit des Baumes nicht mehr ist als ein biologischer Prozess und keine Intelligenz. Ich würde erwidern, dass ein solches Denken nicht mehr ist als ein intellektueller Prozess und keine Intelligenz.

Die Menschheit muss akzeptieren und beherzigen, dass die natürliche, ganzheitliche Intelligenz das Universum gestaltet und erhält, aber das bedarf eines gewissen Maßes an Demut, und das ist wahrlich nicht unsere Stärke.

Meine Hand auf dem Baumstamm starre ich nach oben. Er ist so GROSS. Ich denke manchmal über die Tatsache nach, dass ein Baum einfach eine große Pflanze ist, doch wenn während eines Sturms ein Ast herunterfällt und es Stunden dauert, ihn in Stücke zu sägen und wegzubringen, ist ein Baum irgendwie nicht länger *nur* eine große Pflanze. Ein wirklich großer Baum hat einen Stellenwert ganz für sich allein.

Ich lebe auf dem Gipfel eines kleinen Bergrückens. Menschen, die in gebirgigen Gegenden wohnen, würden lächeln und das als Hügel bezeichnen, aber obwohl er nicht größer als ein Hügel ist, hat er doch die Energie eines Berges.

Graue Gummibäume mögen die Gipfel und Kämme hoher Hügel. Wenn du den Berg hinuntergehst, verändern sich die Eukalyptusarten: Stringybark ‚Faser-Rinde‘ (u.a. Eukalyptus tenella), Blackbutt ‚Schwarz-Hintern‘ (Eukalyptus pilularis), Tallow-wood ‚Schmierholz-Baum’ (Eukalyptus microcorys) und viele andere Arten, aber der graue Gummibaum liebt die Höhe. Ich mag graue Gummibäume und es stört mich nicht, dass sie ihre Rinde abwerfen.

Die enorme Größe von ausgewachsenen Bäumen weist uns Menschen in die Schranken. Ich bin sicher, dass dies als psychologischer Aspekt hinter dem Fällen von Bäumen steckt, wo wir doch jetzt alternative Quellen für Baumaterial haben. Die menschliche Arroganz blickt nicht gerne von unten nach oben.

Die Menschen, die Bäume wahrhaft lieben und beschützen, gehören nicht zu den arroganten Typen. Sie blicken hoch in einen Baum und genießen die dadurch aufkommenden Gefühle der Verwunderung, Ehrfurcht und Demut. Er verweist uns auf unseren Platz – nicht im Sinne von ‚klein sein', aber im Sinne von Wunder und Ehrfurcht. Wir brauchen das.

Ich kann die Energie des Baumes unter meiner Hand spüren. Mit geschlossenen Augen lasse ich meinen Identitätssinn wegdriften und sich an einen fernen Ort zurückziehen.

Wie andere seiner Art verbindet dieser Baum das Bewusstsein der ERDE mit dem Bewusstsein der Sterne in einer Weise, die wir uns nicht einmal vorstellen können. Dieser Baum kennt mich seit etwa zwanzig Jahren. Meine Energie ist ihm vertraut. Er kennt das Wesen, das ich bin.

Bäume beziehen sich nicht auf menschliche Taten, die kleinkarierten Täuschungen, die wir auf einander projizieren. Sie beziehen sich auf unser Energiefeld. Sie erlegen uns kein Urteil auf oder teilen einander mit, wenn wir uns nicht entwickeln. Sie erlauben einfach unserer Energie, die Türen des Potenzials zwischen uns und dem Baum zu öffnen oder solche Türen fest verschlossen zu halten.

Obwohl ich mich physisch an den Baumstamm lehne, sinke ich metaphysisch in den Baum hinein. So wie ich physisch und metaphysisch bin, ist es auch der Baum. Der physische Baum stützt meinen physischen Körper, der metaphysische Baum öffnet sich meinem metaphysischen Selbst.

Kaum, dass ich in den Lichtkörpermodus wechsle und in die Energie des Baumes hineinfließe, bin ich wieder von diesen flackernden roten und schwarzen Schattierungen umgeben.

Ich lächle. Pan lässt nie eine Gelegenheit aus. Während all der vielen Male, die ich schon in einem Baum war, habe ich nicht einmal diese Farbschattierungen von Rot und Schwarz gesehen.

Du warst nie bereit dazu.

Ich habe keinen Zweifel, dass dies vollkommen wahr ist. Es geht immer nur um das Timing. „Es scheint, dass ich nun bereit bin, aber ich fühle mich nicht wirklich anders."

Erlaube dem Baum, dir deine gegenwärtige Energie zu zeigen.

„Wie kann er das machen?"

Während ich mich metaphysisch an den Energielinien des Baumes entlangbewege, wird das Flackern von roten und schwarzen Farben ruhiger und gedämpfter.

Überall um mich herum ist gedämpftes Licht, und zu meiner Überraschung sehe ich ein anderes Lichtwesen anmutig den Energielinien des Baumes folgen. Erstaunt starre ich es an. Während dieses Wesen sich zwischen den roten und schwarzen Farben bewegt, wandeln sie sich in tanzendes weißes Licht.

Ein Paradoxon, denn sie werden zwar transmutiert, bleiben aber trotzdem gleich. Intuitiv weiß ich, dass das weiße LICHT BALANCE ist.

Als ich dieses Wesen anschaue, schaut es mich an. Ich hebe eine Hand und lächle in einer Weise, wie ich einen Freund grüßen würde, und mit erhobener Hand erwidert es mein Lächeln ebenfalls.

Ich schnappe nach Luft. Dieses andere Wesen *bin* ich! Auf irgendeine merkwürdige Weise sehe ich meine eigene Spiegelung. Ich bin es, der Balance in den Baum bringt. Wie kann das sein? Habe ich etwa Macht über einen Baum oder bin ich fähig, mein inneres Gleichgewicht auf einen Baum zu übertragen? Und durch den Baum auf das Universum? Ist so etwas möglich? Ich habe lauter Fragen.

Dies offenbart die wahre Rolle der Menschheit. Ihr seid die Lichtbringer der ERDE oder bringt die Schatten der Verzweiflung, wenn ihr dabei scheitert. Entweder fügt ihr der WAHRHEIT Licht hinzu und erschafft endliches Gleichgewicht oder ihr kleidet die Illusion in verschiedene Schattierungen von Täuschung und erzeugt immer mehr Ungleichgewicht zwischen CHAOS und ORDNUNG.

„Gibt es nichts dazwischen? Könnten wir nicht auf eine Weise handeln, die weder eine Wirkung aufs Gleichgewicht noch aufs Ungleichgewicht hat?"

Wie könnte das sein? Dem Leben deine Energie hinzuzufügen muss bedeuten, dass CHAOS und ORDNUNG angeregt werden. Auch wenn dies oft nicht erkannt wird, hat die menschliche Energie immer eine Richtung und einen Zweck …

„Aber gibt es da keine Wahl?", unterbreche ich Pan. „Ist das so eindeutig festgelegt? Willst du damit sagen, dass jede unserer Handlungen CHAOS oder ORDNUNG stärkt oder in BALANCE bringt?"

Nicht CHAOS oder ORDNUNG, CHAOS und ORDNUNG und nicht nur BALANCE, sondern endliche BALANCE.

Das verwirrt mich. „Was genau ist CHAOS UND ORDNUNG? Und woher kommt plötzlich das ‚endliche' GLEICHGEWICHT? Was ist mit dem gewöhnlichen Gleichgewicht passiert?"

Energie ist die Quelle allen Wachstums. Physisch oder metaphysisch ist jegliches Wachstum das Ergebnis der Alchemie von Energie. Du könntest sogar ‚Energien' sagen und damit andeuten, dass daran mehr als eine einzige Energie beteiligt ist. Aber im größeren Zusammenhang ist das ein unbedeutender Einwand, weil es keinen Unterschied macht. Energie IST.

Offensichtlich ist Energie nicht statisch – das ist unmöglich. Energie erschafft ihre eigene Dynamik. Das ist eigentlich Teil der Schöpfung. Du könntest sogar sagen, es IST Schöpfung.

In einem dir verständlichen Begriff werden wir diese Dynamik die Torsion zwischen CHAOS und ORDNUNG nennen. Diese unendliche Torsion erschafft im Wesentlichen die verschiedenen Grade des Ungleichgewichts zwischen CHAOS und ORDNUNG. Es ist ein Ungleichgewicht, auf das von außen nicht so leicht Einfluss genommen werden kann. Doch kann diese Torsion …

„Aber das bedeutet, dass wir dieser … Torsion … gnadenlos ausgeliefert sind."

Unterbrich nicht. Torsion ist ein gezieltes Mittel, welches durch das menschliche Bewusstsein beeinflusst werden kann.

„Tut mir leid. Also geht es im Grunde nicht um das Maß an Ungleichgewicht zwischen CHAOS und ORDNUNG, sondern um die BALANCE des oder der beteiligten Menschen?"

Das drückt es gut aus. Doch in dem Wirklichkeitsrahmen, in dem du gegenwärtig lebst, ist der Zustand von unendlicher BALANCE nicht möglich. Darum beziehe ich mich auf endliche BALANCE. Endliches Gleichgewicht hat einen direkten Bezug zu eurer endlichen Wirklichkeit.

„Oh, das scheint einen Sinn zu ergeben. Was entspricht unendlicher Balance?"

Gott. Die metaphysische NATUR.

„Ah, ich denke, ich verstehe. Aber um auf die Erde in Bezug auf CHAOS und ORDNUNG zurückzukommen – bedeutet das, dass in unserer missbräuchlichen modernen Landwirtschaft das CHAOS größer ist? Es scheint kaum möglich, die ORDNUNG zu stärken, wenn wir das Land plündern. Wie erschaffen wir größere ORDNUNG? Wie wir größeres CHAOS erschaffen, ist ja offensichtlich, wir scheinen das auf ‚natürliche' Weise zu tun."

Wenn im menschlichen Bewusstsein das CHAOS größer ist, dann steigt das CHAOS proportional zum Energiefeld dieses Menschen in seinem Leben. Das gleiche gilt für ORDNUNG.

„Hm, das scheint recht einfach. Je mehr ORDNUNG wir haben, umso mehr ORDNUNG ist um uns herum. Das ist leicht."

Wenn das so einfach ist, dann demonstriere deine Leichtigkeit, indem du die ORDNUNG innerhalb dieses Baumes erhöhst.

Hmm, und jetzt? Was soll ich tun?

Statt zu versuchen, irgendwas zu machen, fokussiere ich einfach auf die Vollkommenheit und die Schönheit des Baumes, ohne irgendwas hinzufügen oder entfernen zu wollen. Ich spüre die Energiebewegung innerhalb des Baumstamms und stelle mir zaghaft vor, wie das LICHT innerhalb des Baumes immer mehr leuchtet. Glücklicherweise fühlt sich alles wohltuend und positiv an.

Sehr gut, Michael. Du hast den richtigen Ansatz gewählt. Jetzt weißt du, was mit Lichtbringern gemeint ist.

Ich lächle zufrieden, während sich das Erlebnis auflöst und ich wieder am grauen Gummibaum stehe, die Hand auf dem Baumstamm. Die WAHRHEIT ist ausnahmslos einfach, wenn auch oft tiefgehend.

Als ich etwas später einer tieferen Einsicht gestatte, mich zu durchdringen, statt nur mental zu versuchen, diese erstaunlichen Prinzipien zu verstehen, die ich kennengelernt habe, bin ich in der Lage, mich damit auseinanderzusetzen.

Es ist deutlich geworden, dass *CHAOS der antreibende Motor ist* … Es treibt Wachstum und Wandel an, alles, was sich uns durch das Leben repräsentiert.

ORDNUNG ist die Stabilität der Struktur. Sie verhindert, dass Pflanzen- und Tierkörper in ihrer eigentlichen Struktur auseinanderfallen oder ‚falsch' wachsen.

CHAOS würde alles auseinanderreißen, wenn es keine ORDNUNG gäbe, und ORDNUNG würde jegliches Wachstum verhindern, wenn es kein CHAOS gäbe. In ihrer gemeinsamen Torsion scheinen sie einander entgegengesetzte Energien zu sein. Und doch sind sie in Harmonie, nicht im Widerstreit. Ein gutes Beispiel für reines CHAOS ist ein Buschfeuer, mit null ORDNUNG. Ein Granitfels ist ein Beispiel für ORDNUNG, mit beinahe null CHAOS.

Da die Energien von CHAOS und ORDNUNG sich ewig in Torsion befinden, in die eine oder andere Richtung pendelnd, ist am Punkt der perfekten Torsion BALANCE. *BALANCE ist der Ort des größten Potenzials.*

Wenn du – ORDNUNG – und eine andere Person – CHAOS – die Enden eines nassen Handtuchs in entgegengesetzten Richtungen auswringen würden, entstünde zwischen euch die Energie der Torsion. Das ist die Energie, die das Wasser aus dem Handtuch treibt. Zuviel Torsion, und das Handtuch reißt in zwei Teile, nicht genug, und das Handtuch bleibt klatschnass. Wenn die Torsion in BALANCE ist, wird das Handtuch feucht und dynamisch, stark und energetisiert sein.

Wie ich bereits in meiner Einführung erklärt habe, schreibe ich Schlüsselwörter in Großbuchstaben, wie z.B.: CHAOS, ORDNUNG und BALANCE, sodass dich die übliche Bedeutung dieser Worte nicht verwirrt.

Ich beschreibe nicht unser gewöhnliches Alltagschaos oder normale Ordnung und Balance. Ich schreibe über ein Prinzip, das für unser Universum gilt.

Es ist schwierig, metaphysische Energien zu beschreiben, die keine physische Übersetzung haben – also muss ich kreativ sein. Indem ich CHAOS, ORDNUNG und BALANCE in Großbuchstaben schreibe, ist es meine Absicht, den eigentlichen Wert und Charakter der Schlüsselworte in diesem Buch zu wandeln.

Das geschilderte Erlebnis fand vor etwa zwölf Jahren statt, und nicht von ungefähr habe ich seitdem weit mehr Erfahrung mit CHAOS, ORDNUNG und BALANCE.

Ich habe beobachtet, dass genauso, wie wir unsere individuellen Bewusstseinszustände haben, die sich in unserem persönlichen Zustand von CHAOS, ORDNUNG und meist einem *Mangel* an BALANCE spiegeln, diese in der Menschheit als Ganzes reflektiert werden.

Heute, im Jahr 2018, ist es leicht, das global wahrzunehmen, denn das CHAOS der Menschheit steigt. Diese dynamischen Prinzipien sind der Schlüsselfaktor des WANDELS, der unseren Planeten durchdringt. Er ist weder gut noch schlecht, aber *sehr* notwendig.

Nach meiner Erfahrung sind die Farbvariationen von Rot im CHAOS und Schwarz in der ORDNUNG zahllos. Wenn ich etwas darüber sage, spreche ich gewöhnlich von eintausend Schattierungen jeder Farbe, aber das ist mehr ein Gefühl als eine tatsächliche Anzahl.

Jede Rotschattierung von CHAOS hat ihre eigene emotionale Verbindung in mir, während ich sie erfahre. Sie kann von zutiefst bösartig bis zu höchster Freude reichen. Der Intellekt bleibt dabei auf dem Trocknen, weil dies eine rein emotionale Sprache zu sein scheint. Das gleiche gilt für die ORDNUNG. Das emotionale Spektrum ist weit jenseits meiner Fähigkeit, Worte dafür zu finden.

Interessanterweise sind alle Gefühle metaphysisch, also ist eine solche Sprache höchst sinnvoll für die metaphysischen WESEN, die wir sind.

Es ist interessant festzustellen, dass wir eine immens reiche, natürlich universelle Sprache der Gefühle haben, die ihrer Zeit harrt, bis sie im menschlichen Bewusstsein auftauchen wird.

Das ist eine Sprache, die weit über die Beschränkungen unserer gegenwärtigen intellektuellen Sprache hinausgeht, einer ernstlich mangelhaften Sprache, wenn es darum geht, menschliche Gefühle und eine größere Wirklichkeit zu beschreiben.

Zusammenfassung:

Ich habe mein Bestes gegeben, um dir zu zeigen, dass die geheime Welt der NATUR nicht etwas ist, das du verstehen musst. Das wirst du auch nie, denn ähnlich wie ‚Frieden‘ ist sie jenseits von Verstehen.

Vertraue deinen Erfahrungen. Wenn du schockiert wirst, okay, dann bist du schockiert. Im Wissen, dass du gerade auf eine emotionale Blockade gestoßen bist, erholst du dich und machst weiter.

Vielleicht fragst du: Wird Pan mir helfen? Darauf gibt es keine Antwort. Doch sage ich kategorisch, dass du Pans Hilfe nicht brauchst. Alles, was wir dafür brauchen, haben wir im Bewusstsein. Für meine Begegnungen mit Pan gab es einen Zweck und einen Grund dafür, dass er mein Mentor ist.[28]

Jeder von uns nähert sich der NATUR auf seine Weise an. Für die meisten Menschen ist es physisch, manchmal berühren sie gerade mal den Rand des Metaphysischen.

Für mich ist sie in meinem so geliebten Garten physisch, doch in einem geringeren Maße auch metaphysisch. Doch wenn ich meinen physischen Körper entspanne und mich in eine weit größere metaphysische Wirklichkeit hineinbewege, dann wird das Physische fast, aber nicht ganz, unbedeutend.

---

28 *Jenseits der Grenzen der Wirklichkeit* (Kapitel 1), sh. Anhang.

Kapitel dreizehn

Dich verbinden

In dem Augenblick, in dem du dich bewusst mit der Erde verbindest, verbindet sich die Erde bewusst mit dir.

Abgesehen von den Buschmännern der Kalahari und anderen sogenannten primitiven Stammeskulturen verschiedener Länder hat der größte Teil der Menschheit seine bewusste Verbindung zur NATUR und der ERDE verloren. Die Folgen sind dramatisch, doch das ist kaum bekannt, anerkannt oder akzeptiert. Lass dich von mir schocken!

Weder die NATUR noch der Planet Erde erkennt die lebendige Existenz eines unterbewussten Menschen an. Über neunzig Prozent der Menschheit lebt unterbewusst, damit bremsen wir unwissentlich die Evolution des menschlichen Bewusstseins aus.

Jedes lebendige Geschöpf in der NATUR ist bewusst im Augenblick, das Reich der Mineralien können wir dabei einschließen und damit auch die ERDE selbst. NATUR und Planet sind sich des Bewusstseins bewusst und dies offensichtlich nicht auf einer intellektuellen Ebene, sondern auf jener einer lebendigen Wirklichkeit.

Ein unterbewusst lebender Mensch ist sich des Bewusstseins im Augenblick nicht bewusst. Das klingt seltsam, aber es ist eine sehr ernüchternde Tatsache. Außerdem hat es eine höchst verblüffende Wirkung.

Ich entdeckte diese, als ich durch die Augen Pans schaute. Es dauerte eine Weile, bis ich in vollem Umfang die Wahrheit dessen erkannte, was ich da sah.

Stelle dir eine große Gruppe von Menschen vor, die durch einen Stadtpark läuft. Für die einen sind es ein paar ruhige Momente der geistigen Klarheit abseits der gedankenlosen, hektischen Massen. Für andere ist es eine Abkürzung. Ein paar wenige spüren eine innere Liebe und Dankbarkeit für die Bäume, die Blumen oder was auch immer ihre Aufmerksamkeit in der NATUR erregt. Und für einige ist es langweilig, weil hier nicht länger die aufregende Energie der Menge ist. Es gibt dabei keinerlei Richtig oder Falsch, wir sind alle verschieden.

Hier erfuhr ich das erste Mal etwas über die menschlichen Verbindungen zur NATUR. Ich hielt es für selbstverständlich, dass die NATUR und die ERDE gar keine andere Wahl hätten, als Teil unseres individuellen und kollektiven menschlichen Bewusstsein zu sein, obwohl viele Menschen die NATUR nicht einmal *mögen*. Mir schien es offensichtlich, dass wir nun mal hier sind und sich NATUR und ERDE wohl oder übel damit arrangieren müssen! Ich lag falsch.

In diesem Stadtpark beobachtete ich, wie die NATUR und die ERDE energetisch Menschen aus der Gruppe auswählten und sich bewusst mit jenen verbanden, die den Park, seine Bäume und Blumen usw. wertschätzten. Nicht für einen Moment möchte ich damit andeuten, dass die NATUR beziehungsweise die ERDE energetische Urteile fällt oder dergleichen. Ich sah Menschen, die offen für die NATUR waren und mit ihr verbunden wurden, ohne es selbst zu merken.

Die meisten Menschen, auf die diese bewusste Verbindung einwirkte, waren sich dessen auf einer sehr diffusen, nichtintellektuellen Ebene gewahr. Sie fühlten sich gut. Sie lächelten und erhielten mehr Energie im Park.

Bei den Menschen, die ihn nur als Abkürzung nutzten, geschah gar nichts. Die Energie der NATUR näherte sich ihnen nicht, und es fand auch keine tiefere Verbindung statt.

Die wenigen, die den Park langweilig fanden, waren sich nicht bewusst, dass sie sich in einem grauen, energiearmen Nebel befanden, ohne jegliche Verbindung zur NATUR. So merkwürdig es auch klingen mag, sie schienen ‚entenergetisiert' zu werden. Ich erkannte später, dass sie dies selbst erzeugten, da sie sich ihrer natürlichen

Umgebung innerlich widersetzten.

Ich habe dies immer wieder überprüft und es gibt keine Ausnahmen. Ich habe sogar Bauern, Gemüsegärtner und Obstbauern gesehen, die keinerlei Verbindung zur NATUR oder der ERDE hatten und die arbeiteten fast täglich in der NATUR! Wie konnte das sein?

Weil Pan mir nicht half – er besteht darauf, dass ich durch meine *eigenen* Erfahrungen wachse –, brauchte ich eine ganze Weile, bis ich den größten gemeinsamen Faktor fand. Ich möchte dazu anmerken, dass diese paar unverbundenen Bauern die Minderheit unter all den verschiedenen Typen *echter* Bauern sind: Frauen und Männer, die sich unabhängig von der Art der angebauten Pflanzen um wirkliche Bodenpflege kümmern.

Doch in unserer modernen Welt der Landwirtschaft ist diese Trennung weit verbreitet. Viele haben kein Interesse an einer großen Gewinnmarge von natürlichen, lebendigen Nährstoffen in ihrem Boden, ihr einziges Interesse ist ihre große Gewinnmarge an Profit.

Ich fand es sehr verstörend, dass sie keine bewusste Verbindung zur NATUR oder dem Naturgeist ihres Grund und Bodens hatten. Was spielt das für eine Rolle, fragst du vielleicht – sie produzieren doch immer noch Nahrung!

Nun, das ist eine gute Frage, nicht wahr?!

Für mich liegt es auf der Hand, dass die große Masse der Menschheit ihre Illusionsspiele spielt und sie deswegen unfähig ist, im Bewusstsein zu wachsen. Das menschliche Bewusstsein wächst nicht ganzheitlich und hat es auch seit langer Zeit nicht mehr getan. Deswegen der planetare *Wandel* – ein kosmischer Tritt in den Hintern!

Ja, es gibt eindeutig ein Bewusstseinswachstum bei vielen der bewussteren Individuen und das sind Millionen von Menschen. Aber leider nicht bei der viel größeren Zahl der Menschen, die unterbewusst geistesabwesend sind.

Wir leben in einer Zeit des Klimawandels, der Veränderungen im Inneren der Erde und vieler subtiler Veränderungen in der NATUR.

Mit den Veränderungen im Inneren der Erde meine ich, dass ich bei meinen metaphysischen Forschungen festgestellt habe, dass sich der der nahe am Erdkern gelegene, riesige Magma-Ozean erhitzt. Das beeinflusst die Fluten, die großen Ozeanströmungen, das Schmelzen der Eisdecken von unten, die Passatwinde, die Luftströmungen in großer Höhe, die Gezeitenstärke unserer Ozeane, die Flüsse ... alles. Alles Leben wird beeinflusst und erfährt nun einen WANDEL.

Wenn die NATUR, die ERDE, einen Menschen nicht als bewusst erfassen kann, wird sie sich überhaupt nicht um sein Wohlergehen kümmern – er ist nicht Teil einer größeren Wirklichkeit. *Und ein Teil ist das Ganze, denn es gibt keine Teile!*

Genauso gilt, dass die Natur erkennt, wenn jemand EINS mit seinem ganzheitlichen SELBST ist, und sie wird einen Menschen mit einer wahren Verbindung zu bewusster Intelligenz nicht willkürlich oder versehentlich zerstören.

Das muss ich erklären. Bei Fluten und Unwettern, Erdbeben und Wirbelstürmen werden scheinbar viele Menschen willkürlich oder versehentlich getötet. Aber das geschieht aus einem rein menschlichen Blickwinkel.

Die NATUR ist die *Kontinuität* des Lebens selbst: keine Enden oder Anfänge. Während es also so aussieht, als würde ein bewusster, verbundener Mensch physisch getötet, wird er auf einer metaphysischen Ebene bewusst in eine neue Umgebung platziert, die geeigneter für sein sich ausdehnendes Bewusstsein ist.

Natürlich wird dies von außen als reine Zerstörung betrachtet, denn zu einer höheren Bandbreite zu wechseln, kann und mag auf Kosten eines weiteren physischen Körpers gehen. Oft ist Zerstörung notwendig, bevor ein Wiederaufbau beginnen kann.

Kann ich irgendetwas davon beweisen? Natürlich nicht, schon gar nicht einem angstgetriebenen Skeptiker mit einem Widerwillen, die größere Wirklichkeit zu sehen.

Und wieder gilt: Alles, was du tun musst, ist, in andere Wirklichkeiten zu reisen und alles wird offensichtlich. Nichts, ich wiederhole, gar nichts geschieht zufällig oder ist ein Unfall. Alles, was in unseren Leben geschieht, ist eine Darbietung in der gigantischen ganzheitlichen Erscheinung des universellen Schöpfungstanzes. Wie Jesus sagte: „Nicht einmal ein Spatz …“

Alles ist am vollkommenen Ort in der höchst vollkommensten Ordnung, um das höchst vollkommenste Bewusstseinswachstum zu erreichen. Ich stimme zu, dass es nicht so *scheinen* mag, wenn du das Leben und die Menschheit durch die Brille der Trennung betrachtest, aber ich kann dir versichern: Es ist so.

Okay, ich empfehle dir folgende tägliche Übung, um dich *bewusst* wieder zu verbinden:

In jeder Fußsohle gibt es ein Chakra. Seit 2012 ist das Potenzial jedes Fußchakras beachtlich gewachsen.

Mindestens zweimal am Tag stelle dich einfach auf den Planeten Erde – Asphalt, Gras, Erde – wo auch immer, und sei dir deiner Gedanken gewahr.

Verlangsame sie und richte deine Aufmerksamkeit auf die bewusste *lebendige* Erde unter deinen Füßen. Fühle das Licht des Selbst durch deine Fußchakren tief in die Erde fließen und wie es dabei eine *bewusste* Verbindung mit dem ganzen Planeten herstellt.

Erkenne, dass, wo immer du auf dem Planeten läufst, du nicht nur in einem Land, einem Bezirk, einem Garten, einem Park oder auf einem kleinen Stückchen Erde bist, denn die Erde besteht nicht aus Einzelteilen.

Wo immer du stehst oder gehst, bist du auf dem ganzen Planeten. Das nennt man ganzheitlich bewusst sein. In dem Augenblick, wo du dich bewusst mit der ERDE verbindest, verbindet sich die ERDE bewusst mit dir.

Du musst dafür nicht deine Schuhe und Strümpfe ausziehen. Du könntest auf dem Dach eines Hochhauses stehen, mit Dutzenden von Kunststoff- und Zementschichten zwischen dir und der Erde – es spielt keine Rolle. In dem Moment, wo du dich *bewusst* verbindest, kann nichts mehr die Verbindung verhindern. Hoffentlich hast du schon vor langer Zeit erkannt, dass *bewusst* das Schlüsselwort und die Schlüsselhandlung ist!

Beachte, dass du diese Verbindung nicht unterbewusst herstellen kannst. Es kann niemals eine Gewohnheit sein. Es kann nur immer ein bewusster Akt der Verbindung sein.

Glaub mir, die Erdenergie mit der Energie, die du bist, bewusst zu verbinden, ist ein sehr kluger Schachzug. Die ERDE wird dir durch die zweimal tägliche Verbindung bewusstes Wachstum verleihen und dich durch inneres Gleichgewicht kräftigen, während der physische Aspekt unseres Planeten stetig unberechenbarer wird.

In einer ähnlichen Weise haben wir auch ein Chakra in jeder Handfläche unterhalb des Mittelfingers, dessen großes Potenzial seit 2012 ebenfalls angewachsen ist.

Diese Handchakren werden von vielen Heilern genutzt.

Strecke deine Hände etwa zweimal am Tag der NATUR entgegen und fühle die Energie deines LICHTSELBSTES in die NATUR fließen und sich mit ihr bewusst verbinden. Die Verbindung von der NATUR zu dir wird augenblicklich da sein.

Sowohl bei der Füße-Erde- wie auch bei der Hände-Natur-Verbindung entwickelst du eine *bewusste* Beziehung, die für die uns bevorstehenden Jahre des Wandels wesentlich sein wird. Sei *bewusst* verbunden!

Ich möchte erneut betonen, dass die Unverbundenheit unserer Gattung *gravierend* ist, wenn auch mit vielen individuellen Ausnahmen. Manche Menschen werden diese bewusste Verbindung erst kürzlich entwickelt haben, andere werden sie schon in anderen ‚vorherigen' Inkarnationen aufgenommen haben.

Das lässt darauf schließen, dass, wenn du dich täglich bewusst verbindest und dies zu einer regelmäßigen Übung wird, diese wesentliche Verbindung dann auf eine Weise in dein Bewusstsein Eingang findet, dass sie Teil deiner stetig wachsenden Wirklichkeit wird.

Zusammenfassung:

Du kannst ein Bild nicht mit geschlossenen Augen bewundern. Wenn du deine Augen öffnest und das Bild ist abstrakt und dir völlig unerklärlich, dann kannst du es sehen, aber seine Bedeutung nicht verstehen.

Auf ähnliche Weise schauen die Menschen die NATUR an, doch nur sehr wenige sehen. Die physische Bandbreite beschränkt unsere Fähigkeit dermaßen, dass wir nur einen winzigen Bruchteil des gesamten Bildes sehen.

Doch wenn du dich *bewusst* mit dem Bild *verbindest*, dann erreichst du eine neue Ebene von Verständnis, während das Bild fortwährend seine größere Wirklichkeit in dein offenes und sich entwickelndes Bewusstsein hinein entfaltet.

Kapitel vierzehn

Deinen Entschluss fassen

Erkläre ganz klar und bewusst in deinem Inneren deine Absicht und sei dir gewahr, dass du mit der gesamten NATUR und der ERDE kommunizierst.

Ich wurde gefragt: „Gibt es einen Unterschied zwischen einer Absicht und dem Stecken eines Ziels?“

Manche Leute würden sagen, dass es einen geringen bis gar keinen Unterschied gibt, aber ich sehe das ganz anders. Sich ein Ziel zu stecken ist sehr linear, mit einer Richtung, einer Klarheit und einem Zeitfaktor. Es ist sehr materiell orientiert und stark an die physische Welt gebunden und wird außerdem vom Ego und Eigenwillen angetrieben. Und all das ist vollkommen in Ordnung.

Wenn du dir ein Fünf- oder Zehnjahresziel steckst und es richtig anvisierst, wirst du nach fünf oder zehn Jahren wahrscheinlich noch ziemlich derselbe Mensch sein, der du zu dem Zeitpunkt warst, als du dir das Ziel erschaffen hast. Während du dabei warst, dein Ziel zu erreichen, könntest du tatsächlich dein größeres Potenzial gemindert haben.

Doch wenn du während dieses fünf oder zehn Jahre dauernden Prozesses im Bewusstsein wächst, dann – nach Ablauf der Zeit und Erreichung deines Ziels – wird es dir banal und sinnlos vorkommen. Das Ziel wird nicht länger zum Wachstum deines Bewusstseins passen.

Also bitte, bestimme keine Ziele oder Zeitvorgaben, wenn du danach strebst, die geheime Welt der NATUR zu betreten, das würde nicht zu deinen Gunsten sein.

Doch ermutige ich dich, eine sehr klare Absicht zu kreieren und in deinem Bewusstsein zu verankern, nämlich dass du wirklich *be-*

absichtigst, die geheime Welt der NATUR zu betreten, von der ich schreibe.

Die Menschen sind sehr unterschiedlich in ihren Haltungen und Ansätzen. Allein dieses Buch zu lesen und festzustellen, dass Selbstdisziplin erforderlich ist und *bewusst* geübt werden muss, um eine Verbindung herzustellen, ist manchen Menschen zu viel.

Sie werden Gedanken etwa folgender Art haben: Ich neige dazu, Dinge vor mir her zu schieben; ich kann das einfach nicht; die dafür notwendige Selbstdisziplin törnt mich ab; wow, *meinst* du wirklich, ich könnte das nicht mit einem Handy hinkriegen? (Scherz!) Ich bin wirklich zu beschäftigt für sowas; mir gefällt die Idee, aber…! Äh, gibt es da einen einfacheren Weg? Tut mir leid, es klingt einfach alles zu schwierig …

Es gibt so viele Gründe dafür, warum es nicht geht – für manche Art von Leuten ist es schon abschreckend, dieses Buch zu lesen. Dennoch mag das Lesen dieses Buchs auch einen Samen in ihr wachstumsbereites Bewusstsein säen, der dann sein eigenes Timing der Entwicklung und des Wachstums hat. Wenn das so ist, dann soll es so sein.

Für die meisten Menschen klingt es fast zu einfach, um wahr zu sein. Aber sie erkennen natürlich auch, dass einfach kraftvoll ist.

Absichten haben weitreichende Vorteile, dessen sind sich viele Menschen nicht bewusst.

Eine Absicht ist ganz offensichtlich metaphysisch. Du kannst darüber sprechen, aber du kannst sie nicht physisch jemandem zeigen.

Mit einer Absicht formst du absichtlich dein eigenes metaphysisches Energiefeld, um etwas bewusst kreieren zu können. Dein Energiefeld ist mit dem EINEN Energiefeld allen Lebens verbunden, was darauf schließen lässt, dass du tatsächlich alles Leben nach deinem Willen gestalten kannst – bis zu einem gewissen Grad. Für die vielen Menschen, die ihre Kraft leugnen. ist das ein sehr, sehr geringer Grad.

Wenn du einmal bewusst deine Absicht erklärt hast, dich bewusst mit der NATUR zu verbinden, lässt du sie los. Sie ist nun im Äther, dem metaphysischen Energiefeld, das aller physischen Manifestation vorausgeht. Damit ist deine Absicht auch in deinem eigenen Energiefeld und allem Leben *jenseits* der physischen Bandbreite ersichtlich.

Der Augenblick der inneren Bewegung eines keimenden, heranwachsenden Samens ist jenseits deiner physischen Wirklichkeit, er ist rein metaphysisch. Wir können dies physisch sehen, sobald es unsere vertraute Bandbreite erreicht.

So ist das auch mit dir und mir. Du hast den Samen der Absicht gesät und nun ist es erforderlich, dass du diese in die Tat umsetzt.

Du machst die Übungen, über die du liest, zum Teil deines Alltags, und du führst sie *bewusst* aus.

Der Schlüssel ist immer, dir deiner Ausrichtung, deiner Handlungen und sogar deiner Gedanken bewusst zu sein. Zu *denken*, dass dies schwierig sein könnte, hat zur Folge, dass der Prozess schwierig wird – du bist der Schöpfer! Es wird dir enorm helfen, *vertrauensvoll* an deine dir innewohnende Fähigkeit zu denken, dies tun zu können, einfach weil du ein metaphysisches Wesen bist: Du bist der Schöpfer!

Die NATUR liest ununterbrochen und endlos in unseren Absichten. Wären wir uns der verletzenden Absicht eines anderen Menschen bewusst und fühlten uns bedroht, würden wir uns entweder von ihm entfernen oder uns verteidigen.

Doch wenn ein Holzfäller mit der Absicht in den Wald geht, einen bestimmten Baum zu fällen, bleibt der Baum passiv, obwohl er die Energie der Absicht im Augenblick ihres Entstehens lesen kann. Du magst denken, der Baum hat keine Wahl – dem stimme ich zu – aber der Baum fühlt sich nicht bedroht. Er hat keine Beziehung zu Tod, Ende, Schmerz oder Aggression. Für einen Baum ist es, wie es ist, und das Baumleben setzt sich mit oder ohne physische Gestalt fort.

Tiere lesen andauernd unser Energiefeld, nur gelegentlich können wir ihres lesen. Wenn ein Hund uns anknurrt, lesen wir in seiner Körpersprache. Aber wenn uns der Hund lediglich einen Blick zuwirft und dennoch bei nächster Gelegenheit beißen wird, haben wir keine Ahnung davon. Wir ‚lesen' Tiere mehr ihrer Körperhaltung als ihrer Energie entsprechend, das Tier macht fast das Gegenteil.

Unsere Haustiere lesen fortwährend unsere sich ständig verändernde Energie. Gewöhnlich lieben und vergöttern Menschen ihre Haustiere und verwöhnen sie nach Strich und Faden, indem sie sie überfüttern und verzärteln. Natürlich gilt das nicht für dich! Ich bin mir sicher, dass du sie nicht überfütterst, weil du wahrscheinlich bewusster bist. Okay, Scherz beiseite, die meisten von uns neigen dazu, unsere Haustiere zu sehr zu verhätscheln. Und dadurch tendieren Haustiere dazu, überfüttert und übergewichtig zu sein.

In diesem Haustier-Mensch-Verhältnis sind Futter und Emotionen beinahe gleichbedeutend. Tiere, die unter normalen Umständen nicht zu viel fressen würden, fressen durch die emotionale Verwirrung oft zu viel, weil Liebe Futter bedeutet und Futter Liebe.

Tiere erfassen mühelos unsere Energie und reagieren entsprechend. In einer Tierhandlung beobachtete ich einen Mann, der einen großen Kakadu bewunderte. Wir beide sahen dem Ladenbesitzer zu, wie er den Vogel von der Stange nahm, ihn knuddelte und, während er ihn streichelte, wieder zurück auf die Stange setzte. Sehr zögerlich streckte der Bewunderer die Hand aus, um den Kakadu ebenfalls zu streicheln und erhielt einen ordentlichen Schnabelhieb. An seinem Finger lutschend grinste er mich an und sagte: „Genau das, was ich erwartet habe." Der Kakadu wusste, dass er etwas Angst vor ihm hatte, und menschliche Angst wird in der NATUR immer angegriffen oder abgewiesen.

Es ist für uns schwer zu begreifen, dass wir durch unser Energiefeld fortwährend an jedes lebendige Wesen um uns herum etwas senden und mit ihm kommunizieren. Wir können es selbst nicht sehen, wir fühlen und sehen es auch nicht bei anderen Menschen – nur in Ausnahmefällen –, also übersehen wir es völlig oder wissen nicht, was gerade geschieht. Hinzu kommt, dass die meisten Menschen Haufen von verwirrten Gedanken und emotionalem Chaos auf zwei Beinen sind und diese Energie der Welt unwissentlich mitteilen.

Doch die NATUR ist verbunden, lauscht, fühlt und reagiert dementsprechend. Haustiere gewöhnen sich daran und auch die Tiere auf Bauernhöfen und im Zoo.

Wilde Tiere werden dadurch ziemlich kopfscheu. Innere Klarheit und Ruhe sind notwendig, um eine bedeutungsvolle Verbindung mit der NATUR herzustellen, die weit über Haustiere und domestizierte Tiere hinausreicht.

Vor Jahren lebte ein Ehepaar, enge Freunde von mir, in einer Stadtrandsiedlung von Brisbane. Sie besaßen einen Hund namens Nicky. Nicky war eine Promenadenmischung von durchschnittlicher Größe und so zottelig, dass du, wenn er stillstand, zweimal hinschauen musstest, um das eine Ende vom anderen zu unterscheiden! Er war gutmütig und sehr freundlich, ein großartiges Haustier und treuer Vierbeiner.

Es war Nickys Angewohnheit, gegen zehn Uhr abends hinaus in den Garten zu laufen und nachzuschauen, dass auch alles für seine menschliche Familie gut und sicher war. Was ihn betraf, war Nicky der Familienbeschützer.

Als sie ihn eines nachts kurz nach zehn hereinriefen, kam er nicht. Sie waren nicht weiter besorgt und riefen ihn erneut gegen elf Uhr. Kein Nicky.

Nun begann Mike nach ihm zu suchen. Er fand Nicky in der Nähe eines Fensters liegen, sein Schädel gebrochen und blutend. Das eine Auge hing aus der Augenhöhle heraus bis auf die Wange. Er wurde notfallmäßig zum Tierarzt gebracht. Die gute Nachricht ist, dass Nicky überlebte – mit einem Auge weniger, das man unter seinem zotteligen Fell ohnehin nicht sehen konnte! Mit Geduld und Beobachtungsgabe rekonstruierte Mike das, was Nicky an dem Abend passiert war.

Offenbar versuchte ein Mann, in das Haus der Familie einzubrechen, und war gerade dabei, ein Fenster aufzuhebeln, als Nicky ihn entdeckte und dabei störte. Der Mann schlug ihn mit dem Brecheisen, Nicky fiel um und blutete. Der Einbrecher widmete dann seine Aufmerksamkeit einem anderen Fenster des ziemlich großen Hauses. Nicky muss sich wohl mühsam aufgerichtet und den Mann erneut angegriffen haben, und diesmal bekam er einen Schlag auf den Kopf und wurde bewusstlos. Durch die zweimalige Störung verunsichert, rannte der Mann weg.

Worum es in dieser Geschichte geht, ist Absicht. Die Absicht des Mannes war es, der Familie durch seinen Einbruch zu schaden. Durch das Energiefeld des Mannes erkannte Nicky diese Absicht, so tat er seine Pflicht und verteidigte seine Familie. Wenn ich mich als Freund der Familie bemüht hätte, durchs Fenster zu steigen, hätte Nicky wahrscheinlich versucht, mir zu helfen.

Zusammenfassung:

Ich möchte dich unbedingt dazu ermutigen, hinsichtlich deiner Beziehung zur NATUR bewusst deine Absicht zu erklären. Sei dir deiner Absicht sehr klar. Sei nicht verschwommen, unentschieden, unsicher oder unklar. Erkläre ganz klar und bewusst in deinem Inneren deine Absicht und sei dir gewahr, dass du mit der gesamten NATUR und der ERDE kommunizierst. Diese Absicht wird dich durch zunehmende Erkenntnis und Intuition leiten.

Sei dir gewahr, dass eine Absicht nicht statisch ist. Sie wird nicht einmal erklärt und dann vergessen. Du *lebst* deine Absicht. Wenn du unterbewusst lebst, wird sie an Energie verlieren. Wenn du dir deiner Absicht *bewusst* bleibst und sie lebst, dann stärkst du sie und sie stärkt dich.

Kapitel fünfzehn

Fallen vermeiden

Wenn du dich mit Zeitlosigkeit verbindest, wirst du geduldiger werden.

Es gibt einige größere Fallen, in die man hineingeraten könnte bei dem Versuch, die größere Wirklichkeit der NATUR zu betreten. Die meisten davon sind bereits erwähnt worden, aber sie sind es wert, kategorisiert und mit einer praktikablen Lösung versehen zu werden.

Nach langem Nachdenken darüber werde ich an die erste Stelle aller möglichen Fallen Angst setzen. Mit Angst umzugehen, ist nicht einfach. Sie hat ihre eigene Sprache, ist oft wütend und gewaltvoll und immer verstörend. Aber Angst führt auch eine leisere und subtilere Sprache des Verderbens und lässt dein inneres Potenzial und deinen Mut ausbluten, ohne dass du es je bemerkst.

Wie ich bereits schrieb, ist Angst in der NATUR unnatürlich. Tatsächlich existiert menschliche Angst nicht in der NATUR, auch wenn wir das, was wir in unserer Natur sehen, vermenschlichen und daraus schließen, es gäbe Angst in der NATUR. Falsch.

Du wirst an dieser Stelle einige Entscheidungen treffen müssen. Entweder bestehst du verbissen darauf, deine Angst durch Missbrauch deiner Vorstellungskraft zu erschaffen, um dann zu versuchen, deine eigene Schöpfung überwinden oder bekämpfen zu wollen oder du machst dir die Mühe, Angst in deinem Leben *nicht* zu erschaffen.

Die meisten Menschen werden Ersteres in ihrem Leben machen, auch wenn sie Letzteres vorziehen würden. Klingt verrückt, ich weiß, aber Angst ist eine Reaktion, und die meisten Menschen sind im Laufe ihres Lebens im Reaktionsmodus gefangen.

Ich bin sicher, du hast mittlerweile voll begriffen, dass du die geheime Welt der NATUR wirklich und wahrhaftig nicht allein durch Techniken betreten kannst.

Um in ein gewöhnliches Zimmer zu gehen, brauchst du nur die Tür zu öffnen und hineinzugehen. Die geheime Welt der NATUR ist kein gewöhnliches Zimmer und hat keine gewöhnliche Tür. Der Weg in diesen Raum ist *zu wissen*, dass du schon immer in ihm gelebt hast, aber dass du sehr tief geschlafen und geträumt hast, du seist wach – in der Illusion.

Ich gebe dir die Schlüssel, um den schlafenden Riesen im Inneren zu wecken. Wir leben unsere Leben als verblendete Zwerge, doch sind wir so viel mehr.

Um bewusst diesen Raum der NATUR betreten zu können, musst du das Wesen werden, das du *bist* und den Menschen loslassen, der du glaubst zu sein. Zwar bietet dir dieses Buch einen Weg der *bewussten* inneren Transformation an, doch ist für viele das Unbekannte mit Angst verbunden.

Wenn du durch diese Transformation gehst, wird sie dich von der vertrauten Illusion wegführen und dich für eine unbekannte Wirklichkeit öffnen.

Das Unbekannte erzeugt bei Menschen häufig Angst. Natürlich erschaffen wir diese Angst, weil wir das fürchten, was uns nicht vertraut ist, also vermeiden wir das Unbekannte und damit inneren Wandel und Wachstum, also unser göttliches Potenzial und so weiter und so fort! Kapierst du das? Du kannst dich nicht verändern und gleich bleiben.

Ich biete dir Wandel an. Ich biete dir den Tod des immer Gleichen an. Du wirst einige dieser kleinen Tode spüren und mit weiteren Entscheidungen konfrontiert werden: Angst oder Vertrauen, neu sein oder gleich sein, innerlich wachsen oder stagnieren.

An dieser Stelle musst du dich daran erinnern, dass du nicht durch einen äußeren Impuls wächst, es sei denn, du erschaffst den äußeren Impuls, um dein inneres Wachstum anzuschieben.

Du bist der Schöpfer deines Lebens, seines Inhalts und seiner

Richtung. Du wächst oder stagnierst – mehr-vom-Gleichen ist Stagnation.

Alle Techniken, die du kennst, um die Angst zu besiegen, werden dieser lediglich mehr Energie geben. Angst ist eine Illusion, und man kann nicht gegen Illusionen kämpfen, denn dabei nährt man sie mit der eigenen Energie. Du *weißt*, dass Angst dich Energie kostet, jetzt weißt du wie und warum.

Du entziehst der Illusion deine Energie, indem du dich auf die WAHRHEIT und die Schönheit in deinem täglichen Leben ausrichtest – denn sie sind immer da.

Eine weitere große Falle ist die Verhaftung. Weil es in diesem Buch um das Betreten der geheimen Welt der NATUR geht, werde ich meinen Kommentar über Verhaftung auf Folgendes beschränken: Viele Menschen entwickeln nach dem Lesen meiner Bücher offenbar den starken Wunsch, eine metaphysische NATUR auf ähnliche Weise wie ich erfahren zu können.

Wunsch und Verhaftung gehen miteinander einher. Wir wünschen uns das, an dem wir hängen oder wir hängen uns an das, was wir wünschen. Eine der größten Quellen des Selbsterleidens sind unsere Verhaftungen. Wenn man dem Wunsch *verhaftet* ist, eine metaphysische NATUR erfahren zu wollen, ist dies ein sicherer Weg dahin, dass es niemals geschieht.

Stell dir vor, du hast Pfeil, Bogen und eine Zielscheibe. Die Zielscheibe ist die VERBINDUNG mit der NATUR. Der Bogen heißt WUNSCH und der Pfeil VERTRAUEN. Du legst den Pfeil an den Bogen und spannst ihn. Du zielst mit FOKUS auf die Zielscheibe und dann lässt du den Pfeil los. Der Flug des Pfeils ist VERTRAUEN in Aktion. Von jetzt an bleibt dein FOKUS auf dem Ziel – VERBINDUNG mit der NATUR – und du VERTRAUST. *Das funktioniert.*

Viele Menschen folgen dem ersten Teil des Ablaufs, aber im Augenblick, da sie den Pfeil loslassen, vergessen sie das VERTRAUEN.

Stattdessen greifen sie nach dem Pfeil und versuchen, ihn ins Ziel zu dirigieren. Indem sie das tun, erschaffen sie Verhaftung. Und wenn Verhaftung erst einmal mit ins Spiel kommt, ist alles verloren.

Manche Menschen verbringen viele Leben damit, *mit* dem Pfeil herumzurennen, ohne zu wissen, was sie tun, wohin sie rennen oder was diese längst vergangene Zielscheibe war oder ist. *Das funktioniert nicht.*

Damit kommen wir zur nächsten Falle: Erwartungen.

Sei dir bewusst, dass all diese Fallen miteinander verknüpft sind. Keine von ihnen steht für sich allein. Viele Menschen kommen zu meinen fünftägigen Intensivseminaren[29] mit versteckten Erwartungshaltungen. Während unserer Gespräche bemerken sie: „Wow, das war viel besser, als ich erwartet habe." Oder: „Es war ganz anders, als ich erwartet habe." Diese und ähnliche Kommentare bekomme ich zu hören, nachdem sie mir gesagt haben, sie hätten *keine Erwartungen.* Sie glauben wahrhaftig, sie seien offen, aber die Erwartungen, die sie angeblich nicht haben, liegen tiefer versteckt. In dieser Weise täuschen wir uns durch den Einfluss unseres Unterbewusstseins leicht selbst.

Wenn du beim Versuch, das geheime Königreich zu betreten, Erwartungen hast, wirst du ausnahmslos enttäuscht werden. Keine Erwartungen, keine Verhaftungen, keine Wünsche.

Erinnere dich an den Bogen namens WUNSCH. Sobald du den Pfeil losgelassen hast, lass auch den Bogen los. Wirf ihn weg. Denn so lange du am WUNSCH hängenbleibst, wirst du Erwartungen haben, und dadurch entstehen weitere Enttäuschungen.

Alles was du brauchst, ist ein Fokus auf VERBINDUNG und VERTRAUEN.

Noch eine weitere Falle ist fehlende Geduld. Geduld wird sehr oft falsch verstanden. Was also ist Geduld?

Geduld ist aktiv und dynamisch, es bedeutet, dass man nicht nur

29 Sh. Anhang.

einfach darauf wartet, dass etwas passiert. Geduld ist Teil der Erlaubnis, das vollkommene Timing entstehen zu lassen.

Du wünschst dir, dich auf einer tieferen Ebene mit der NATUR zu verbinden. Ist es in deinem Timing?

Eine Knospe durchläuft die notwendige Entwicklung bis der Augenblick der Bereitschaft gekommen ist, sich als Blüte zu entfalten. Es ist *nie* ein hastiger Prozess. Zu viel Regen oder Trockenheit können ihn behindern, aber die Blüte entfaltet sich in vollkommenem Timing.

Ein Küken schlüpft nur in perfektem, seiner Vogelart entsprechenden Timing.

Ein menschliches Baby oder ein Tierjunges werden nach der Reifungszeit ihrer Gattung geboren.

Alles in der NATUR folgt seinem Timing, doch wir neigen dazu, dies zu ignorieren. Wir werden ungeduldig.

Wenn du einen Tag damit verbringst, bei einem Stein zu sitzen, wirst du feststellen, dass die NATUR unglaublich geduldig ist. Wenn du genug Zeit auf einem Berg oder einem einzeln stehenden Felsen – ich bevorzuge diese – oder an einem sich windenden Fluss (meine Wahl!) verbringst, wirst du erfahren, was wahrhafte Geduld ist. Wenn du dich mit Zeitlosigkeit verbindest, wirst du geduldiger werden.

Viele Menschen leben ihr Leben voller Hast und Eile. Das sind keine guten Begleiter für dich. Geduld und Toleranz werden dich auf eine weit bedeutungsvollere Reise führen, wohingegen Hast und Eile dir nur ein höchst oberflächliches Leben bieten. Selbst in der Notaufnahme eines Krankenhauses, wo große Eile oft notwendig ist, muss sie mit einer ruhigen inneren Ausrichtung und Vertrauen verbunden sein. Das funktioniert! Es ist alles eine Frage der Entscheidungen!

Lass uns an dieser Stelle Geduld mit Timing verbinden. Nur du weißt, ob es dir ein *Herzenswunsch* ist, dich mit der NATUR zu verbinden oder eher ein Wunsch, der sich im sogenannten Glanz des Andersseins sonnen möchte.

Wenn das Wollen dich antreibt, dann vermute ich, dass es für dich noch nicht an der Zeit ist. Wenn du eine tiefe und stille innere Sehnsucht hast, dich mit der größeren Wirklichkeit der NATUR zu verbinden und beinahe nach dieser nährenden Verbindung lechzt, dann ist es für dich an der Zeit.

Das Timing der Menschen gründet immer in ihrem Bewusstsein. Anders als eine Knospe oder ein Küken erschaffen wir den Zeitplan unseres Timings. Je mehr du innerlich wächst, umso mehr bist du bereit dazu, dich über die Grenzen der physischen Bandbreite hinaus auszudehnen. In Anbetracht deines großartigen, metaphysischen, multidimensionalen Wesens ist das dein Geburtsrecht!

Eine weitere Falle ist dein Bedürfnis zu verstehen. Ich habe das bereits erwähnt, aber ich kann nicht genug betonen, wie wichtig es ist zu *vertrauen,* das ist weit wichtiger, als dein Bedürfnis zu verstehen. Eine Erfahrung deinem begrenzten Verständnis anzupassen, ist eine Garantie für das Scheitern dieser Verbindung.

Auf meinen vielen metaphysischen Reisen habe ich schon vor langer Zeit gelernt, allem zu vertrauen, auch dem, was über meinen Verstand hinausgeht.

Wem oder was vertraust du? Du vertraust dem großartigen, metaphysischen, multidimensionalen Wesen aus LIEBE und LICHT, welches das wahre SELBST ist. Darin legst du dein Vertrauen, ins Selbst und ins SELBST.

Bitte begreife dies. Wenn ich mit dir auf Sanskrit spräche – was ich nicht kann – würdest du mich wahrscheinlich nicht verstehen.

Wenn du dich auf meine Energie statt auf meine Worte ausrichten würdest, könntest du mit etwas Übung viel von dem, was ich sage, von einer ganz anderen energetischen Ebene aus aufnehmen. Wenn du es übst, würdest du meine Absicht und Bedeutung erfassen, obwohl du noch immer nicht meine Worte verstehen könntest.

So funktioniert das auf der metaphysischen Ebene der NATUR. Du hast das Potenzial zu einer völlig natürlichen Verbindung zwischen Herz, Hirn und Intuition, welche in Wahrheit weit über unser begrenztes intellektuelles Verstehen hinausgeht.

Zusammenfassung:

Dies sind einige der Fallen. Ich könnte noch von Selbstzweifeln, einem Mangel an Selbstwert und ein paar anderen menschlichen Unzulänglichkeiten sprechen. Aber wenn du davon zu viele hast, ist das ein Hinweis darauf, dass du noch nicht bereit bist. Und das ist in Ordnung.

Mache dir klar, dass diese ganze Reise ein Lernprozess ist, und obwohl das Timing wichtig ist, wird es doch niemals eine Zeit geben, in der du dich für vollkommen und bereit dafür hältst. So funktionieren wir einfach nicht!

Während all der frühen Jahre meiner metaphysischen Reisen waren Selbstzweifel meine permanenten Begleiter. Du meine Güte! Ehrlich, ich glaube, ich hatte wahrscheinlich jeden Zweifel, der je erfunden wurde! *Aber ich habe einfach immer weitergemacht!*

Kapitel sechzehn

Mit der Natur kommunizieren

Wahre Kommunikation ist ein Energieaustausch.

Wie kommuniziere ich mit der NATUR? Das ist eine so häufige Frage. Ja, wie?

Natürlich kann ich dies nur aus meiner eigenen Perspektive beantworten. Ich habe nie mit anderen Menschen, die mit Tieren oder Bäumen sprechen, über ihre Vorgehensweise diskutiert. Ich bezweifle stark, dass sie auf eine *völlig* andere Weise kommunizieren, aber ich bin mir nicht sicher.

Wie ich bereits sagte, dreht sich bei mir alles ums Zuhören. Es geht darum, das Geschwätz des Verstandes abzuschalten und innerlich still zu sein. Wenn wir auf eine Weise lauschen, die über unser äußeres Hören hinausgeht, öffnen sich die Ohren des Herzens. Natürlich sind dies keine echten Ohren, aber in einer ähnlichen Weise hören wir im Innern auf einer tiefen Herzebene und verbinden uns mit einem Kommunikations*fluss*.

An dieser Stelle meldet sich sofort der Zweifel. „Ist das meine Fantasie oder ist es real?“, magst du dich fragen.

Zweifel ist ein mächtiger Gegner und einer, den du nicht brauchen kannst. Der einzige Weg hindurch ist inneres Vertrauen. Hast du erst einmal ein Gespräch mit dem Zweifel begonnen, wird er für eine lange Zeit deine Aufmerksamkeit beanspruchen.

Als ich mit der NATUR zu kommunizieren begann, hatte ich anfänglich ein paar *sehr* lange Gespräche mit dem Zweifel. Sie waren völlig unproduktiv und eine komplette Zeitverschwendung, aber ich musste da durch, einfach, weil ich damit allein war.

Es gab damals keine Bücher zu diesem Thema und ich hatte niemanden, mit dem ich darüber sprechen konnte. Ich war sehr einsam.

Anfangs zweifelte ich daran, dass andere Menschen die Worte und Erfahrungen akzeptieren würden, die ich schließlich in *Mit der Natur reden*[30] niederschrieb. In Wahrheit war ich es selbst, der seine eigenen Erfahrungen anzweifelte. Ich rang mit mir selbst und war scheinbar unfähig, mit diesem Problem fertigzuwerden.

Tag für Tag saß ich am Fluss und verspottete mich mit meinen zweifelnden Gedanken. Der Fluss sprach oft zu mir, doch jedes Mal zerstörte der Selbstzweifel die Kommunikation. Aber ich hielt durch.

Eines Tages beobachtete ich eine Wasseragame, die einem Käfer nachjagte, der sich am Ende eines langen dünnen Asts über dem Wasser befand. Ich vermutete, dass der Ast zu dünn für die Agame wäre und sie niemals den Käfer erreichen würde. Und genauso war es auch, kaum hatte sie den Käfer erreicht, fiel die Agame ins Wasser.

Ich war vom Anschauen dieses kleinen Dramas vollkommen gebannt, als die Worte des Flusses in mich drangen: *Tu, was die Agame getan hat. Lass los und falle in den Fluss. Lass dich jenseits aller alten und ausgedienten Konzepte und über alle Zweifel hinaus vom Fluss des Lebens tragen. Ich werde dich unterstützen. Vertraue mir. Während du aus dem alten Bewusstsein schwimmst, wo du blind bist für die höheren Wirklichkeiten jenseits deiner physischen Welt, vertraue darauf, dass ich dich mit Fürsorge und Liebe in einen neuen Bewusstseinsstrom führe. Ich werde dir eine neue Welt eröffnen. Kannst du mir ausreichend vertrauen, um das Bekannte loszulassen und in einer neuen und unbekannten Strömung schwimmen?*

Während ich mit dem kämpfte, was ich da empfing, zog eine Wolke über den Fluss und ließ ihn dunkel und bedrohlich erscheinen. Ich fühlte innerlich, dass ich die dunkle Wolke war und sie meine Zweifel repräsentierte. Mir wurde klar, dass ich das entweder akzeptieren und weitermachen oder aufhören müsste. In eine von beiden Richtungen musste ich mich bewegen.

In diesem Augenblick traf ich meine Wahl. Ich würde vertrauen.

---

30 Sh. Anhang.

Als ich dies tat, schien plötzlich die Sonne auf mich und den Fluss, ein funkelnder Fluss des Lichts voller glitzernder Sonnenstrahlen nahm den Platz der unheilvollen Dunkelheit ein.

Ich würde gern sagen, dass damit aller Zweifel zu Ende war, aber das wäre nicht wahr. Es war jedoch der Anfang vom Ende der Zeit voller Zweifel. Ich erzähle dir das alles, damit du weißt, dass, falls du Selbstzweifel haben solltest, diese nicht deine Fortschritte behindern müssen. Gehe da einfach mit unendlicher Geduld und grenzenlosem Vertrauen hindurch.

Während ich so darüber schreibe, bin ich plötzlich damit konfrontiert, wie ausgesprochen schwierig es ist, die Kunst der inneren Kommunikation mit dir zu teilen. Es ist etwa so, wie Kinder laufen lernen. Sie machen es einfach. Manche langsam, nach viel Krabbeln und Po-Rutschen, und andere stehen einfach auf und machen ihre ersten stolpernden Schritte.

Ich persönlich fokussiere auf das, mit dem ich kommuniziere. Das kann ein Baum oder ein Tier sein, das ich mühelos sehen kann, oder ein Fluss oder Berg, den ich physisch nicht vor mir habe. Ich versuche sehr selten, mit etwas in der NATUR zu kommunizieren, das ich nicht zuvor physisch gesehen oder berührt habe.

Wenn jemand zu mir sagen würde, dass ein großartiger Baum in seinem Garten zu ihm gesagt habe, er müsse mit mir kommunizieren – ja, solche Dinge geschehen – bin ich unfähig, irgendeine Verbindung damit herzustellen. Dieser Baum ist für mich nicht wirklich, weil ich ihn nie gesehen oder mich mit ihm verbunden habe. Wenn ich mich einmal in irgendeinem Land mit einem Aspekt der NATUR verbunden habe, dann ist es egal, wie viele Jahre vergehen, diese Verbindung ist mit mir im unmittelbaren Augenblick.

Bei all dem ist der Fokus sehr wichtig. Dabei geht es nicht darum, deine Augen zu fokussieren, sondern darum, deine Gedanken auszurichten und dem deine volle Aufmerksamkeit zu widmen, mit dem du zu kommunizieren möchtest.

Ich persönlich habe das Gefühl, dass, nachdem du dieses Buch gelesen und einen klaren Einblick in den erforderlichen entspannten Bewusstseinszustand gewonnen hast sowie ein klares Wissen darüber, was für dich funktioniert und was nicht, du recht überrascht sein wirst, wie einfach es eigentlich ist. Genau wie beim Lächeln, du tust es einfach!

Ich sitze also in meinem Arbeitszimmer und schließe meine Augen. Ja, du kannst draußen in der physischen NATUR sitzen, wenn dir das hilft. Aber nachdem ich jahrelang Insektenbisse, eingeschlafene und steif gewordene Gliedmaßen und verschiedene andere Unannehmlichkeiten ertragen habe – von denen auch nicht eine hilfreich war – gebe ich mich der Bequemlichkeit meines Sessels im Arbeitszimmer hin.

Ich möchte außerdem betonen, dass deine Kommunikation metaphysisch ist und nicht physisch: ein nichtphysisches Du mit einem nichtphysischen Ziel deiner Ausrichtung.

Doch wenn ich mit einem Tier aus einem bestimmten Grund kommunizieren wollte, dann würde ich in seiner Nähe sitzen oder hätte physisch mit ihm Kontakt. Wenn du beispielsweise einen kranken Hund oder eine Katze befragen willst in der Hoffnung, einen Einblick in die *Ursache* ihres Problems oder ihrer Erkrankung zu bekommen – dann sei ihm unbedingt nahe und physisch mit ihm verbunden. Das heißt nicht, dass nicht auch eine Kommunikation bei größerer Entfernung stattfinden könnte, dafür müsste ich jedoch das betroffene Tier kennen, dann wäre es möglich. Aber ich bevorzuge Kontakt oder große Nähe zu den Tieren, besonders wenn sie ein Problem haben. Ich bin mir sicher, dass viele Tierkommunikationsexperten darin nicht so eingeschränkt sind wie ich!

Mit geschlossenen Augen fokussiere ich mich auf mein Objekt. Um ehrlich zu sein, dieser Tage verlasse ich meist meinen physischen Körper und wandere einfach hinaus in eine größere Wirklichkeit. Inzwischen ist mir dabei absolut wohl.

Manchmal erregt die NATUR meine Aufmerksamkeit, manchmal ein Ruf Pans, und gelegentlich werde ich einfach hinweggetragen und bin plötzlich mitten in einer neuen lebenserweiternden Erfahrung. Ich neige dazu, mich von dem, was gerade am angemessensten ist, in Anspruch nehmen zu lassen. Aber so war es nicht immer. Ich mache diesen ‚Kram' schon seit *sehr* langer Zeit!

Wenn ich nur kommuniziere, sind meine Augen geschlossen und ich bin auf mein Objekt ausgerichtet. Ich werde das jetzt sofort tun.

Ich fokussiere die Gruppe von Bonsais draußen vor dem Fenster meines Arbeitszimmers. Vier große Feigen sind zusammen gruppiert, um ihre Schönheit zur Schau zu stellen, während weitere Feigen und Bougainvilleas auf der einen Meter hohen flachen Mauer um den von mir angelegten großen Goldfischteich herum stehen. Die meisten der Feigen habe ich seit über vierzig Jahren, also sind sie mit meiner Energie sehr vertraut. Die bunten Bougainvilleas sind vergleichsweise jüngere Neuzugänge.

Mein Fokus wird stark von der Würgefeige angezogen. Sie ist eine alte Freundin. Jetzt recht groß und kraftvoll, begann ihr Leben mit mir als kleiner Spross mit gerade mal zwei kleinen Blättern.

Plötzlich durchfließt mich ein Strom von Worten: *Ich oder wir möchten mit dir über dein Anliegen sprechen, dich anderen Menschen klar und präzise mitteilen zu können.*

Wahre Kommunikation ist ein Energieaustausch. Du und ich tauschen diese Energie regelmäßig aus. Jedes Mal, wenn du mich gießt, tauschen wir Energie aus, auch wenn du dir dessen nicht immer bewusst bist. Du kannst mir gegenüber nicht handeln, ohne dass auch eine energetische Kommunikation stattfindet.

Heute ziehst du in Erwägung, meine Haupttriebe zurückzuschneiden, so dass ich meine Form behalten kann, statt willkürlich zu wachsen. Das ist deine Kunst, Bonsais zu ziehen. Ich – obwohl nicht getrennt und nicht einmal ein Ich – habe nichts dagegen, auch wenn ich oder wir es schätzen, wenn du deine Absicht kommunizierst.

In gleicher Weise schlagen ich oder wir vor, dass du den Menschen, die du erreichen möchtest, deine Absicht mitteilst. Fokussiere auf die Menschen, als seien sie viele Bäume in einem großen, sehr vielgestaltigen

Wald, alle verbunden durch LIEBE und deine klar fokussierte Absicht.

„Okay, wow, ich muss sagen, das überrascht mich."

Du solltest den anderen Menschen sagen, dass eure Sprache nicht mehr als Energie ist.

Wenn wir mit dir im Bewusstsein verschmelzen, stoßen wir dich zu den Worten an, die unsere Absicht am besten ausdrückt. Und natürlich steht es dir frei, deine eigenen Worte bei der Übersetzung unserer Energie in eure Sprache zu wählen, aber unterschätze nicht die natürliche Energie der Kommunikation, die innerhalb der ganzen NATUR stattfindet.

Wir ringen nicht mit Worten oder Konzepten. Wir sind fähig, unsere Absicht sehr machtvoll zu kommunizieren. Das geschieht natürlich auf vielen Ebenen.

Menschen kennen die Pheromone bei der Tierkommunikation, aber sie sind sich selten der Kraft der energetischen Absicht bewusst, die damit verbunden ist.

Wir in der NATUR kommunizieren immer mit Klarheit, während ihr Menschen eure Worte selten mit Klarheit und wahrhaftigen Absichten energetisch koordiniert.

„Ich danke dir von Herzen für diese unerwartete und willkommene Einsicht."

Um ganz ehrlich zu sein, lieber Leser, hat mich diese Kommunikation sehr überrascht. Die Ebene und Tiefe der Einsicht ist offensichtlich innerhalb meiner selbst, aber diese Bonsai-Freundin ist die Souffleuse und die Kraftgeberin der Worte, die in dieser unerwarteten Kommunikation gewählt werden. Sicher, ich habe die Kommunikation angeregt, aber glaube mir, der Inhalt war völlig unerwartet.

Also werde ich mich schließlich zurücklehnen und genau das tun, was mir vorgeschlagen wurde. Ich werde mir vorstellen, wie du dieses Buch liest und bei diesen Worten lächelst. Ich werde mein Bestes tun, mir vorzustellen, wie du dich mit der NATUR auf eine bedeutungsvolle Weise verbindest und dies annimmst.

Eines der Dinge, die mir anfänglich enorm halfen, war der Inhalt der ausgetauschten Information. Wenn ich Informationen von einer

Blume, einem winzigen Moos oder einem riesigen Baum – was auch immer – erhielt, war ich mir immer bewusst, ob das altes Wissen für mich war oder etwas, *das ich noch nicht wusste.* Das versetzte mich in Aufregung. Wenn ich kein vorheriges Wissen über das hatte, was mir mitgeteilt wurde, wie könnte mein Verstand mir dann so etwas vorspielen? Für mich funktionierte das.

Heute habe ich im Vergleich zu diesen ersten Jahren des Zweifelns ein tiefes und enormes Wissen, und ich benutze nicht länger diese ‚wusste-ich oder wusste-ich-nicht'-Methode. Aber gelegentlich werde ich dennoch überrascht, wie es gerade eben beim Schreiben dieses Buchs geschah.

Denke außerdem daran, dass die Tierkommunikation ein Energieaustausch ist, also ist es der Verstand, der die Energie des kommunizierenden Tieres in deine Worte und in deine Art und Weise ihres Gebrauchs übersetzt. Wenn du Franzose bist, werden alle deine Tierkommunikationen auf Französisch sein, selbst wenn du in England bist.

Tiere haben natürlich nicht viele verschiedene Sprachen, sie kommunizieren mit der Sprachenergie des EINSSEINS. Beachte, dass ich nicht über das Sprechen der Tiere schreibe, sie sprechen nicht. Sie kommunizieren energetisch.

Paradoxerweise sprechen wir oft miteinander mit fast gar keiner energetischen Kommunikation. Genauso erschafft ein mit Leidenschaft sprechender Mensch eine kraftvolle energetische Verbindung mit seinem Publikum, seien es eine oder hundert Personen.

Eine Facebookfreundin namens Bernadette schickte mir diesen kleinen Austausch, den sie mit einem Schmetterling hatte. Einfach, aber sehr kraftvoll.

„Guten Morgen Michael, ich möchte mit dir ein Erlebnis teilen, das ich heute hatte. Ich war auf meinem Morgenspaziergang durch den Busch, als ich einen Schmetterling entdeckte, der aussah, als sei er tot. Ich hob ihn auf und seine Flügel flatterten, so behielt ich ihn auf meiner Hand, während ich weiterging.

Bevor das geschah, hatte ich über die verschiedenen Schichten meines Wesens nachgedacht, die immer wieder hochkommen, um von mir losgelassen zu werden.

Mit dem Schmetterling nun auf meiner Hand hatte ich das alles völlig vergessen. Ich wusste, ihm blieb nur noch sehr wenig Zeit, bis er wieder nichtphysisch war. Ich wusste außerdem, dass er eine Botschaft für mich hatte.

Also beruhigte ich meinen Verstand in Erwartung seiner Botschaft für mich. Sie lautete: *Schmetterlinge atmen Freude ein und Freude aus, während Menschen Freude einatmen und dann Schmerz ausatmen.*

Ich fand einen wunderbaren Ort, um ihn abzusetzen, und als ich weiterging, begann ich zu weinen. Da erkannte ich, dass ich genau das tat, was er gesagt hatte: Freude einatmen und Schmerz ausatmen. Ich hörte auf zu weinen und war voller Freude.

Ich weiß nun, dass mein Ausatmen von nun an immer Freude sein wird. Hab einen schönen Tag, denn ich weiß, ich werde ihn haben!"

Zusammenfassung:

Bernadette schrieb: „Ich beruhigte meinen Verstand ..." und sie *hörte zu.*

Auch wenn du glaubst, bereit zu sein, mit irgendeinem Aspekt der NATUR zu kommunizieren, heißt das noch lange nicht, dass die NATUR bereit ist, mit dir zu kommunizieren.

Die NATUR liest dich mühelos. Wenn die Absicht und die bewusste Energie ausgewogen sind, wird es höchstwahrscheinlich geschehen. Doch wenn du mit deinem Wunsch aus dem Gleichgewicht bist oder von einer selbstsüchtigen Energie bestimmt wirst, dann wird es den Austausch oft nicht geben. Ich habe dies in meinen Anfangsjahren recht oft erfahren.

Ich wiederhole es nochmals: Alles ist Energie und alle Energie ist Information. Die Energie der Information wird niemandem vorenthalten, noch teilt sie sich nur verdienstvollen oder schlauen Leuten mit. Diese natürliche energetische Information steht jedem jederzeit zur Verfügung. Das gilt für alles Natürliche auf unserem Planeten und die gesamte NATUR. Alles was du tun musst ist, deinen geschäftigen Geist zu beruhigen, dich bewusst zu verbinden – und zu lauschen …

Das ist alles, sagte er!

Kapitel siebzehn

Die menschliche Interpretation der Natur

Gefühle sind Energie und Energie kommuniziert immer.

Wir neigen dazu, die NATUR durch die Brille unserer Erziehung zu sehen und mit den Augen jener Menschen, die den größten Einfluss auf uns hatten, als wir Kinder waren.

Dies schafft gründliche Voraussetzungen für unsere zukünftigen Erlebnisse.

Im Allgemeinen gilt, dass ein Junge, der in einer Familie aufwächst, die in Bezug auf Metaphysisches oder alles Ungewöhnliche sehr kritisch und skeptisch eingestellt ist, in diesen Dingen ein verschlossener, zynischer und sehr ungläubiger Mann werden wird. Das Gegenteil ist ebenso wahr. Die Kinder von Eltern, die allem Metaphysischen gegenüber offen sind, werden meist zu aufgeschlossenen Erwachsenen werden.

Natürlich wird es da Ausnahmen geben, aber es ist fast beängstigend, wie leicht wir als junge Menschen in einer Art und Weise geformt werden können, die unsere späteren Lebenserfahrungen entweder sehr beschränkt *oder* erweitert. Wir können natürlich unsere eigenen, bewussteren Entscheidungen treffen, wenn wir erwachsen sind, und die Programmierung unserer frühen Kindheit entweder ablehnen oder annehmen.

Hinzu kommen unsere vielen verschiedenen Persönlichkeiten, von den bodenständigen bis zu den versponnenen Typen. All dies hat einen großen Einfluss darauf, wie wir die NATUR erleben.

Eine Frau empfindet die schwankenden Äste eines Baumes im Wind als höchst emotional, sehr dramatisch und sieht einen tiefen und verstörenden menschlichen Zusammenhang darin, während es für ihren männlichen Begleiter einfach Äste sind, die im Wind schaukeln. Da gibt es offensichtlich kein Richtig oder Falsch, oder Sollte oder Sollte nicht – es ist, wie es ist. Aber wenn sie beide, jeder in seinem eigenen Timing die Tür zur geheimen Welt der NATUR öffnen, werden sie natürlich ganz andere Erlebnisse haben.

Und dann stell dir vor, wie sie später versuchen, einander ihre Erfahrungen zu erklären, um die ermutigende Bestätigung des anderen zu erhalten …

In einem Seminar zur Metaphysik der NATUR[31] bat ich einmal jeden Teilnehmer, in den nahegelegenen Wald zu gehen und einen Baum zu finden, mit dem er sich identifizieren könnte.

Für mich war das ein ziemlicher Augenöffner: Ein stark aussehender Mann wählte eine stämmige Eiche. Eine stille, schlanke Frau fand eine Weide am äußeren Rand des Waldes nahe einem Bach. Eine Frau wählte einen kaputten und verformten Baum. Als ich die verschiedenen Menschen zu ihrer Wahl befragte, erfuhr ich, dass der Mann zwar stark wie die Eiche, aber recht unbeweglich war. Die stille Frau mit der Weide lebte am Rande der Gesellschaft und mied Menschenmengen. Die Frau, die den verformten Baum gewählt hatte, arbeitete mit geistig und körperlich behinderten Kindern.

Manchen Menschen ist die Vermenschlichung der Natur derart geläufig, dass sie Angst in einzeln stehenden Bäumen sehen, Kameradschaft bei Baumgruppen und auch Schock, Verlust, Mitgefühl, Empathie und ähnliche Gefühle in Bäumen ganz allgemein. Manche Menschen glauben fest, dass ein kleines Wäldchen aus einem Großmutterbaum, einem Großvaterbaum, einem Mutter- und Vaterbaum und den jüngeren Kinderbäumen besteht. Andere Menschen halten einen Wald für so etwas wie eine unbewegliche Pferde- oder Viehherde, die von vielen Ängsten und Sorgen heimgesucht wird.

Es gab eine Zeit, da hätte ich solche Menschen mit Verachtung gestraft, aber heutzutage lächle ich und schlage vor, dass sie den einsam stehenden Baum, das Wäldchen oder den Wald zu erfahren suchen. Mir ist vollkommen klar, dass unsere Vergangenheit und

31Sh. Anhang.

Glaubenssysteme unsere metaphysischen Erfahrungen enorm beeinflussen, genauso wie auch unseren Alltag.

Emotionale Menschen werden fast immer emotionale Erlebnisse erschaffen und so ihre emotionalen Überzeugungen bestätigt finden. Aber ist das richtig oder falsch, fragst du vielleicht. Weder noch – es ist, wie es ist.

Heute würde ich niemals die metaphysischen Erlebnisse eines anderen Menschen aufgrund meiner eigenen metaphysischen Erfahrungen beurteilen. Wenn mir jemand eine Erfahrung berichtet, lausche ich ihrer Energie genauso gründlich wie ihren Worten. Beide können eine recht unterschiedliche Geschichte erzählen.

In jedem Augenblick deines Lebens erschaffst du die Richtung und den Inhalt jedes Augenblicks deines Lebens – physisch und metaphysisch.

Dies bedeutet, dass ein Mensch, der eine metaphysische Erfahrung macht, auf einer gewissen Ebene das Ergebnis bestimmt, das von seiner Offenheit und seinen tiefsitzenden Glaubenssätzen abhängig ist. Je offener er ist, umso weniger beeinflusst er das Ergebnis. Wie könnte ich aufgrund dieser Erkenntnis die Erfahrung eines anderen Menschen bestreiten oder gar bestätigen?

Ich kann definitiv sagen, dass Erfahrungen dein Erleben verändern. Meine frühen unausgeglichenen und oft recht emotionalen Jahre der Kommunikation mit der NATUR unterscheiden sich ziemlich von meinen heutigen Erfahrungen.

Ich schlage entschieden vor, dass du deine vielen Interpretationen der NATUR loslässt. Sei einfach nur still und ruhig im Augenblick. Jede Art von Spekulation und Interpretation ist nicht mehr als der Versuch deines Intellekts und deiner Gefühle zu verstehen, in der Hoffnung, im Bekannten und Vertrauten Geborgenheit zu finden. Also erschaffst du dir eine nette, annehmbare Geschichte. Lass sie los, du brauchst sie nicht.

Ich gehe nun kurz auf die Gefühle in der NATUR ein.

Das ist ein äußerst strittiges Thema. Bedauerlicherweise bescherte uns die Wissenschaft den Begriff des Anthropomorphismus, der die Vermenschlichung der Tiere durch den Menschen bedeutet. Dies wiederum hat viele Forscher abgeschreckt, und so tendieren viele ihrer Studien in die entgegengesetzte Richtung. Entsprechend wild tobt der Meinungsstreit um die Gefühle von Tieren und Menschen.

Ich habe ein paar sehr starke Argumente gelesen, die sowohl für als auch gegen Gefühle bei Tieren sprechen. Sei also gewarnt. Die meisten Verhaltensforscher untersuchen das Tier und seine Gefühle sehr sorgfältig, dann ziehen sie rationale Schlüsse aus dem, was ihre Studien und Experimente ergeben haben. Ich habe keinen Einwand gegen irgendeines ihrer Ergebnisse.

Ich werde *meine metaphysischen Erfahrungen* bezüglich der Gefühle in der NATUR mit dir teilen. Widersprechen oder bestätigen sie deine Meinung? Unterstützen sie die populären Vorstellungen oder sind sie ihnen entgegengesetzt? Es mag sein, wie es ist. Ich kann nur meiner eigenen Erfahrung von Gefühlen bei Tieren treu sein.

Und dabei habe ich eine Bitte: Ziehe bitte keine voreiligen Schlüsse, wenn du meine Aussagen über Gefühle in der NATUR liest. Ich *weiß*, dass viele Menschen bei einem Vortrag das hören, was sie hören möchten – nicht unbedingt das, was gesagt wurde. Sie übersetzen das gesprochene Wort in eine Bestätigung ihrer Glaubenssätze. In gleicher Manier werden viele Leute das Buch lesen, die Bedeutung des Gesagten verdrehen und in das übersetzen, was zu ihren oft ganz anderen Vorstellungen passt und diese bestätigt.

Sei einfach nur offen, das ist alles, worum ich dich bitte.

Seit einigen Jahrzehnten mache ich metaphysische Reisen. Ich war im Bewusstsein einzelner Bäume, von Wäldchen, den britischen und amerikanischen Wäldern und dem australischen Regenwald. Ich war im Bewusstsein vieler Tiere und Vögel – und ich habe Bücher über diese Erlebnisse geschrieben.

Bei all diesen Reisen bin ich niemals einzelnen Bäumen oder Baumgruppen begegnet, die behauptet hätten, sie seien eine Familie. Sie haben nicht einmal eine Vorstellung davon, es ist nicht Teil ihrer Wirklichkeit. Es ist eine emotionale, menschlich projizierte Wahrnehmung.

Wie ich bereits sagte, neigen wir dazu, das zu erschaffen und das zu hören, was immer unsere Vorstellungen bestätigt. Vor vielen Jahren tat ich dasselbe, dadurch erkannte ich unsere menschliche Fehlbarkeit. Wenn ich jetzt metaphysisch reise, bin ich mir dessen bewusst. Wir sind Vollzeit-Schöpfer, keine Teilzeitbeschäftigten!

Bäume erfahren eine bewusste Verbindung auf eine Weise, von der wir keine Ahnung haben. Kein Baum erfährt sich als allein, als Individuum oder Baum-Identität. Alle Bäume wissen um ihren vielfältigen Ausdruck des EINEN Baumbewusstseins.

Natürlich ist das kein intellektuelles Wissen. Es ist dem kollektiven Bewusstsein der Bäume zu eigen.

Wir können uns da metaphysisch einklinken, es leicht fehlinterpretieren und in unsere Vorstellungen und Erwartungen übertragen. Das ist das, was viele Leute wiederholt tun, wenn sie der NATUR nahe sind.

In keinem Baum bin ich je irgendeinem menschlichen Gefühl begegnet. Unsere Gefühle machen uns absolut einzigartig. Ich habe einen feinen Hauch äußerst rudimentärer Gefühle in Bäumen entdeckt, aber er war ausgesprochen flüchtig. Bäume leben in der Unmittelbarkeit des Augenblicks, nicht an einem Ort verwirrender Gefühle. Ich spürte in dem Augenblick eine Energie, die vage an die Baumemotion rührte und – schon war sie wieder weg.

Im Nachhinein halte ich es nicht für eine Emotion.

Bäume haben bewusste Intelligenz und nutzen sie gut, sie kommunizieren untereinander auf einer energetisch unmittelbaren Ebene. Selbst das Wort untereinander ist eine Fehlinterpretation.

In der NATUR teilen alle Bäume das Bewusstsein des EINEN *‚universellen‘* Baums, unabhängig von ihrer Gattung.

Manche Bäume sind wahrhaft uralt, und sie entwickeln eine ganz andere Energie im Vergleich zu einem Baum, der ein paar hundert Jahre jünger ist. Ich habe diese uralte Energie gespürt und erfahren, aber ich finde keine Worte, um das zu beschreiben. Einen Baum zu berühren, der bewusst mit den Sternen verbunden ist und dies mit allen Bäumen als EINHEIT teilt, kommt dem am nächsten.

Solche uralten Bäume sind heute selten, da die natürliche Lebenserwartung durch die zunehmende Umweltvergiftung sinkt.

Obwohl ich mein Bestes tue, sind meine Worte noch immer ungenügend, um etwas zu vermitteln, das nur so wenige Menschen jemals wahrhaft erfahren haben. Wir haben dafür keine sprachlichen Bezeichnungen.

Ich muss hier eines klarstellen: Pflanzen reagieren stark auf eine *liebende* menschliche Energie. Ein Gärtner, der gerne gärtnert, wird sehr erfolgreich dabei sein. Pflanzenliebhaber haben grüne Daumen – das bedeutet gute Energie. Bäume und sogar Moos reagieren auf die menschliche Liebe.

Aber – und hier stoßen wir auf ein großes ABER – wahre LIEBE ist kein Gefühl. LIEBE ist die Kraft der Schöpfung. In der LIEBE jedoch schwingen die Gefühle hoch und fein, selbst wenn sie selten eigentliche LIEBE sind. Wenn du für einen Vergnügungsflug in ein Flugzeug steigst und vor lauter Entzücken Hochgefühle hast, bist du nicht das Flugzeug – du bist ‚nur' ein Passagier. In gleicher Weise sind Hochgefühle nur Passagiere der absoluten LIEBE.

Doch in diesem Buch soll das nicht im Detail erklärt werden – bis auf die Feststellung, dass wahre LIEBE tiefste Kommunikation in großer Klarheit ist, nicht nur bei allen Geschöpfen, sondern bei allem im LEBEN.[32]

Tiere sind anders, aber es gibt bei ihnen mehr als eine Kategorie. Wirklich wilde Tiere, die kaum Menschen ausgesetzt sind – und das kommt immer seltener vor –, haben Gefühle, die nur kurz in einem Augenblick existieren und sehr schnell wieder losgelassen werden. Und aufgrund meiner jahrelangen Erfahrungen muss ich immer wieder betonen, dass dies *keine menschlichen* Gefühle sind.

Wilde Tiere sind auf den Augenblick des Lebens ausgerichtet,

32 LIEBE und Gefühle werden ausführlicher in *Von der Illusion zur Erleuchtung* erklärt, siehe Anhang.

müssten sie einige Zeit in emotionalem Leid verbringen, würden sie schnell eingehen oder getötet werden.

Bitte beachte, dass ich hier kurz auf die *Gefühle von Tieren* eingehe, nicht auf ihre Intelligenz. Menschen haben alle ein bestimmtes Spektrum variationsreicher Gefühle, Tiere dagegen nicht. Die Gefühle von Ratten sind flüchtig und rudimentär, während die Gefühle von Elefanten viel tiefer gehen und sehr viel komplexer und langanhaltender sind.

Ich persönlich würde die Vorstellung *menschlicher* Gefühlen bei *allen* Tieren über Bord werfen. Menschliche Gefühle sind kompliziert, weil sie mit unserer überaktiven und ungezähmten Vorstellungskraft vermischt und verwoben sind. Wenn Menschen darauf bestehen, ihre Gefühle auf Bäume und Tiere zu übertragen, haben sie oft einige recht seltsame Vorstellungen. Vergiss nicht, *Tiere* haben nicht unsere *Fantasie*.

Tiere mit einer Verbindung zum Menschen wie in der Landwirtschaft und im Zoo werden definitiv von deren Gefühlen beeinflusst. Sie haben keine menschlichen Gefühle, aber sie spüren diese als Energie und sind oft durch ihre Komplexität verwirrt.

Angst ist wohl das stärkste der Gefühle, das Tiere verwirrt und stresst. Wie ich bereits sagte, werden manche Tiere die niedrige Frequenz von Angst mit erstaunlicher Aggression angreifen, während andere zurückscheuen und den Kopf einziehen. Dieses Verhalten kann man oft bei manchen Hunden sehen, wenn sie einem Fremden begegnen.

Ich habe nie ein Pferd besessen, noch reite ich – aber ein Pferd ist sehr empfänglich für menschliche Gefühle. Wenn du wütend auf ein Pferd steigst, wirst du im allgemeinen einen rauen Ritt erleben. Steige auf dasselbe Pferd mit Gefühlen der Dankbarkeit und Liebe ihm gegenüber und der Ritt wird äußerst vergnüglich sein.

Deine Gefühle sind Energie, und Energie kommuniziert immer. Ob es dir gefällt oder nicht, du tauschst dich ununterbrochen mit jedem Wesen um dich herum aus. Das hört nie auf.

Deine Gedanken und Gefühle sind ganz sicher die deinen, aber du teilst sie der Welt mit! Das reduziert sich drastisch auf ein weit geringeres Maß während du schläfst, setzt sich jedoch fort.

Was du auf der energetischen Ebene kommunizierst, wird jede deiner Begegnungen mit Tieren beeinflussen. Wenn du voller Selbstzweifel bist, einen geringen Selbstwert hast oder auf dich selbst oder andere wütend bist, dann kommunizierst du das dem Tier als eine sehr bedrohliche und verwirrende Energie. Es wird seiner eigenen Natur entsprechend reagieren.

Schließlich haben wir unsere Haustiere. Im gesamten Tierreich ist keines den Menschen mehr ausgesetzt. Es gibt viele verschiedene Geschichten über unsere Haustiere, die ein erstaunliches Maß an bewusster Intelligenz zeigen.

Aber ich schreibe über Gefühle – bewusste Intelligenz bei Tieren ist ein anderes Thema.

Die Gefühle von Haustierhaltern haben eine enorme Wirkung auf ihre Haustiere – weniger auf Schlangen, Eidechsen und andere Reptilien, aber weit mehr auf Hunde.

Doch muss ich hinzufügen, dass Schlangen von menschlicher Angst stark beeinflusst werden. Hält jemand jedoch Schlangen, weil er die wunderschönen, glatten Viecher mag, dann erhalten sie gute Energie und sind – abhängig von der Schlangenart – erheblich sanftmütiger.

Katzen haben einen unabhängigen Charakterzug, der sie bis zu einem gewissen Grad vor der vollen Wucht menschlicher Gefühle schützt. Hunde scheinen die voll aufzunehmen.

Ich war metaphysisch sowohl in einer Katze als auch in einem Hund, und obwohl ich einen Unterschied erwartete, war ich über sein Ausmaß doch sehr überrascht. Ich habe dann das Gleiche mit einer ganzen Anzahl von Katzen und Hunden ausprobiert, aber der Unterschied war immer offensichtlich.

Katzen *werden* von unseren Gefühlen beeinflusst und sie mögen das nicht besonders. Es scheint ihre Unabhängigkeit zu bedrohen, die ein wesentlicher Teil ihrer Natur ist. Diese variiert auch bei verschiedenen Katzenarten, aber im Allgemeinen ist dies eine recht starke Energie. Ich stellte fest, dass alle Katzen, in denen ich metaphysisch war, fähig schienen, sich auf einer inneren Ebene vor unseren Gefühlen zurückzuziehen. Dennoch konnten sie es genießen, von uns gestreichelt und gekrault zu werden. Ein paar der Katzen schützten sich, indem sie keinen oder nur wenig physischen Kontakt gestatteten.

Ich zögere nicht zu sagen, dass ein enormer Prozentsatz der Haustiererkrankungen durch die Besitzer verursacht wird. In Anbetracht der Kosten für die Versorgung und Behandlungen von Tieren passiert das wohl unabsichtlich. Schlechte Gesundheit bei Haustieren ist ein florierendes und einträgliches Geschäft. Sie ist das Ergebnis der überwältigenden emotionalen Bedürfnisse der Besitzer.

Viele Tierhalter haben ein toxisches Verhältnis zu sich selbst. Sie überschütten dann ihre Haustiere mit all ihrer Zuneigung, die sie selbst nicht kriegen. Ganz ehrlich, kein Haustier kann das ohne ständige Gesundheitsprobleme überstehen.

So wie unsere Erkrankungen und schlechte Gesundheit direkt mit unseren Gefühlen verbunden sind, ist das auch bei unseren Haustieren. Auch sie leiden unter unserer emotionalen Unausgewogenheit.

Der Tierarzt muss mir noch begegnen, der dem Besitzer tatsächlich sagt, dass er, der Besitzer, das eigentliche Gesundheitsproblem seines Haustieres ist. Aber ich habe mit vielen gesprochen, die sich dessen sehr bewusst sind. Ein Tierarzt sagte zu mir: „Wenn ich all unseren Haustierbesitzern gegenüber vollkommen ehrlich wäre, könnte ich meine Praxis schließen!"

Auf Hunde hat es die größte Wirkung. So manche loyalen Hunde saugen buchstäblich die Ängste, Sorgen und Nöte ihrer Besitzer auf. Unter diesem beständigen Einfluss werden sie krank und altern recht schnell.

Es ist eine bedauerliche Tatsache, dass viele Haustierbesitzer eine schlechte Beziehung zu sich selbst haben, das heißt, einen Mangel an Selbstliebe. Diese Menschen sind unwissentlich von der bedingungslosen Zuneigung ihrer tierischen Lieblinge abhängig. Dies gilt insbesondere für die Hingabe, die Hunde uns angedeihen lassen. Ich würde so weit gehen zu sagen, dass, wenn jeder Mensch absolute LIEBE zu sich selbst erfahren würde, gäbe es weit weniger verwöhnte Haustiere und weit mehr tierische Begleiter.

Ohne Zweifel suchen viele Katzen- und Hundebesitzer nach der Liebe ihrer Tiere, die sie sich selbst nicht geben können. Und das ist in Ordnung. Es ist, wie es ist. Während wir Menschen im Bewusstsein wachsen, wachsen auch unsere Haustiere mit und profitieren davon.

Zusammenfassung:

Ob nun physisch oder metaphysisch, unsere Wechselwirkungen mit der NATUR werden immer ein breites Spektrum haben und unterschiedlich sein. Ein jeder von uns erfährt das Leben innerhalb seiner persönlichen Wirklichkeit unterschiedlich, und jeder von uns erfährt die NATUR anders.

Bitte suche nicht nach Bestätigung. Wenn du dich einmal in dem Bedürfnis nach Bestätigung verfängst, wirst du nie lernen, dir selbst zu vertrauen.

Lass mich dich erneut daran erinnern, dass meine Aussagen zu Gefühlen bei Pflanzen und Tieren nicht mehr als ein kurzer Überblick sind. Es ist ein sehr umfangreiches Thema und dem gerecht zu werden, macht meiner Meinung nach keinen Sinn für dein Betreten der geheimen Welt der NATUR.

Wenn wir das Bedürfnis nach linkshirnigem Verstehen reduzierten und unsere rechtshirnige Fähigkeit förderten, die natürliche Welt willkommen zu heißen, würden wir dessen vollen Gewinn ernten. Die schmalen Pfade der mentalen und emotionalen Spekulation entlangzuwandern, führt an unserem angestrebten Ziel vorbei.

Kapitel achtzehn

Was ist ganzheitliche Intuition?

So klein die Zirbeldrüse auch sein mag, metaphysisch ist sie ein Kraftwerk.

Meines Erachtens hat Intuition in unserer dominant linkshirnigen Welt einen schlechten Ruf. Ich habe festgestellt, dass Frauen im Allgemeinen intuitiver als Männer sind. Doch mag das daran liegen, dass Frauen eher ihrer Intuition vertrauen, wohingegen Männer viel pragmatischer sind. Aber nicht alle Männer. Ich bin sehr intuitiv und Intuition hat mein Leben entscheidend mitbestimmt. Carolyn ist auch sehr intuitiv. Bei den meisten Männern ist es wohl oder übel der logisch vernünftige Verstand, der sie leitet.

Was die Kommunikation mit der NATUR betrifft, gibt es nichts Wichtigeres und Wertvolleres für dich als deine Intuition. Für mich ist die Intuition die Stimme des Bewusstseins selbst. Alles Leben ist Energie, und Energie spricht zur Menschheit durch die Sprache der Intuition. Was wir Instinkt nennen, ist mehr tierischer Natur. Tiere folgen ihrem Instinkt, während es für uns möglich ist, unserer Intuition zu folgen. Wir könnten sie auch als *inneren Tutor,* also inneren Lehrer betrachten. Es ist traurig, dass so ein wertvolles Geschenk wie die Intuition vom Intellekt als unglaubwürdig abgetan wird und das eindeutig mangels Intelligenz.

Manche fragen sich, was Intuition ist. Gute Frage. Woher kommt Intuition und was setzt sie in Gang? Lass uns das anschauen.

In unserem Herzen haben wir sieben Muskelgruppen. Bei einem normalen Menschen bewegen sich diese recht willkürlich, sie sind überhaupt nicht koordiniert.

Die Gedanken der Menschen sind meist unterbewusst, rufen oft schnell Zorn hervor und springen innerhalb von Sekunden von tiefer Besorgnis zu Lachanfällen und wieder zurück.

Diese verstreuten Gedanken werden immer von unseren unterbewussten Gefühlen begleitet. Gedanken gehen den Gefühlen voraus. Es ist der emotionale Gehalt unserer Gedanken, der uns im einen Augenblick erhebt und im nächsten abstürzen lässt.

Wenn du dir des Bewusstseins im Augenblick bewusster und dabei auch spirituell klarer ausgerichtet bist, findet eine erstaunliche Transformation statt. Die Herzmuskeln koordinieren sich. Diese Kohärenz erhöht unsere Herzenergie erheblich.

All dies ist gut dokumentiert. Bei *HeartMath*[33] gibt es eine Menge Information dazu.

Ich erlebe diese Energie und weiß, wie sie sich anfühlt. Meine Herzkohärenz ist die Folge meiner natürlichen Evolution im Bewusstsein. Soweit ich weiß, gibt es sehr wirkungsvolle Techniken und Übungen, um die Herzkohärenz zu bewirken, obwohl ich nie darüber gelesen oder sie praktiziert habe.

Wenn das Herz kohärent arbeitet, fließt eine stärkere Energie vom Herzen zum Gehirn. Damit wird ein enormes Potenzial freigesetzt, das aber auch noch von anderen Faktoren abhängt. Wenn du eine Lebensweise entwickelt hast, bei der beide Gehirnhälften gleichermaßen aktiv sind, fließt diese Herzenergie zum ganzheitlichen Gehirn und verbindet sich mit ihm.

Als dies bei mir geschah, war ich mir bewusst, dass sich meine Hirnenergie veränderte, sich neue neuronale Vernetzungen bildeten und dadurch die Kapazität meines Gehirns erhöht wurde. Ich bin immer noch dabei zu lernen, diese größere Kapazität und ihr Potenzial zu nutzen.

Durch diese Vereinigung des kohärenten Herzens mit dem Gehirn wird die Energie innerhalb dieser ganzheitlichen Verbindung erhöht und strebt nun zur Zirbeldrüse, um das menschliche Potenzial zu

33 Ein amerikanisches Institut, das sich seit 1991 vor allem der Erforschung der Verbindung zwischen Herz und Gehirn widmet. Die HeartMath-Methode zum Umgang mit Stress wird auch auf Deutsch angeboten.

fördern. Das kann ein Problem sein. In der heutigen Zeit leben die meisten Menschen auf eine Weise, die schon seit langem das Wachstum und die Entwicklung der Zirbeldrüse unterdrückt.

Du musst mir wohl aufs Wort glauben, aber auf meinen metaphysischen Reisen habe ich Menschen in der Altsteinzeit (Paläozän) besucht. Interessanterweise waren sie viel weiter entwickelt als bekannt ist. Sie waren außerdem viel intuitiver und gleichzeitig weniger intellektuell als wir. Ich habe bei ihnen weit mehr Intelligenz vorgefunden, als sie in unserer modernen Gesellschaft vorhanden ist, denn Intuition und Intelligenz gehen miteinander einher.

Allerdings zeigte meine metaphysische Erkundung auch, dass ihre Zirbeldrüse so groß wie eine Bohne war und damit viel größer als unsere heute – die gerade mal die Größe eines Reiskorns hat. Ein großer Unterschied! Damals schockierte mich das.

Wie viele andere Menschen wahrscheinlich auch, habe ich meine Zirbeldrüse weiterentwickelt. Wenn man dominant rechtshirnig ist, bedeutet das, dass das Gehirn und die Zirbeldrüse viel häufiger genutzt und in ihren Aktionen synchronisiert werden.

Wie ich vorhin schon sagte, folge ich meiner Intuition schon mein Leben lang. Ohne dass ich es bemerkte, entwickelte dies meine Zirbeldrüse.

Lass mich dir ein Beispiel geben, wie anders die paläolithischen Menschen im Vergleich zur modernen Gesellschaft waren. Ein Jäger sagt zur Sippe seines Stammes: „Ich habe in ein Tal geschaut, das fünf Tagesreisen von hier entfernt ist. Da sind viele bewaldete Hügel und Täler. In einem dieser Täler ist eine Elchherde. Ich kann uns zu ihr führen." Weil sie die Nahrung, das Leder und die Knochen brauchen, bereitet sich der Jäger und sein Stamm darauf vor, die fünf Tage zu dem Ort zu wandern, den er mit den Augen seiner Intuition gesehen hat. Niemand stellt ihn in Frage. Keiner fragt: „Wie kannst du überhaupt fünf Tage weit schauen?" Er ist ein Jäger und er hat gelernt, weit voraus zu sehen. Das wissen sie und sie vertrauen ihm ihr Leben vollkommen an.

Kannst du dir ein solches Szenario in der modernen Gesellschaft vorstellen? „Wie kommst du darauf, dass du so weit gucken kannst? Bleib mal auf dem Teppich, Mann!“ Oder: „Boah, du hast ‘ne Drohne, die du aus so großer Entfernung steuern kannst?“ Oder: „Wenn du denkst, dass wir alle so weit laufen, nur weil du das sagst, dann solltest du dir das nochmal überlegen!“

Einer der Gründe für die überragende Entwicklung ihrer Zirbeldrüse war ihre Eigenverantwortlichkeit. Jeder verließ sich auf die Sippe und die Sippe verließ sich auf jeden Einzelnen. Es galt eine fortwährende und gleichrangige Eigenverantwortlichkeit für Männer und Frauen.

Heute verlassen wir uns auf die Regierung, die Arbeitslosenunterstützung, auf den örtlichen Gemeinderat, auf die Geschäfte, aufs Internet, auf so vieles, das außerhalb unserer selbst ist. Ja, wir verlassen uns auch auf uns selbst, um unseren Lebensunterhalt zu verdienen, aber das war‘s dann schon. Okay, ich könnte noch weit mehr über die Gründe schreiben, aber das ist nicht Thema dieses Buchs.

Ich schreibe über die Zirbeldrüse, weil *du sie entwickeln musst*, wenn du die Absicht hegst, die geheime Welt der NATUR zu betreten. Die Zirbeldrüse *ist* das dritte Auge. Es wird sich öffnen, wenn es angeregt wird und sich natürlich entwickelt hat. Von hier aus wirst du angeleitet. Hier wird die NATUR zu dir sprechen, sich dir offenbaren und dir Anweisungen für die richtigen Schritte geben. An diesem Ort werden die Geheimnisse der NATUR gezeigt und enthüllt.

Durch die Herzkohärenz geschieht noch viel mehr im Körper, aber das ist für dieses Buch nicht relevant. Was allerdings wichtig ist, ist die ganzheitliche Verbindung von Herz, Gehirn und Zirbeldrüse. Beim sogenannten dritten Auge geht es um das innere Sehen, nicht das äußere, dafür reichen zwei Augen völlig aus. Wir müssen sie nur effizienter im Augenblick einsetzen, statt nur für den allzu häufigen Kenn-Ich-Längst-Blick.

Einer der wesentlichen Faktoren für das Zirbeldrüsenwachstum ist Vertrauen. Das bedeutet, dass du *deiner Intuition vertrauen* musst und sie nicht analysieren und abtun darfst. Und in unserer heutigen, von der linken Gehirnhälfte beherrschten Gesellschaft sind Logik und Vernunft die führenden Faktoren.

Wirkliches Vertrauen ist extrem ungewöhnlich. Außerdem wird es oft falsch verstanden. Ich könnte ein ganzes Kapitel über Vertrauen schreiben, aber auch das würde nicht in dieses Buch passen. Du kannst darüber in meinem Buch *Von der Illusion zur Erleuchtung*[34] lesen. Du musst mir vertrauen, wenn ich von der Notwendigkeit spreche, Vertrauen zu entwickeln, indem du es bewusst einsetzt.

Erinnere dich: Du kannst nicht unterbewusst vertrauen! Vertrauen kann nur eine voll bewusste Handlung sein.

Nur ein Wort zur Warnung: Fluor ist der Feind der Zirbeldrüse. Fluor in der Zahnpasta sollte gemieden werden, es gibt viele fluorfreie Zahnpasten. Meide Trinkwasser, das Chlor oder Fluor enthält. Achte darauf, dass es *wirksam* gefiltert wird. Chlor hat eine negative Wirkung auf deine Zirbeldrüse, und fast alle Haushaltsreiniger enthalten Chlor. Es ist auch in Papiertaschentüchern, im Toilettenpapier und in Teebeuteln – um nur ein paar Beispiele zu nennen. Ich könnte dir viel zu den Problemen sagen, die der geistigen Gesundheit von Menschen aufgrund ihrer schrumpfenden Zirbeldrüse entstehen, und nichts davon wäre positiv. Es soll genügen zu wiederholen, dass du außerordentlich davon profitieren wirst, wenn du nebst der ausgewogenen Nutzung deines Gehirns deine Zirbeldrüse stimulierst und entwickelst.

Zusammenfassung:

Ich kann die Notwendigkeit, deine Intuition zu entwickeln, nicht überbetonen.

Die körperliche Funktion deiner Zirbeldrüse ist im Grunde die Produktion von Melatonin für den Schlaf und Serotonin, um deine Stimmung zu heben.

Die metaphysische Funktion der Zirbeldrüse besteht in ihrer Rolle als Schnittstelle zwischen der spirituellen Energie eines Men-

34 Sh. Anhang.

schen und der spirituellen Energie des Universums.

Wenn die Zirbeldrüsenenergie schwindet, verstärkt sich das Gefühl von Trennung und Isolation. Das erzeugt für die geistige Gesundheit enorme Probleme, die falsch diagnostiziert und behandelt werden, da die heutigen Mediziner praktisch kein Verhältnis zur Ganzheitlichkeit eines Menschen und zum holistischen Universum haben, in dem wir leben.

Wenn du dir jedoch wünschst, ein Mensch zu sein, der mit der geheimen Welt der NATUR interagieren kann, dann musst du dir spirituell bewusst sein, was dabei eine Rolle spielt. Und vertrau mir, die Zirbeldrüse spielt eine höchst kraftvolle Rolle. So klein die Zirbeldrüse auch sein mag, metaphysisch ist sie ein Kraftwerk.

Kapitel neunzehn

Die Naturgeister

Als wahrhaft metaphysische Wesen sind wir für die Welt der größeren Wirklichkeit bestimmt.

Wie ich schon mehrfach betont habe, sind wir darauf beschränkt, weniger als ein Prozent des visuellen Spektrums zu sehen, mit dem Hören des auditiven Spektrums verhält es sich ebenso. Es übersteigt unser Fassungsvermögen, was wir tatsächlich weder sehen noch hören können.

Um die geheimen Räume der NATUR zu betreten, musst du dich buchstäblich jenseits deiner täglichen physischen Bandbreite begeben, in ein höheres Spektrum des Sicht- und Hörbaren – mit anderen Worten: in eine höhere, feinere Bandbreite.

Ich möchte hier deutlich sagen, dass viele Menschen höchst unterschiedliche Erlebnisse mit den Naturgeistern haben. Du solltest nie irgendjemandem zuhören oder etwas von ihm lesen, der sagt: „Okay, so mach ich das. Das ist das, was ich erwarten kann. So ist das." Manche mit Naturgeistern vertraute Menschen lehren ihre Methoden und Techniken, um diese Erfahrung auch dir zu ermöglichen. Ich habe damit kein Problem. Ich warne dich lediglich, dass Menschen sehr verschieden sind. So wie es nicht nur eine einzige *Diät* gibt, so gibt es auch keine für jeden Menschen funktionierende *Methode*, um die Welt der Naturgeister zu betreten.

Ich habe eine ganze Menge Bücher über die Erfahrungen anderer Menschen mit Naturgeistern gelesen, und obwohl ich manches durchaus nachempfinden kann, stelle ich fest, dass keines davon meine eigenen Erfahrungen wirklich widerspiegelt. Das heißt nicht, dass ich die anderen Autoren ablehne oder anzweifle, es heißt, dass ich mir selbst treu[35] bin, um es mit Shakespeare zu sagen.

Ich hatte einen inzwischen verstorbenen Freund, der ein Stück weit in den Wald ging und auf einem Holzstamm oder einem Baumstumpf sitzend die Naturwesen sehr deutlich mit seinem inneren Auge sah. Dazu bin ich grundsätzlich unfähig, obwohl es mir gelegentlich gelungen ist. Er war ein Maler und fertigte schnelle und sehr genaue Skizzen von ihnen an, die er dann zu Hause mit Farben und Details versah.

Ich sehe Natur- oder Tiergeister nur sehr selten mit meinen inneren Augen, wenn ich physisch bin. Ich muss das entsprechende Reich in der höheren Bandbreite betreten, dann kann ich sie sowohl sehen, als auch mit ihnen in Interaktion treten.

Meinem Freund war das nicht möglich. Er hing die ganze Zeit in der physischen Welt fest, auch wenn es ihm gelang, in ihr Reich zu blicken. Wenn er Naturgeister eines bestimmten Typs sehen wollte, dann war es das, was er sah. Wenn ich dieses Reich betrete, weiß ich nie so ganz genau, was mich erwartet, und es ist meist das Unerwartete, das ich sehe und erlebe.

Ich erkläre dies, damit du dir bewusst bist, dass du deine eigenen Erfahrungen akzeptieren musst. Vergleiche dich oder deine Erfahrungen nie mit anderen Menschen und ihrem Erleben. Jeder von uns ist einzigartig. Kritisiere nie ein Erlebnis, das ein bisschen unsicher, unklar oder gar vage war. Es geschieht, wie es geschieht.

Jeder von uns, der diese Reiche betritt oder einfach mit der NATUR kommuniziert, hat ‚Untage' – Tage, an denen wir es besser hätten lassen sollen!

Es ist auch interessant festzustellen, dass der Mond einen beachtlichen Einfluss auf deine Interaktionen mit dem NATURreich hat und darauf, ob dein Bemühen um Verbindung leicht gelingt oder

35 Zitat aus Hamlet, 1. Akt, 3. Szene, hier das ganze Zitat übersetzt von Schlegel-Tieck: *Dies über alles: Sei dir selber treu. Und daraus folgt, so wie die Nacht dem Tage, du kannst nicht falsch sein gegen irgendwen.*

komplett blockiert ist.

Die meisten Gärtner wissen um den Einfluss des Mondes auf das Wachstum und den richtigen Zeitpunkt, wenn sie säen und Setzlinge pflanzen. Ich bin mir dessen bewusst, aber ich handle selten dementsprechend, manchmal zu meinem Nachteil. Aber der Einfluss des ab- und zunehmenden Mondes auf das Pflanzenwachstum ist hinreichend bekannt.

Wie wir alle wissen, werden auch die Gezeiten der Weltmeere durch die Mondphasen verursacht.

Auch der Flüssigkeitsgehalt der Pflanzen steigt und fällt unter dem Einfluss des Mondes, auch wenn das mit bloßem Auge nicht sichtbar ist.

Außerdem besteht unser Körper zu mehr als siebzig Prozent aus Wasser, also werden auch wir weit mehr vom Mond beeinflusst, als man meint. Beispielsweise hat der Mond eine starke Wirkung auf den Menstruationszyklus und die damit einhergehenden Stimmungsschwankungen der Frauen. Nicht umsonst kennen wir im Englischen das Wort ‚lunacy' im Sinne von ‚mondkrank' (dt. Irrsinn oder Wahnsinn) Hier scheinen wir vom lunaren Einfluss zu wissen, aber das soll für uns nicht gelten!

Ob bei Tag oder Nacht – der Mond, die Sonne und die Sterne üben ihren Einfluss auf uns aus, doch sind wir uns dessen selten gewahr. Astrologen bilden da eine Ausnahme, weil sie den Einfluss der Gestirne erforschen.

Ich habe festgestellt, dass auch die Naturgeister, so wie die physische Natur, durch die Sterne beeinflusst werden. Doch kann ich den Einfluss der Sterne auf einen normalen Menschen ebenso wenig beschreiben wie den auf die Naturgeister.

Ich weiß nur durch meine Beobachtung, dass ich mir an den nicht so guten, unsicheren Tagen meiner inneren Verbindung mit der NATUR manchmal einer leicht negierenden Energie gewahr war, die nicht nur eine physische, sondern auch eine metaphysische Wirkung auf mich hatte. Und sie schien seitens der Naturgeister auch einen Widerstand mir gegenüber zu erzeugen. Dies bemerkte ich eher in der Rückschau, also bin ich nicht in der Lage zu sagen, ob der Mond damals ab- oder zunahm.

Außerdem muss ich ergänzen, dass dies in meinen frühen Jahren war. Meine Launen waren wechselhafter, meine Geduld weit geringer, meine Aufmerksamkeit wanderte und meine Gedanken waren ein Problem.

Heute wird mein Fokus auf das Metaphysische und seine Verlagerung in meinen Lichtkörper sehr selten von den Mondphasen, den Sternen oder mir selbst negativ beeinflusst!

Nachdem ich dich gewarnt habe, deine Erfahrungen nicht mit denen anderer zu vergleichen und dich nicht in ‚richtig oder falsch' oder ‚solltest oder solltest nicht' zu verfangen, habe ich noch einen weiteren Warnhinweis – zum Verstand[36]. Dann kommen wir sofort zum Kern dieses Kapitels, den Naturgeistern!

Der Verstand, tja der Verstand, den wir so oft für den einzigen Ausdruck unseres Geistes halten. Aber es ist nicht *dein* Geist oder *meiner*, es ist *der* Geist! Ich werde das so knapp wie möglich halten.

Der Geist ist universell. Ein Mensch, der das Gefühl hat, die Kontrolle über seinen Verstand zu verlieren, beziehungsweise ‚geistesgestört' zu sein, ist eigentlich nur irritiert. Du hast keinen persönlichen Geist, über den du die Kontrolle verlieren kannst. Aber du hast eine persönliche Verbindung mit dem universellen Geist, und diese persönliche Verbindung möchte ich ansprechen.

Als Metapher könntest du den Geist mit den Bandbreiten gleichsetzen. Es gibt beim menschlichen Geist die niederen, schwereren und die höheren, feineren Energien.

Viele Menschen leben ihre Leben in den niederen Energien, und das Leben ist für sie ein Kampf. Wenige Menschen leben in den höheren feinen Energien, die meisten jedoch irgendwo in dem Raum dazwischen. Das heißt, sie machen Ausflüge sowohl in die niedrige schwere, als auch in die höhere feine Energie.

36 Im Englischen ist der mentale Aspekt des Geistes mind und wird etwas umfassender gebraucht als bei uns das Wort Verstand. Anm.Ü.

Um mit der NATUR kommunizieren oder das Reich der Naturgeister betreten zu können, muss sich also dein Geist während des Prozesses mit den höheren, feineren Energien verbinden.

Okay, ich sehe ein, dass dies eine andere Art von Beschreibung des Geistes ist. Aber ich möchte mich nicht an den diesbezüglichen komplizierten Vorstellungen und Glaubenssätzen unserer gegenwärtigen akademischen Welt beteiligen. Ich erfahre es auf eine andere Art. Das funktioniert auf eine sehr kraftvolle Weise für mich und für jene, die tatsächlich begreifen, was ich lehre. Ein bloßes *Konzept* von dem, was ich sage oder schreibe, funktioniert nicht!

Okay! Also, die Naturgeister …

Wir müssen wahrscheinlich Walt Disney für seine einprägsamen und meist schönen Technicolor-Bilder von Feen, Elfen und Naturgeistern danken. Auch ich war höchst beeindruckt vom Disney-Film *Fantasia*[37]. Es ist nicht leicht, diese Bilder loszulassen. Du wirst feststellen, dass alle oder die meisten unserer Bilder von Naturgeistern aussehen wie wir, das heißt, sie sehen recht menschlich aus, wenn auch winzig.

Lass mich ein Erlebnis mit dir teilen, das viele Jahre her ist, bei dem ich zum ersten Mal einem Naturgeist aus diesem riesigen Reich begegnete. Während ich darüber schreibe, empfinde ich etwas Scham über meine damalige Naivität – aber, ich war, wie ich war!

Ich saß auf einem großen Baumstumpf auf einer Hügelspitze. Der Hügel hatte eine kraftvolle Energie, das war sogar für mich offensichtlich! Der Baumstumpf war so groß, dass ich im Schneidersitz darauf sitzen konnte – ein großer Fehler!

Ich wollte einem Naturgeist begegnen, also meditierte ich etwa eine Stunde lang und es passierte gar nichts. Zu diesem Zeitpunkt waren meine Füße bereits völlig eingeschlafen, nur das Kribbeln war spürbar. Und Fliegen und ein paar Stechmücken! Mir wurde es derart unbequem, dass ich das Ganze abbrechen wollte …

37 Fantasia, Walt Disney, USA 1940, ein abendfüllender Zeichentrickfilm ohne Dialoge, nur begleitet von klassischer Musik.

Aber ich war auch stur.

Gerade, als ich aufgeben wollte, sah ich plötzlich innerlich einen Elf nahe vor mir stehen. Er war fast einen Meter groß – das schockierte mich – und trug einen einteiligen, hautengen Anzug von grasgrüner Farbe. Er sah mich sehr geduldig, aber fragend an.

„Oh“, hauchte ich. „Oh, äh, hallo!“

Er nickte mir lächelnd zu.

Ich war komplett verwirrt. Was sollte ich jetzt tun?

„Äh, kann ich dir eine Frage stellen?“

Natürlich, antwortete er.

Unter all den tiefgehenden und bedeutungsvollen kosmischen Fragen, die ich hätte stellen können … ich winde mich beinahe vor Scham, während ich die Wahrheit schreibe: „Äh, wie ziehst du deine Kleider an?“, fragte ich. „Da ist kein Reißverschluss, kein Halsausschnitt, keine Naht – nirgendwo. Alles sieht aus wie deine Haut, nur dass es eine Art von Stoff zu sein scheint. Wie bist du da nur hineingeschlüpft?“

Der Elf sah mich mitleidig an.

Ich schlüpfe da nicht rein. So bin ich. Gefalle ich dir nicht?

„Oh, du gefällst mir gut genug, aber es ergibt keinen Sinn. Wie kannst du Kleidung tragen, die du bist? Kleidung ist etwas Separates.“

Umgehend stand am selben Platz ein Faun. Keine Spur von einem Elf oder irgendwelchen Klamotten.

Gefällt dir das besser?

Jetzt war ich total verwirrt. Der Faun war etwa genauso groß wie der Elf, aber ganz anders. Er hatte das Gesicht und den Körper eines Jungen mit einer Art behaarter Haut und die Beine und Füße eines Zickleins mit kurzem struppigem Fell. Er hatte auch ein Paar winzige Hörner, eins auf jeder Seite seiner Stirn.

„Woher bist *du* gekommen?“, japste ich.

Mit einem milden Seufzer verschwand der Faun und eine Lichtkugel, etwa von der Größe eines Golfballs, schwebte vor mir.

Entscheide dich einfach. Was immer dir am meisten entgegenkommt

– all das bin ich. Die Gestalt ist austauschbar, also werde ich deine Wahl annehmen.

Ich wusste, dass ich mit dem Elf am besten zurechtkam. Schon bevor ich die Worte ausgesprochen hatte, erschien wieder der Elf.

Und so setzte sich mein erstes Gespräch mit einem Naturgeist fort.

Worauf ich hinaus will, ist, dass die Naturgeister in der Regel die Gestalt annehmen, die dem Geist des Menschen, mit dem sie in Kontakt sind, am vertrautesten ist. Während vieler Jahrhunderte haben unsere Feengeschichten allmählich gewisse Formen und Gestalten in unsere menschliche Psyche geprägt. Entsprechend sehen wir winzige Feen, Elfen und die vertrauten Gestalten, mit denen wir programmiert wurden. In Irland sehen die Leute eher den ihnen vertrauten Leprechaun – eine Art Kobold, während es in einigen der skandinavischen Länder Trolle sind. Aber natürlich glauben die meisten Menschen nicht an einen solchen Unsinn und sehen auch nichts davon.

Ich bin Hunderten von Naturgeistern in Formen und Gestalten begegnet, die ich mir niemals hätte vorstellen können.

Du darfst nicht vergessen, dass wir in etwas leben, was man noch am ehesten als beschränkte Wirklichkeitszone bezeichnen kann. Wir sind stark eingeschränkt bei dem, was wir tatsächlich sehen und hören können. Leider ist dies für die meisten Menschen ihre Welt geworden, mit einer großen dicken Mauer drum herum. Das ist keine gute Vorstellung.

Die Welt der größeren Wirklichkeit ist voll von anderen Wesen. Es gibt sehr viele verschiedene Arten von Elementarwesen. Sie sind buchstäblich die Elementarenergien der Schöpfung als Wegbereiter der gesamten physischen Natur.

Bäume sind nicht nur durch einen Evolutionsprozess zu Bäumen geworden.

Indem die Wissenschaft nur von einer physischen Wirklichkeit aus betrachtet und bewertet, ist sie gezwungen, unsere physische Evolution all den Antworten auf die vielen Fragen anzupassen, die sich durch das Leben stellen. Und da die Wissenschaft sagt, dass es so ist, glauben und akzeptieren das alle, die in der beschränkten Wirklichkeitswelt leben, und das ist die große Mehrheit. Glücklicherweise gibt es auch immer andere, offenere und querdenkende Akademiker und Wissenschaftler, die fortwährend die Grenzen unserer akzeptierten Glaubenssysteme herausfordern.

Elementarwesen sind die Vorläuferenergie der physischen Gestalten, die sich dann physisch und spirituell weiterentwickeln. Selbst die Menschheit hat ihre Elementarenergie in jeder Phase ihrer langen Bewusstseinsevolution. Denke daran, alle Evolution ist die Evolution des Bewusstseins, das danach strebt, Formen und Gestalten zu erkunden, die zu einer noch effizienteren Evolution führen. Die NATUR ist brillant!

Wenn du metaphysisch einen Baum erforschst, wirst du seiner Elementarenergie in unterschiedlichen Gestalten begegnen. Ich habe einige unterschiedliche Arten in den Wurzeln, dem Stamm und den vielen Ästen eines Baumes entdeckt. Diese Elementarwesen können als zahllos bezeichnet werden, weil es derart viele von ihnen gibt.

Bedenke, dass Elementarwesen und Naturgeister im Grunde ein und dieselben sind, auch wenn die wirklichen Vorläufer unter den Elementarwesen nur dann beteiligt sind, wenn eine neue Spezies entsteht.

Wenn die Sonne auf die Blätter eines Baumes scheint, sind es die Millionen winziger Naturgeister innerhalb eines jeden Blattes, die die Sonnenenergie tief in die Blätter – meinen Begriff gebrauchend – ‚einsticken'.

Andere Arten von Naturgeistern bringen diese Sonnenlichtenergie durch die Blätter in die Stiele, dann weiter in die Zweige und die dünneren und dann dickeren Äste hinunter in den Hauptstamm.

Im Stamm bringt eine andere Art von Naturgeistern das Sonnenlicht den Stamm hinunter, die so zahlreich sind, dass es fast aussieht wie ein Wasserfall aus fließendem Sonnenlicht.

Wenn diese fließende Energie die riesige Wurzelstruktur erreicht, verbreitet sie sich durch wieder eine andere Art Naturgeister in die weit verzweigten Aufnahmewurzeln.

In den tiefen Ankerwurzeln gibt es wiederum andere Naturgeister, die die Energie nach unten bringen.

Und um die Wurzeln, die am tiefsten in die Erde hineinreichen und dort die Mineralstoffe abbauen, kümmert sich eine weitere Art von Naturgeistern.

Wenn schließlich die tiefen, Mineralien aufnehmenden Wurzeln nicht mehr dicker als ein Haar sind und sich vor lauter Energie winden, wird die Sonnenlichtenergie kilometertief in die Erde getragen. Der Erde kennt die Sonne auf eine Weise, die sich die Menschheit nicht einmal vorstellen kann. Und all dies geschieht in jedem Augenblick im langen Leben eines Baumes.

Kein Mikroskop kann irgendetwas davon zeigen oder messen. Nichts davon ist dreidimensional. Also ist meine Beschreibung eines Baumes in der eingeschränkten Welt ein *Märchen* – jenseits des Glaubwürdigen.

Wenn deine Verbindung zum Geist hoch und fein ist, wirst du atemberaubend schönen und mächtigen Naturgeistern begegnen. Sie sind in der Regel an vielen komplexeren Ausdrucksformen der NATUR beteiligt.

Ein typisches Beispiel dafür sind die Walddevas. Eine höher entwickelte Deva überwacht die Evolution eines ganzen Waldes, während eine weniger weit entwickelte Deva für die Evolution einer einzelnen Pflanze oder Baumart zuständig ist. Bei all dem gibt es eine machtvolle Hierarchie, aber das hat absolut nichts mit *mehr oder weniger wert sein* zu tun.

In den Baumstämmen einiger älterer Bäume könntest du einer Dryade begegnen. Das ist eine ganz eigene Art von Deva. So wie wir uns einem großen wunderbaren Heim auf eine Art und Weise verhaften können, dass wir über mehrere Leben dorthin zurück inkarnieren – keine gute Idee –, so kann dies gelegentlich auch einer Baumdryade passieren. Ich bin Baumdryaden begegnet, die sich frei von einem Baum zum anderen bewegen konnten, und solchen, die derart an einem Baum hingen, dass sie gezwungen waren, bei ihm zu bleiben, bis der Baum schließlich sterben würde. Natürlich gibt es keine lineare Zeit in dieser metaphysischen Wirklichkeit, also nehmen sie kein Verstreichen von Zeit wahr.

Manche der Walddevas sind riesig, ihre Energie erstreckt sich über mehrere Kilometer in den Himmel. Manche Autoren und mediale Menschen versuchen sogar, diesen eine menschliche Gestalt zu geben, aber meiner Erfahrung nach sind sie anders. Sie sind Wesen aus LICHT, genau wie wir, aber ohne die uns begleitende physische Form.

Die geheime Welt der NATUR zu betreten offenbart weit mehr als irgendjemand konzeptionell erfassen könnte. Dafür ist eine enorme Hingabe des Menschen nötig. Er muss akzeptieren, dass er in dieser riesigen und neuen Wirklichkeitswelt nicht mehr als ein Kind ist. Sicher, das menschliche Kind hat in seiner eigenen beschränkten Welt durchaus Macht, aber als wahrhaft metaphysische Wesen sind wir für die Welt der größeren Wirklichkeit bestimmt. Hier ist Demut unsere größte Macht. Wahre Demut bedeutet, unsere wahre Größe anzuerkennen und nicht als minderwertiger Mensch bei jedem Peitschenhieb des Egos zusammenzuzucken.

Zusammenfassung:

Wenn du die geheime Welt der NATUR betrittst, wirst du irgendwann Naturgeistern begegnen. Bitte habe keine festen Vorstellungen oder einengenden Theorien, wie diese aussehen könnten oder sollten.

Ich habe dir meine erste Begegnung geschildert, sodass du erkennen kannst, wie beschränkt ich dabei war. Damals und auch noch ein paar Jahre danach war ich unfähig, das Reich der Naturgeister zu betreten. Ich bin selten wieder einem so großen Elf begegnet, obwohl meiner Erfahrung nach Elfen, die sich regelmäßig mit Menschen austauschen, weit größer und gesprächiger sind als ihre anderweitig in der NATUR orientierten Kollegen.

Wenn die NATUR dir ihre geheime Welt eröffnet, betrete sie demütig und dankbar.

Vergiss nicht, dass deine Energie fortwährend mit der ganzen NATUR kommuniziert. Du kannst verborgene Wünsche oder Täuschungen nicht für dich behalten, alles wird mitgeteilt und erkannt. Du wirst deswegen niemals bewertet und verurteilt werden wie in unserer menschlichen Welt, aber dein Energiefeld wird dein Erlebnis bestimmen. Zumindest war es für mich immer so. Ich achte darauf, dass meine Energie klar und einfach ist.

Kapitel zwanzig

Täuschungen – Unkraut – Ozeane

Vertrauen ist eine Energie, die dein ganzes Leben transformiert.

Auf Facebook habe ich eine Menge Fragen für dieses Buch erbeten und erhalten. Viele davon waren für ein Buch dieser Art unbrauchbar, weil sie so intellektuell linkshirnig waren. Wie ich schon so oft gesagt habe: Die NATUR ist kein intellektueller Ausdruck von Energie, sie ist zunächst und zuallererst metaphysisch und drückt sich dennoch auch *durch* physische Gestalt aus. Es gibt viele Bücher über die NATUR, die sehr intellektuell sind, eigentlich die meisten von ihnen. Das sind also Bücher für jene Leute, die eine mentale Antwort auf ihre mentale Frage wünschen.

Ich schreibe aus dem Herzen, aus meiner Erfahrung und meiner intuitiven Verbindung mit allem Leben heraus. Für mich ist *das* der Ort des Lebens, die Bewegung im Augenblick. Er ist allen zugänglich, aber es gibt nur wenige, die sich dieses große Geschenk zunutze machen.

Eine sehr häufige Frage ist: „Wie kann ich sichergehen, dass ich mich nicht selbst täusche?"

Darüber muss ich lächeln, denn die simple Tatsache ist, dass du dich jeden Tag selbst täuschst. Schon die Frage ist ein Hinweis darauf, dass du so sehr in der Illusion versunken bist, dass dir ihre Täuschungen komplett entgehen. Bitte fühle dich nicht durch meine direkte Antwort verletzt, sie ist nicht persönlich gemeint. Ich möchte nur, dass du die Frage als solche erkennst. Was du eigentlich fürchtest, sind noch mehr Täuschungen innerhalb deiner vielen Täuschungen in der Illusion!

Ich fühle mich veranlasst, dies zu wiederholen: Du kannst nicht diese tiefe Beziehung zur geheimen NATUR haben und der Mensch bleiben, der du gegenwärtig bist. Du kannst dich nicht WANDELN und gleich bleiben. Du musst *dir selbst* in einem Maß *vertrauen*, das du nie in Erwägung gezogen hast.

Viele Menschen haben als Kinder ein recht tiefgehendes und bemerkenswertes Verhältnis zur NATUR. Das liegt an ihrer Offenheit, ihrem fehlenden Argwohn, ihrer Unschuld. Ihr Gehirn ist noch immer im Alpha-Modus und der Beta-Aspekt noch nicht dominant.

Wenn unser Bildungssystem erst einmal beginnt, den Beta-Rhythmus in den Vordergrund zu stellen und ihn überzuentwickeln, dann wird alles, was für uns natürlich ist, gezwungen, sich zurückzuziehen. Der Intellekt in seiner dummen Schlauheit übernimmt dann die Führung.

In dieser Hinsicht war ich war ich mit einem großen Vorteil gesegnet. Als Kind mit einer dominanten rechten Gehirnhälfte war mir unser Bildungssystem so völlig fremd, dass ich rebellierte. Die Folge war, dass ich immer zu den schlechtesten der Klasse gehörte. Das war keine gute Erfahrung und ich empfehle das in keinerlei Weise, doch möchte ich damit auf die Grenzen und Fallen der heutigen intellektuellen Dominanz hinweisen. Ich rate dir, dein Studium mit Meditation auszugleichen.

Wenn Menschen meditieren, erlauben sie ihrem Gehirn, den Frieden und die Ruhe im Rhythmus der Alphawellen zu finden. Fragen hören auf, Sorgen verstummen, Ängste lösen sich auf oder wandern ins Hinterstübchen. Auf allen inneren Energieebenen entspannen sie sich, physisch und metaphysisch.

Die meisten Menschen brauchen das täglich, aber nur wenige haben die Selbstdisziplin dafür. Ich vermute, die *meisten* Menschen haben es nicht einmal je in Betracht gezogen. Wenn ein Student damit aufhören würde, noch kurz vor einer wichtigen Prüfung sein Gehirn vollzustopfen und stattdessen eine Stunde meditierte, wäre er in Topform. Das wäre *intelligent*!

Bevor du versuchst, mit der NATUR zu kommunizieren, würde eine Meditation dich entspannen, dir über Zweifel und Ängste, dass du dich täuschen könntest, hinweghelfen. Es würde nicht lange dauern, bis du das Vertrauen in dir selbst entwickeln würdest, sodass du gar nicht erst meditieren müsstest.

Eine ähnliche Frage wie die obige ist: „Wie erkennt man den Unterschied zwischen wahrer Kommunikation und der Fantasie?"

Was ist wahre Kommunikation? Denke einmal an zwei Menschen, die sich ‚miteinander' unterhalten, wobei keiner von beiden dem anderen zuhört. Ist das wahre Kommunikation? Ich denke nicht.

Vieles an unserer menschlichen Kommunikation ist ziemlich dysfunktional. Zwei Menschen, die sich anschreien oder miteinander streiten oder sogar leise miteinander sprechen – doch sind beide ihrer eigenen Meinung verhaftet.

Ernsthaft, ein Hund vermittelt mehr in seinen Pinkelbotschaften als ein Mensch in einer Email. Und der Hund ist viel ehrlicher: ‚Du riechst das, was ich bin.' Aber was du in einer Email über einen Menschen liest, ist oft nichts anderes als: ‚Du liest das, was ich vorgebe zu sein.'

Und was die Fantasie angeht: Wenn du deine empfängliche, unverhaftete und offene Vorstellungskraft nicht für deine Kommunikation mit der NATUR einsetzt, dann bist du unfähig zu empfangen.

Du könntest deine Vorstellungskraft gut als eine Antenne für die tiefere Kommunikation bezeichnen. Natürlich nutzt du deine Intuition, aber sie ist mit deiner Vorstellungskraft verbunden. Wir sind ganzheitliche Wesen, keine Kombination voneinander getrennter Teile.

Du musst vertrauen. Vertrauen ist ganzheitlich. So etwas wie intellektuelles Vertrauen gibt es nicht. Du kannst nicht teilweise oder gelegentlich vertrauen. Vertrauen ist eine Energie, die dein ganzes Leben transformiert. Wahres Vertrauen ist so selten, dass die Menschen nur ein *intellektuelles* Verständnis von der Bedeutung des Wortes haben – aber das ist kein Vertrauen! Wenn du dir selbst vollkommen vertraust, erledigen sich alle Fragen von selbst. Und der einzige Weg dorthin ist, dir selbst in jedem einzelnen Augenblick deines Lebens zu vertrauen.

Ich wurde über das Unkraut gefragt: „Wie soll ich damit umgehen? Sollte ich mit ihm sprechen und es darum bitten, wegzugehen? Ist es in Ordnung, es aus der Erde zu reißen? Ist so eine Handlung nicht grausam und gedankenlos? Warum wächst es immer wieder nach?"

Zunächst einmal: Was ist ein Unkraut? Eine solche Pflanze gibt es nicht. Ein Unkraut ist jede Pflanze, die zur falschen Zeit am falschen Ort wächst. Manche der schönsten, in einem kühleren Klima blühenden Bäume und Gartenpflanzen können in einem subtropischen Klima zu einer ernsten Plage werden.

Hast du kahles Land, wird auf ihm bald wachsen, was wir Unkraut nennen. Aber diese Unkräuter sind keine willkürlichen Pflanzen. Es sind größtenteils Pflanzen, die langfristig für den Boden am förderlichsten sind.

Wenn du in einem Teil des Gartens regelmäßig einige Gartenabfälle verbrennst, wird es häufig die Distel sein, die als erste Pflanze aus der Asche wächst. Ich halte Disteln für die *Vergebung* der NATUR. Bauern hassen sie und auch einige der Gärtner in kühlerem Klima.

Als ich ein Milchbauer in Tasmanien war, gab es einen siebenfachen Stacheldrahtzaun zwischen meinem Land und dem meines Nachbarn. Er hielt Schafe auf seinen Wiesen, die fortwährend überweidet wurden. Überweidung ist das größte Vergehen eines Viehzüchters. Das ging Jahr für Jahr so weiter. Auf meiner Seite des Zauns wurden die Kühe regelmäßig bewegt, mit einem Minimum an Überweidung, denn bei Dürre war Überweidung beinahe unvermeidlich.

Auf seiner Seite des Zauns war der Boden mit hohen dichten Eselsdisteln übersät und es wurde jedes Jahr schlimmer. Der vorherrschende Wind verstreute die Samen seiner Disteln überall auf meiner nebenan liegenden großen Weide.

Eines Tages fragte mich der Schafzüchter Reggie, wie es möglich wäre, dass seine Distelsamen auf meiner Seite des Zaunes nicht keimten. Es ergab keinen Sinn. Auf meiner Seite waren vielleicht hundert Disteln auf der ganzen Weide verteilt, auf seiner hunderttausende. Er konnte es nicht verstehen.

Also sagte ich es ihm. Ich erklärte, dass er durch die alljährliche Überweidung seines Landes den pH-Wert seines Bodens senke. Daraufhin musste ich ihm pH erklären! Je niedriger der pH-Wert, umso saurer war sein Boden. Und je saurer, umso kränker wurde der Boden.

Disteln können von Schafen und Rindern nicht gefressen werden, also gedeihen sie. Die Wurzeln tauchen tief hinab in den Boden und bringen durch die Mineralienumwandlung Kalzium in die Pflanze. Seinem Boden fehlte es sehr an Kalzium und Magnesium. Wenn die älteren Disteln im Winter absterben, gelangen diese lebenswichtigen Mineralien in den Boden.

Ich war ein Biobauer. Das bedeutete, dass ich auf meiner Seite des Zauns alles für die Vermehrung von Regenwürmern und Mikroorganismen im Boden tat. Unter diesem Einfluss stieg der pH-Wert meines Bodens.

Als Reggies Boden einen pH-Wert von 4,5 hatte, war meiner bereits auf 5,9 gestiegen. Ohne hier in Details zu gehen – der Unterschied war beachtlich. Reggies saurer Boden war der pH-Auslöser, der für das Aufkeimen seiner Distelsamen sorgte.

Die NATUR weiß genau, was gebraucht wird, um jedem Boden zu einer größeren Fruchtbarkeit zu verhelfen. Wir nennen das meist Unkraut!

Auf einem durchschnittlichen Rasen ist das beharrlichste Unkraut jenes, das die Mineralien enthält, die diesem Boden am meisten fehlen. Füge diesen Mineralstoff hinzu und das Unkraut wird sich zurückziehen. Das gilt für Gänseblümchen, Butterblumen und so weiter. Moos in einer Wiese ist ein Hinweis auf mangelnden Sauerstoff und übermäßige Feuchtigkeit. Da muss die Entwässerung verbessert werden.

Im Ernst – projiziere keine menschlichen Gefühle auf Unkräuter. Es ist in Ordnung, sie aus dem Boden zu reißen. In dem Augenblick, in dem du diesen Entschluss fasst, wissen sie davon. Und sie verurteilen und verdammen dich nicht dafür. Das ist menschliches Verhalten, nicht eines der NATUR. Die meisten Menschen sind in ihren Gedanken grausam gegen sich selbst, das richtet ernsthaften Schaden an!

Ich muss lächeln über die Bitte an das Unkraut zu verschwinden. Ich habe versucht, die vielen wilden Brombeeren auf meinen Äckern zu überreden, meine Farm zu verlassen. Es hat nie funktioniert. Schließlich musste ich akzeptieren, dass das, was ich wollte, für die NATUR völlig irrelevant war. Die Brombeeren blieben und ich begann, Pestizide gegen sie einzusetzen. Das ist eine weitere Geschichte für sich!

Also *verstehe*, warum das Unkraut in deinem Garten ist. Lass deinen Boden in einem Gartencenter testen und tue dein Bestes, deinen Boden mit allen benötigten Mineralstoffen wieder ins Gleichgewicht zu bringen. Das funktioniert in der Regel.

Ich wurde gefragt, warum die Menschen das Meer so sehr mögen.

Bei der Frage ging es nicht um Wassersport wie Surfen und so, sondern um unsere Begeisterung für die See. Ich erinnere mich, dass ich als Kind das Meer in Hunstanton an der Ostküste Englands als absolutes Glück empfand. Und es war das Meer, nicht die mühsame Reise dorthin.

Es hat viel mit unserer Kompatibilität mit dem Meer zu tun. Sicher, wir können das Wasser nicht einatmen, aber unsere Tränen- und Lymphflüssigkeiten – die unsere Blutmenge um das Zehnfache übersteigen – sind dem Salzwassergehalt der Ozeane sehr ähnlich. In vielerlei Hinsicht sind wir winzige Ozeane, umschlossen von physischen Körpern.

Für mich ist diese Anziehungskraft eine Sache der Polarität. Wir müssen unsere Energie regelmäßig mit der Erde und dem Ozean polarisieren. In Städten voller Beton, in Hochhäusern von der Erde abgeschnitten zu leben und jeden Tag viel zu viel verschmutzte Luft einzuatmen, erzeugt ein ernsthaftes Ungleichgewicht für das Wohlergehen unserer physischen und metaphysischen Körper.

Die meisten Menschen drängen sich an sonnigen Wochenenden in den Stadtparks. Unser Körper braucht die Sonnenenergie, auch wenn wir glauben, dass wir nur ein bisschen braun werden wollen.

Das Energiefeld unserer Körper ist positiv und braucht die negative Energie der NATUR durch den Ozean und die Erde, um ins Gleichgewicht zu kommen. Wie du wohl weißt, geht es dabei nicht um positiv = gut und negativ = schlecht; es geht um die Polarisierung unserer Energie, ähnlich wie bei einer Batterie.

Eine mangelhafte Polarisierung führt zu den Extremen unseres Verhaltens, die in Städten so verbreitet sind: erhöhte Aggression, Wut, Gewalt im Straßenverkehr und Gewalttätigkeit durch Trunkenheit.

Viele Menschen träumen von Meeren, Seen oder Flüssen. Dafür gibt es viele verschiedene Deutungen. Aber ich denke oft, dass die einfachste Erklärung oft die genaueste ist. Diese Träume bedeuten entweder emotionale Unruhe oder Gelassenheit – denke darüber nach! – oder sie fordern uns auf, mal wieder unsere Polarisation in Ordnung zu bringen.

Zusammenfassung:

Unsere Angst vor Selbsttäuschung ist fehl am Platz. Um die geheime Welt der NATUR betreten zu können, ist es erforderlich, dass du in einen Raum oder an einen Ort gehst, den du sowohl intellektuell nicht verstehst, als auch nie wirklich verstehen wirst. Aber du *kannst* ihn erfahren!

Unkraut ist der Weg der NATUR, die Mängel im Boden auszugleichen. Wenn du es herausreißt oder -harkst, ist das in Ordnung. Aber dann mache den nächsten Schritt und bringe den Boden mit den erforderlichen Nährstoffen und Mineralien wieder ins Gleichgewicht.

Unsere Meere müssen respektiert und dürfen nicht mit Plastik zugemüllt werden. Von den zweihundertsechzigtausend Tonnen an Plastik, die die Welt jährlich produziert, geraten etwa *zehn Prozent* in die Ozeane. Zum Zeitpunkt der Entstehung dieses Buchs ist der große Plastikteppich zwischen den Küsten von Kalifornien und Hawaii etwa doppelt so groß wie der amerikanische Bundestaat Texas. Diese unnatürliche Zerstörung unserer Meere ist unsere große Schande. Es zeigt das dramatische Ausmaß unserer Trennung von der NATUR.

Kapitel einundzwanzig

Fragen, Fragen, Fragen

Du kannst nicht in deinem Gefängnis bleiben und dich frei bewegen.

Unten gebe ich ein Beispiel, wie jemand auf meine Bitte um Fragen reagierte. Es geht hier nicht um Kritik, aber diese Fülle und der Fluss an Fragen zeigen einen stark linkshirnigen Lebensansatz. Dies wird als normal betrachtet, auch wenn es nicht natürlich ist. Obwohl dies im täglichen Leben funktioniert, gilt es jedoch nicht für die metaphysische NATUR.

Meine Beantwortung dieser Fragen richtet sich unabhängig von meinen Formulierungen an alle Leser, nicht nur an denjenigen, der hier seine Fragen wiedererkennen wird. Ich benutze sie, weil sie für den Gesamtzusammenhang relevant sind. Manche dieser Fragen haben scheinbar nichts mit der NATUR zu tun, doch beziehen sie sich auf das Bewusstsein, das dieses geheime Königreich betreten möchte.

Hängt die Möglichkeit, ‚dazwischen zu treten', von meinem Bewusstseinszustand ab? Kann das jeder und jetzt? Was muss ich dafür beherrschen oder wissen, um es tun zu können?

Hat jeder einen spirituellen Führer? Wie finde ich ihn oder sie? Reicht es aus, innerlich um Kontakt zu bitten? Und wie erkenne ich ihn oder sie? Gibt es metaphysische Scharlatane?

Ist metaphysisches Reisen mit einer außerkörperlichen Erfahrung vergleichbar? Bist du mit all deinen Sinnen dabei oder nur in Gedanken?

Muss es während einer Meditation passieren? Ist es möglich, es während eines Spaziergangs zu tun?

In welcher Weise teilt sich die metaphysische Welt auf? Ist es wie im Schamanismus? Untere, obere, mittlere Welt? Oder ist alles ein Gebiet?

Kann man von negativen Energien oder Wesenheiten besetzt sein? Wenn das so ist, was kann man dann tun? Ich persönlich glaube nicht daran, aber weil ich außerkörperliche Erfahrungen habe, fragen mich viele dazu in den Internetforen. Ich vermute, Selbstliebe ist der beste Schutz?

Ich werde diese Fragen der Reihe nach beantworten, in der Hoffnung, dass es vielen von euch hilft, die nur wenig gefragt haben. Dies sollte auch viele ungestellte Fragen beantworten. Die Fragen werden kursiv gesetzt, um Verwirrung zu vermeiden.

Hängt die Möglichkeit, ‚dazwischen zu treten', von meinem Bewusstseinszustand ab?

(Diese Frage bezieht sich auf eines meiner Bücher über metaphysisches Reisen *Wandern zwischen den Welten.)*[38]

Ja, das ist absolut eine Frage deines Bewusstseinszustands. Wie ich bereits sagte, geht es bei den inneren Reichen der NATUR gänzlich um deinen Bewusstseinszustand. Je höher du deinen Bewusstseinszustand bringst, umso einfacher wird es sein, vom Profanen zum Großartigen zu kommen, der Bandbreite einer größeren Wirklichkeit. Darum geht es in einigen meiner früheren Bücher: meine Erlebnisse in anderen Wirklichkeiten.

Kann das jeder und jetzt?

Jeder hat das Potenzial in sich, aber die Wahrscheinlichkeit, dass es jemand jetzt machen kann, ist praktisch gleich null. Ich nehme ein tiefes Gefühl von Ungeduld beim Fragenden wahr – und das ist in Ordnung. Aber es wird seinem Potenzial sehr im Weg stehen.

Die Reise, die ich in nur diesem Leben unternahm, um der Mensch zu werden, der ich heute bin, hat über fünfzig Jahre gedauert. Während meine Reise sich fortsetzt, dehnt sich mein Potenzial exponentiell aus. Es gibt keine schnelle Methode für metaphysisches

38 *Siehe Anhang, es geht um die darin beschriebene Fähigkeit des Autors, durch ein Zwischen-Raum-Und-Zeit-Treten andere Welten zu besuchen.*

Reisen oder sonst irgendeinen wahren spirituellen Weg. Wenn es dir deine Zeit und Hingabe nicht wert ist, dann vergiss es und mache mit den Spielen in der Illusion weiter.

Die Leute sagen mir manchmal, dass sie gerne meinen inneren Bewusstseinszustand hätten. Ich frage sie gewöhnlich, ob sie all das erfahren möchten, was ich durchgemacht habe, um meinen gegenwärtigen Bewusstseinszustand zu erreichen. Eilig sagen sie: „Nein." Viele von ihnen wissen, dass mein Weg voller Schmerz und Leiden war. Ich habe beides erfahren, in Hülle und Fülle. Darum lehre ich Menschen, wie und warum sie *LIEBE* wählen sollten! Für mich ist es sehr, sehr *wichtig,* dass ich in meinem Bewusstsein der LIEBE weiterwachse. Die LIEBE weiß nichts von Ungeduld. Im Gegenteil, bei LIEBE geht es um unendliche Geduld – mit dir selbst und anderen.

Was muss ich dafür beherrschen oder wissen, um es zu tun zu können?

Das ganze Buch spricht diese Frage an. Ich habe sehr deutlich die Fähigkeiten erläutert, die beherrscht werden müssen. Keine davon ist leicht, doch sind alle einfach. Jede einzelne Übung, die ich dir gegeben habe, ist für dein Wachstum als spirituelles Wesen. Du kannst nicht der Mensch sein, der diese Fragen stellt und gleichzeitig der Mensch, der die geheime Welt der NATUR betritt. Du kannst nicht in deinem Gefängnis bleiben und dich frei bewegen wollen.

Ich kenne einen Mann im Todestrakt eines amerikanischen Gefängnisses, der trotz seines gefangengehaltenen physischen Körpers einen solchen Quantensprung im Bewusstsein gemacht hat, dass er tatsächlich seelische Freiheit erfährt. Niemand kann die Seele einsperren, die er ist. Er mag es noch nicht wissen, aber in seinem Bewusstseinszustand könnte er die geheime Welt der NATUR betreten, während sein Körper im Gefängnis bleibt. Es wird nicht mehr allzu lange dauern, bis er dies liest!

Hat jeder einen spirituellen Führer?

Ja, jeder hat einen Seelenführer. Dein Seelenführer begleitet die Seele, seit sie ihre ersten Erfahrungen des Menschseins machte. Du bist keine menschliche Seele. Du bist eine unendliche, grenzenlose Seele, die eine Erfahrung als Mensch macht. Das ist etwas ganz anderes. Während du im physischen Körper die lineare Zeit erlebst und wahrscheinlich in bestimmten Phasen deines Lebens oftmals gelangweilt oder frustriert bist, lebt dein metaphysischer Seelenführer in der Zeitlosigkeit. Es vergeht keine Zeit – es gibt keine Langeweile und keine Frustration. Wenn man bedenkt, wie viele der inkarnierten Menschen sie begleiten, ist das vielleicht gerade gut so!

Wie finde ich ihn oder sie? Reicht es aus, innerlich um Kontakt zu bitten? Und wie erkenne ich ihn oder sie?

Hm, ich frage mich, ob du eine echte seelische Sehnsucht nach dieser Verbindung hast oder ob es nur weiteres Futter ist, um deinen Intellekt anzuregen.

Bevor du nach deinem Seelenführer suchst oder ihn finden kannst, musst du dich mit dir selbst wahrhaft verbinden. Du musst wissen, wer du als Wesen bist. Du musst eine Seelenverbindung zum Selbst haben. Du hast ein normales physisches Identitätsselbst und ein metaphysisches Seelenselbst.

Die Menschen sind mit ihrem persönlichen Identitätsselbst sehr vertraut, aber weit weniger mit ihrem Seelenselbst. Frage dich, was an erster Stelle in deinem Leben steht? Das Seelenselbst, das du wahrhaft bist, oder das Identitätsselbst deiner Persönlichkeit, das du glaubst zu sein?

Du bittest nicht um einen Kontakt, wie du eine neue Facebookbekanntschaft anfragst, du kommunizierst die tiefe Sehnsucht in deinem Herzen und deiner Seele, erneut verbunden zu sein.

Wir verbringen sehr wenig Zeit in unseren physischen Inkarnationen, doch eine enorme Menge sogenannter Zeit – die eigentlich gar keine lineare Zeit ist – metaphysisch zwischen den Inkarnationen. Dein Seelenführer kennt die Seele, die du bist, tausendmal besser als du selbst, während du physisch inkarniert bist. Das lässt darauf schließen, dass dein Seelenführer in diesem Augenblick um dich weiß und deine wahre Absicht kennt. Wenn ‚du' wirklich dazu bereit bist, wirst du merken, dass du kontaktiert wirst. Um das allerdings fühlen zu können, musst du bewusst sein – nicht unterbewusst.

Wenn dein Seelenführer metaphysisch bei dir ist, dann wirst du die Seelenverbindung in jedem Falle erkennen, allerdings nur dann, wenn du bereit für dieses innere Gewahrsein bist.

Wenn er physisch in deinem Leben ist – das passiert –, ist es nicht so einfach zu erkennen, wer es ist. Es kann ein Enkelkind sein, ein Freund, sogar jemand, der dir das Leben schwermacht. Doch du wirst es in dem Maße wissen, wie du durch dein wachsendes Bewusstsein bereit bist und dir selbst vertraust.

Gibt es metaphysische Scharlatane?

Im täglichen Leben gibt es sicherlich jede Menge Scharlatane, viele von ihnen sind Politiker und angebliche Staatschefs.

Aber ich stelle deine Frage in Frage. Jeder Scharlatan hat einen metaphysischen Körper, den haben wir alle, aber niemand entwickelt spirituelles Wachstum durch Täuschungen oder sonstige abwegige Mittel.

Ich weiß nicht genau, was du meinst. Alles, was ich sagen kann, ist, dass ich bei all meinen metaphysischen Reisen nie einen sogenannten Scharlatan getroffen habe. Um bewusst eine größere Wirklichkeit betreten zu können, musst du im Bewusstsein *wachsen*, bei einer *rückläufigen* Entwicklung kannst du nicht in eine höhere Welt gelangen. Wie könnten dort also Scharlatane sein?

Alle Scharlatane sind definitiv erdgebunden. Höchstwahrscheinlich gibt es solche, die mit ihren metaphysischen Fähigkeiten angeben. Wir leben in einer Zeit vieler falscher Propheten. Gib niemals deine Macht an einen anderen ab, nicht einmal an den größten aller spirituellen Lehrer, an niemanden! Ich erlebe es oft, dass eine oder mehrere Personen unabsichtlich versuchen, ihre Macht an mich abzugeben, aber ich nehme sie nie. Niemals. Menschen, die an meinen Intensivseminaren teilnehmen, sind sich dessen höchst bewusst.

Ist metaphysisches Reisen mit einer außerkörperlichen Erfahrung vergleichbar? Bist du mit all deinen Sinnen dabei oder nur in Gedanken?

Eine außerkörperliche Erfahrung findet nur statt, während du schläfst. Das passiert jedem. Der Unterschied ist, sich der außerkörperlichen Erfahrung *bewusst* zu sein und sich daran zu erinnern.

Das wird auch als Astralreisen bezeichnet, einfach weil es genau das ist. Um Astralreisen machen zu können, muss dein Körper schlafen – es gibt dabei Ausnahmen, aber nur sehr wenige.

Wenn ich metaphysisch reise, bin ich in meinem physischen Körper ziemlich wach. Die meisten Menschen *glauben*, sie seien eine physische Person, also identifizieren sie sich stark mit ihrem Körper. Ich weiß, dass ich ein metaphysisches Wesen bin – wie wir alle –, also identifiziere ich mich mit meinem Lichtkörper.

Beim Reisen fokussiere ich stark in meinen Lichtkörper, lasse alle Gedanken los, alles Wollen und alle derartigen Ablenkungen. Ich erlaube meinem Selbst, sich als Licht von meinem physischen Körper zu entfernen. Ich *weiß*, dass ich nicht gefangen bin.

In vielerlei Hinsicht habe ich gelernt, mit meinem wachen Körper das zu erleben, was Menschen tun, während ihr Körper nachts schläft. Es sind dieselben Astralreiche, in die wir reisen, aber ich habe ein weit größeres Bewusstsein und Verständnis darüber, wer ich bin, wo ich bin und wohin ich gehe und gewöhnlich auch, mit wem!

Was das ‚Dasein' mit all meinen Sinnen angeht: Ja, ich bin da. In mancher Hinsicht sogar noch mehr als im Wachzustand. Meine Wahrnehmungssinne und Unterscheidungsfähigkeit im Lichtkörper sind sehr viel größer als in meinem physischen Körper. Wenn wir physisch sind, erfahren wir das Leben nur selten ganzheitlich und benutzen dafür meist die fünf körperlichen Grundsinne. Wenn ich metaphysisch bin, bin ich ganzheitlich präsent. Für mich ist der Versuch, das in Worten zu beschreiben, etwa so, als ob ich einem blinden Menschen die Farben erklären müsste.

Muss es während einer Meditation passieren?

Das hängt stark von dem jeweiligen Menschen ab. Die meisten finden einen meditativen Bewusstseinszustand sehr hilfreich. Und sicherlich musst du frei von Ängsten und Sorgen sein, von Wünschen und Wollen, von deinen vielen Erwartungen und den im Ego gründenden weltlichen Verhaftungen. Also ja, ein *meditativer* Zustand ist ein guter Weg.

Mache ich das? Nein, das tue ich nicht. Ich lebe meiner Meinung nach den ganzen Tag in einem leicht meditativen Bewusstseinszustand. Es gibt Augenblicke, in denen ich da herausrutsche, aber nie für längere Zeit.

Ist es möglich, es während eines Spaziergangs zu tun?

Ja, das ist möglich. Ich habe es gemacht, aber da ich, ohne etwas zu sehen, in einen Baum gelaufen bin, mache ich das heutzutage selten. Draußen zu spazieren bringt eine Menge Ablenkungen mit sich. Ich bevorzuge es, dabei bequem in meinem Arbeitszimmer zu sitzen.

In welcher Weise teilt sich die metaphysische Welt auf? Ist es wie im Schamanismus? Untere, obere, mittlere Welt? Oder ist alles ein Gebiet?

Hm, Trennung oder Aufteilung ist ein ausschließlich intellektuelles Konzept. Es funktioniert in der Mathematik, aber in einer ganzheitlichen Realität teilt sich nichts wirklich auf. Allerdings räume ich ein, dass Aufteilungen in einer Welt, wo Menschen an Trennung glauben, real *erscheinen*. Da ich noch nie irgendetwas mit Schamanismus zu tun hatte, kann ich das nicht beantworten.

Gewiss ist es dieselbe astrale Wirklichkeit, die wir erfahren, obwohl selbst die Astralwelten ihre eigenen Bandbreiten haben. Ich werde nicht versuchen, das erklären zu wollen!

Noch einmal: Je höher dein Bewusstseinszustand ist, während du die Astralreiche der geheimen Welt der NATUR erforschst, umso tiefer werden deine Erlebnisse sein und umso weiter öffnen sich die Tore zur mystischen Wirklichkeit.

Glaub mir, da gibt es nichts, an dem sich dein Intellekt festhalten und es in der ewigen Wirklichkeit verstehen könnte.

Kann man von negativen Energien oder Wesenheiten besetzt sein? Wenn ja, was kann man dann tun? Ich persönlich glaube das nicht, aber weil ich außerkörperliche Erfahrungen habe, fragen mich viele dazu in den Internetforen. Ich vermute, Selbstliebe ist der beste Schutz?

Obwohl er offenbar außerkörperliche Erfahrungen hat, ist der Fragende schlecht über dieses Thema informiert.

Ja, eine negative Wesenheit kann sicherlich in deinen Körper eindringen, und es kann sehr schwierig sein, sie wieder zu vertreiben. Und wenn sie nicht entfernt oder vertrieben werden kann, wird sie dein physisches Leben frühzeitig beenden.

Mir sind eine ganze Menge Menschen begegnet, die offensichtlich eine Wesenheit bei sich hatten. Viele Alkoholiker werden regelrecht in die niederen Astralwelten gestürzt, wenn sie betrunken sind. Das ist eine ernst zu nehmende gefährliche Handlung. Sich auf diese Weise eine Wesenheit einzufangen, ist etwa genauso leicht, wie Flöhe von einem streunenden Hund zu übernehmen.

Ich finde es bedenklich, dass dieser Mensch seine außerkörperlichen Erfahrungen in Internetforen teilt, aber so wenig Ahnung von diesem Thema zu haben scheint. Kein Wunder, dass ich mich nie an solchen Foren beteilige.

Was können wir tun, um sie loszuwerden?

Zunächst und in erster Linie werden negative Entitäten von einem niedrigen Bewusstseinszustand angezogen. Wut, Hass, Zorn, Kritik, Anklage, Urteil, Groll etc. sind übliche Eigenschaften von Menschen. Diese führen alle in einen niedrigeren Bewusstseinszustand.

Kannst du in diesem Zustand eine außerkörperliche Erfahrung machen? Ja, das kannst du. Im natürlichen Schlafzustand vermitteln sich niedere astrale Erlebnisse als Albträume. Bei einer außerkörperlichen Erfahrung kannst du ein paar sehr schlechte Begegnungen haben. Kein schöner Gedanke.

Allerdings kannst du mit dieser niedrigeren Energie als Grundlage *nicht* metaphysisch reisen – das geht gar nicht.

Die leichtfertige Bemerkung ‚*Ich denke, Selbstliebe ist der beste Schutz*' drückt für mich aus, dass es sich um einen Menschen handelt, dem die *Erfahrung* wahrer Selbstliebe vollkommen fehlt.

Ich stelle ohne jegliches Zögern fest, dass bedingungslose Selbstliebe die seltenste aller menschlichen Erfahrungen auf unserem heutigen Planeten ist.

Du kannst dich selbst oder irgendjemanden nicht unterbewusst lieben, und über neunzig Prozent der Menschheit lebt unterbewusst. Wenn du dich selbst bedingungslos LIEBST, dann ist Schutz oder das gefühlte Bedürfnis nach Verteidigung ein wertloses Konzept. Du bist die Welt!

Okay, genug der oben gestellten Fragen. Die nun folgende Frage fasst sie jedoch gut zusammen: *Wie kann ich dafür sorgen, mir nicht selbst im Wege zu stehen?*

Zusammenfassung:

Zunächst frage dich selbst, was es ist, das dir im Wege steht. Für die meisten Menschen ist es eine ziemlich lange Liste: Angst vor dem Unbekannten, Gedankengeschwätz, Selbstzweifel, Ängste. Werde ich steckenbleiben? Ist es gefährlich? Woher weiß ich, ob es real ist? Die Liste setzt sich unendlich fort.

All das kommt aus dem niedrigeren Bewusstsein. Es ist nicht falsch oder schlecht – hier geht es nicht um Kritik, es funktioniert nur einfach nicht für dich. Eigentlich funktioniert es auch nicht in deinem täglichen Leben, also wird es das gewiss auch nicht tun, wenn du die geheime Welt der NATUR betreten möchtest.

Warum ist sie ein sogenanntes Geheimnis? Das ist sie nicht, aber nur sehr wenige Menschen sind bisher bereit, sie zu erkunden. Eine alte Redensart trifft es ziemlich genau: Aus den Augen, aus dem Sinn. Da die größere metaphysische Wirklichkeit auf einer höheren Bandbreite ist, ist sie auch gewiss aus den Augen und dem Sinn der anderweitig beschäftigten Massen.

Du musst deine Gedanken aus dem Weg räumen, indem du innere Stille übst. Wenn du dir selbst *vollkommen vertraust,* gibt es keine Angst, keine Selbstzweifel, keine Besorgnis. Wenn du dein *wirkliches Selbst* kennst, wird es die Frage ‚Ist es real?' nicht mehr geben.

Erinnere dich daran, du wurdest dafür geboren. Es ist dein Geburtsrecht als metaphysisches Wesen! Ich fordere dich eindringlich auf, dieses Geburtsrecht in Anspruch zu nehmen!

Kapitel zweiundzwanzig

Noch mehr beantwortete Fragen

Die Unschuld deines inneren Kindes ist der NATUR sehr nahe.

Ich widme mich weiteren Fragen, weil sie Aspekte der NATUR berühren, die ich sonst nicht einmal berücksichtigt hätte. Wieder gilt, die Frage eines Menschen steht für die Frage von vielen. Ich habe die Fragen leicht editiert und alles entfernt, was irrelevant oder geschwätzig war, und das Englisch korrigiert, denn viele der Fragen kamen aus ganz Europa.

Eine einfühlsame Frage: *Ich habe durch das Lesen deiner Bücher gelernt, dass die große Verbindung zur NATUR das Zuhören ist, ohne Gedanken, nur sitzen, präsent sein und lauschen. Auch einfach mit Bäumen zu sprechen, Blätter zu berühren, mit dem Fluss zu sprechen und dann still zu sein, zuzuhören ohne Gedanken. Also ist meine Frage folgende: Geht es mehr darum, sich zu ‚entspannen', als etwas zu tun? Geht es mehr ums Zuhören, als Fragen zu stellen? Geht es eher darum, der NATUR zu erlauben, sich selbst zu entfalten?*

Dieser Mensch hat eine sehr feine Wahrnehmung. Ein großes Ja auf alle Fragen. Ja, es geht weit mehr ums Entspannen als ums Tun. Es gibt nichts zu tun.

Wir haben dieses ‚Tun-Bewusstsein' überentwickelt. Wir tun zwar, sind aber selten bei der Sache, während wir etwas tun. Wir tun etwas, während wir völlig verloren in einem Wirbelsturm verrückter Gedanken sind.

‚Etwas zu tun' und ganz bei der Sache ‚zu sein', ist die *Kunst des Lebens.* Es ist die Kunst, sich mit der NATUR auf tieferen Ebenen zu verbinden. Was wir ‚tun', ist, die Verbindung mit der NATUR zu suchen, aber damit das geschieht, müssen wir im Augenblick sein.

Vergiss nicht, die NATUR ist niemals außerhalb des Augenblicks, wir hingegen sind sehr selten darin.

Und natürlich müssen wir mehr Zeit in der NATUR verbringen und *lauschen,* statt Fragen zu stellen.

Wir können nicht fragen und völlig im Augenblick sein. Menschen sind so voller Fragen. Wir wurden einer Gehirnwäsche ausgesetzt, die uns glauben macht, dass Fortschritt durch Fragestellungen erreicht wird. Intellektueller Fortschritt vielleicht, aber der Fortschritt bewusster Intelligenz nein.

Intelligenz ist mit dem bewussten Sein verbunden, nicht mit dem Unterbewusstsein. Das ist der Bereich des Intellekts und nochmal: Die NATUR ist kein intellektueller Ausdruck.

Ja, es geht mehr ums Erlauben als ums Erstreben. Die Kunst des Lebens ist zu erlauben, nicht zu erzwingen, zu manipulieren oder sonst wie nachzuhelfen. Wenn du dich darauf ausrichtest, dein Bewusstsein zu entwickeln, geschieht alles in perfektem Timing.

Erlauben ist mächtig. Es ist eine dem Wissen innewohnende Kraft. Ich lebe mein Leben, indem ich erlaube, dass das Leben geschieht. Ich erlaube dem Leben zu würfeln … und spiele entsprechend.

Manche Menschen fragen mich: „Warum bist du nicht weltberühmt?“ Ich antworte: „Wäre ich weltberühmt, gäbe mir das spirituell nicht mehr, als ich gegenwärtig habe. Wenn Weltberühmtheit Teil meines Lebenswegs ist, dann soll es so sein. Ich werde es annehmen.“

Eine energetische Frage: *Vor vielen Jahren war die Straße, auf der ich zu meiner Arbeit ging, von alten Eukalyptusbäumen gesäumt. Auf meinem Heimweg sah ich, dass einer der ältesten Bäume abgesägt worden war. Mein Herz wurde schwer, und ich ging zu dem Baumstumpf und berührte die frische Schnittfläche. Die Energie war erstaunlich. Bis heute kann ich mich an das Gefühl erinnern. Auf meinem Weg zur Arbeit am nächsten Tag berührte ich den Baumstumpf erneut – aber die Energie war weg.*

Ein andermal in Mexiko hatten ein paar Speerfischer einen großen Fisch getötet. Ich fragte, ob ich ihn ansehen und berühren dürfte. Und wieder war die Energie wie jene, die ich beim Baum gefühlt hatte. Es war erstaunlich.

Was fühlen oder empfinden Wesen der NATUR, wenn ihre physische Form endet? Wie reagieren sie auf Krankheit oder schlechte Bedingungen in der NATUR?

Wir sind mentale und emotionale Wesen, also entwickeln wir starke Meinungen über Gut und Schlecht und Richtig und Falsch und Sollte und Sollte nicht etc.

Die Devas und Naturgeister haben keinen starken mentalen oder emotionalen Ausdruck. Aber sicherlich nehmen sie die meisten Menschen als erstaunlich selbstzerstörerisch wahr. Die Menschen scheinen nie zu erkennen, dass mentale und emotionale Zerstörung sich nach innen richtet, also zerstören sie sich selbst: Erkrankungen, sogenannte Unfälle und dergleichen. Es ist alles selbst erschaffen.

Wir glauben, dass unsere Gestalt rein physisch ist, aber die Naturwesen erliegen dieser Täuschung nicht. Sie *wissen,* dass die Gestalt eine physische Reflexion einer größeren, metaphysischen Wirklichkeit ist; es geht dabei immer um die Bandbreiten!

Für die Naturwesen ist alles in der physischen NATUR kurzlebig und vorübergehend. Wandel ist ein permanenter Ausdruck der NATUR, es ist die Natur des Wachstums. Das weist offensichtlich darauf hin, dass sie keine Beziehung haben zu dem, was wir Krankheit oder schlechte Bedingungen nennen. In der NATUR ist es, wie es ist.

Eine merkwürdige Frage: *Wie merkwürdig muss ein Erlebnis sein, um als metaphysische Reise in der Welt der NATUR bezeichnet zu werden? Wenn ich einfach der Energie der Liebe lausche und offensichtlich davon geleitet werde, kann ich da sagen, dass ich in der geheimen Welt einer intimen NATUR bin?*

Was hat merkwürdig damit überhaupt zu tun? Wenn du der Energie lauschst, die du LIEBE nennst und sie dich leitet … was willst du dann noch? Was brauchst du für Erklärungen? Bist du Phänomenen so verhaftet?

Es scheint mir, dass du, wie so viele andere Menschen, die phänomenalen Pauken und Trompeten als Begleitung deiner Bemühungen brauchst, damit sie real oder akzeptabel sind. Nur du kennst dein Erleben. Du hast eine Wahl: hemmende Zweifel oder einfach Akzeptanz. Ich ging den Weg der hemmenden Zweifel ein paar Jahre lang, das musst du nicht tun. Nimm deine Art der Erfahrung einfach an, wie sie ist. Vergleiche nicht. Suche nicht bei anderen nach Bestätigung, ob es echt oder unecht ist. Vertraue dir selbst.

Während du dich entwickelst, werden auch deine inneren Erfahrungen wachsen und sich entwickeln. Würdest von einem Kind erwarten, rennen zu können, bevor es laufen kann?

Eine problematische Frage: *Mein Problem ist, dass sobald es für mich zur Routine wird, etwas spirituell zu erlernen oder zu üben, es sich wiederholt, intellektuell und oberflächlich wird. Es sind nur Worte in meinem Kopf. Deswegen versuche ich einfach, dem Flow zu folgen und zu üben, was hochkommt, wenn es hochkommt, und das funktioniert sehr gut. Doch ich sehne mich nach der Kommunikation mit der NATUR, nicht nur mit meinen Katzen und dem Vogel, auch mit den Pflanzen und den wilden Vögeln in meinem Garten, der Erde usw. Wie kann ich sichergehen, dass ich wirklich kommuniziere? Woher kann ich wissen, ob es nicht meine Fantasie ist, wenn mir etwas kommuniziert wird? Wie mache ich das? Wo ist mein Problem?*

Ich stimme dir zu. Ein Routineansatz oder eine sich wiederholende Technik werden zu Worten im Verstand, zum Spiel des Intellekts. Also hast du die Antwort darauf gefunden, indem du spontan bist. Wenn etwas einfach auftaucht und dich fesselt, folge dem Flow. Du machst das genau richtig – bisher!

Okay, und nun stellt der Intellekt die Authentizität deiner erhofften Kommunikation mit der NATUR infrage. Er stellt viele verwirrende und verstörende Fragen wie: ‚Ist das Fantasie?'

Lass uns in der Sache ganz klar sein. Wenn du deinem Intellekt erlaubst, deine inneren Erfahrungen der Kommunikation infrage zu stellen und zu untersuchen, wirst du nie – ich wiederhole, niemals – Akzeptanz erhalten. Deine linke Gehirnhälfte kann nicht mit der NATUR kommunizieren, wie kannst du da erwarten, dass sie es akzeptiert? Sie wird es immer infrage stellen und lächerlich machen.

Deine rechte Gehirnhälfte oder dein ganzes Gehirn wird diese Zweifel und Fragen nicht haben, nur die dominante linke Gehirnhälfte. Die dominante Linkshirnigkeit ist dein Problem, nicht deine Kommunikationsfähigkeit.

Die Fantasie ist ein wesentlicher Aspekt aller Kommunikation mit der NATUR. Zusammen mit dem ganzen Gehirn und der Zirbeldrüse ist sie Empfängerin und Übersetzerin des natürlich kommunizierenden Energieflusses der NATUR. Ohne unsere menschliche Vorstellungskraft wären wir unfähig, mit der NATUR zu kommunizieren. Folge dem Flow und VERTRAUE!

Eine lebendige Frage: *Wie können wir die Lehren der Natur am besten in unserem Leben anwenden? Wie kann die Natur uns helfen, sie in unser physisches, materiell orientiertes Leben zu integrieren, abgesehen von der naheliegenden Methode, in der Natur zu wandern oder sich dort aufzuhalten? Wie können wir das Modell der Natur auf unser Leben anwenden und messbare Resultate erzielen?*

Hm, ich vermute, viele Menschen machen das bereits. Permakultur und Biolandwirtschaft sind Modelle, die NATUR zum Teil des eigenen Lebens zu machen, gemeinsam mit der Pflanzenheilkunde usw. Aber ich glaube, du willst auf etwas Grundsätzlicheres hinaus. Permakultur kann der Weg sein, den ein Mensch nutzt, um seine Familie zu ernähren, aber ändert das sein inneres Verhältnis zu sich selbst auf eine Weise, die weniger kritisch und mehr in Harmonie ist?

Für mich würde eine natürliche Integration der Natur erfordern, dass die Menschen weit mehr Zeit in der NATUR als Beobachter verbringen. Um nur mal einen Aspekt herauszugreifen: Wir sind unwissentlich zu Zuschauern des Lebens, unserer Leben geworden, während die NATUR total daran beteiligt ist. Ich habe mit Menschen gesprochen, die seit Jahren zugeschaut haben, wie ihr Leben außer Kontrolle geriet, und sie fühlten sich hilflos. Ich wies sie darauf hin, dass sie nur Zuschauer seien, anstatt sich voll an ihrem Leben zu beteiligen. Dies hat sie jedes Mal überrascht, da sie niemals dergleichen in Betracht gezogen haben.

Die NATUR ist am Augenblick des Lebens vollkommen beteiligt. Selbst die Raubtiere, die einen großen Teil ihrer Zeit schlafen oder die Bewegungen ihrer Beute beobachten, sind völlig am Augenblick beteiligt.

Die Natur lebt bewusst im Augenblick. Die Menschheit lebt unterbewusst außerhalb des Augenblicks.

Wenn ich ein einziges Beispiel aus der NATUR nennen sollte, das sich die Menschheit zum Vorbild nehmen könnte, dann wäre es dieses: die Fähigkeit, bewusst im Augenblick zu leben. Und das ist absolut möglich, auch wenn es eine große Herausforderung ist und ein Maß an verbindlichem Einsatz erfordert, den nur sehr wenige Menschen leisten.

Der große Unterschied – mit Ausnahmen – ist, dass der allgemeine menschliche Ausdruck der eines einzigen endlichen, ‚sterblichen' Lebens ist. Der allgemeine Ausdruck der NATUR ist eine endlose Kontinuität des Lebens. Die NATUR lebt den größeren, die Menschheit den kleineren selbstbeschränkenden Zusammenhang.

Ja, wir haben Religionen, die dem Fortgang des Lebens durch fortwährende Reinkarnation zustimmen, aber selbst die meisten dieser Menschen leben trotz ihres Glaubens immer noch im kleineren Zusammenhang von Wollen und Verzweiflung. Und wieder gibt es Ausnahmen. In der Menschheit gibt es sie immer.

Im größeren Zusammenhang zu leben würde aus meiner Sicht einen Quantensprung im menschlichen Bewusstsein auslösen.

Eine neugierige Frage: *Ich bin neugierig, was in Einklang gebracht werden muss, damit die NATUR sich mit uns verbindet und umgekehrt. Ich frage mich auch, ob die NATUR sich mit dem Bewusstsein von Einzelpersonen sowie auch von Gruppen verbindet. Und wie wir einander für bestimmte Zwecke unterstützen können, z.B. für das Wohl des Planeten und für unser Wachstum und das Wachstum anderer. Was ist unsere symbiotische Beziehung zur NATUR und ihre Bestimmung? Ich fühle und weiß, dass wir verbunden sind und habe Liebe und Trost durch verschiedene Erlebnisse mit Vögeln und Tieren gespürt. Vielleicht wäre das eine Form der Manifestation, die zu empfangen oder zu erfahren mich nicht beunruhigen würde.*

In diesem ganzen Buch geht es um die Einstimmung unseres Bewusstseins auf das der NATUR, um gemeinsam im Augenblick zu sein.

Was die Gruppen- oder Individualverbindungen angeht: Menschen sind verschieden. Wenn ich während eines Intensivseminars eine innere Reise in die NATUR anleite, stelle ich fest, dass die Gruppenenergie für manche Teilnehmer die Erfahrung stärkt, während andere vom gelegentlichen Husten oder sich bewegenden Körpern oder was auch immer leicht abgelenkt werden. Ich persönlich ziehe meine eigene persönliche Erfahrung vor, doch kann ich nicht abstreiten, dass ich einige sehr kraftvolle Erlebnisse hatte, während ich eine Gruppe anleitete.

In der NATUR geht es um bewusste Verbindung, ob es ein einzelnes Individuum oder eine Gruppe ist, ist für die NATUR ohne Bedeutung. Ein einzelner Mensch, der bewusst verbunden ist, hat sicherlich mehr Kraft als eine Gruppe mit einem zerstreuten Bewusstsein.

Eine bewusste Verbindung mit der NATUR, die einem einzelnen Menschen zugutekommt, dient gleichzeitig allen Menschen. Entgegen allem illusionären Anschein gibt es so etwas wie einen einzelnen, von anderen getrennten Menschen nicht. Einzelne Körper ja, aber die gesamte Menschheit ist EINE Energie und EINS mit der NATUR. Jedes Mal, wenn eine einzelne Person eine bedeutsame Verbindung mit der NATUR herstellt, ist es zum Wohl des GANZEN.

Ja, wir haben eine symbiotische Beziehung zur NATUR, aber als Kollektiv haben wir unsere Bestimmung darin verloren. Wir *sind*

NATUR. Viele Menschen leben auf eine Weise, die diesen symbiotischen Zweck erfüllt, aber die meisten nicht.

Die NATUR ist das *natürliche* Wachstum des Bewusstseins. Die Menschheit ist – oder ist dazu bestimmt, es zu sein – das *schöpferische* Wachstum des Bewusstseins. So lange dies voneinander getrennt bleibt, geht ein riesiges Potenzial verloren. Wären sie verEINt, würden das Schöpferische und das Natürliche profitieren und in großem Maße eine ganzheitliche Wirkung auf den Planeten und alles Leben auf ihm haben.

Leider lebt die Menschheit in der gedanklichen und fälschlichen Trennung von Mensch *und* NATUR. Solange wir von dieser Illusion umfangen leben, verlieren wir das Potenzial der bewussten Einheit mit der NATUR.

Eine träumerische Frage: *Ich habe viele Träume vom Meer. Es ist immer ein Meer, das unglaublich klar und voller Lebewesen ist, Wale, Schildkröten und Haie und bunte, lebendige Korallen. Ich habe von anderen Menschen und ihren Naturträumen gelesen. Gibt es eine Möglichkeit, die Verbindung zur Natur durch Träume zu entwickeln?*

Deine Träume vom Meer könnten mit deinem aktuellen Gefühlsleben verbunden sein. Das ist eine Möglichkeit, keine Tatsache. Das Meer ist sehr belebt und klar. Das lässt darauf schließen, dass bei dir auf einer Gefühlsebene gerade sehr viel geschieht. Du wirst in dem Maße damit umgehen können, in dem deine Gefühle klar und ungetrübt sind und doch reich und voll. Das ist ideal.

Allerdings könnte es auch sein, dass du ein tiefes Interesse am Ozean und der Meeresfauna hast. Dann ist der Traum ein Hinweis darauf, dass du in der Nähe des Meeres leben und einen Weg finden solltest, tauchen zu lernen. Das könnte sehr erfüllend für dich sein.

Ich vermute außerdem, dass du auch sehr vom Lernen und Anwenden des luziden Träumens profitieren würdest. Carolyn hat das viele Jahre lang gemacht. Luzides Träumen heißt, dass du fähig bist, bewusst die Richtung deiner Träume zu steuern. Du erlaubst dem Inhalt des Traumes, sich zu entfalten, wie er will. Aber du steuerst ihn in die Richtungen, von denen du intuitiv spürst, dass sie dir dienlich sind.

Wenn physisches Tauchen ein Problem ist, kannst du alternativ durch die erworbene Fähigkeit des luziden Träumens in einen ebenso realen Ozean tauchen. Im Internet gibt es Bücher darüber.

Tue niemals einen luziden Traum als nur einen normalen Traum ab. Das gilt auch für ausführliche und bunte Träume. Damit lenkt dein Bewusstsein deine Aufmerksamkeit auf etwas, das zu lange im Hintergrund deines Lebens war.

Eine sandige Frage: *Ich habe einen Garten, der nicht wirklich ein Garten ist. Gegenwärtig ist es ein nackter Fleck Sand. Wie kann ich mich mit diesem Land verbinden und mir sagen lassen, was es gerne sein möchte? Gegenwärtig wächst da Queckengras, was keine Pflanze ist, die ich kultivieren möchte.*

Siehst du den Konflikt darin? Du sagst, auf dem Sandflecken wächst Queckengras – das ist seine Wahl – und doch wünschst du dir, von ihm zu wissen, was auf ihm wachsen soll und auch deiner Wahl entspricht!

Okay, der Flecken sandiger Erde wird jeden angemessenen Samen oder jedes Unkraut, das sich auf ihm befindet, zum Wachstum bringen oder unterstützen. Wie könnte er dir sagen, was er gerne wachsen lassen würde, wenn das nur ein Konzept in deinem Kopf ist? Er ist ein Flecken sandiger Erde – es ist, wie es ist.

Die Frage ist doch, was du gerne für Pflanzen auf dem Sandboden hättest. So einfach ist das.

Wenn du einen gut entwickelten Garten mit vielen Pflanzen hättest und du dem Garten gerne eine neue Pflanze hinzufügen würdest, ja, dann wäre es eine gute Idee, mit der Pflanze durch den Garten zu laufen und dir sagen zu lassen, wo sie am besten gedeiht. Das habe ich viele Male getan. Manchmal setze ich die Pflanze auch an den Ort, den *ich* möchte, weil ihre Wahl mir nicht gefällt!

Doch du hast dieses Stück Land! Willst du Dekoration? Willst du Blumen? Willst du Gemüse? Bist du bereit, den sandigen Boden und die Pflanzen regelmäßig zu bewässern? Hast du einen Hund, dem dieser sandige Boden gefällt? Das sind die eigentlichen Fragen, die es zu beantworten gilt.

Ich persönlich würde einen Sandboden mit Sukkulenten und Kakteen bepflanzen. Nicht vergessen: Alle Kakteen sind Sukkulenten[39], aber nicht alle Sukkulenten sind Kakteen! Das wäre recht bunt und andersartig, würde kaum Wasser und die geringste Pflege erfordern.

Eine stressige Frage: *Kannst du den Stress von Bäumen und anderen Pflanzen fühlen? Ich bin sicher, dass ich das kann. Bei heißem Wetter kann ich die Ruhe in meinem Garten und auf meinem Rasen spüren, wenn alles gegossen ist.*

Ja, ich fühle den Stress von Bäumen und Pflanzen, falls sie gestresst sind. Während einer längeren Dürreperiode fühle ich den Stress unseres ganzen Gartens sehr stark. Meine Herausforderung ist, diesen Stress nicht persönlich zu nehmen. Je mehr ich einer Pflanze oder dem Garten verhaftet bin, umso mehr fühle ich ihren Stress.

Für mich ist jede Trockenheit eine Lektion des Loslassens. Eine ganze Menge Bäume bestimmter Arten im Busch um meinen Garten herum sind während der Dürrezeiten der letzten beiden Jahrzehnte eingegangen. Ich fühle den Rückzug und das Ende eines jeden Baumes. Und doch ist es nicht sein Ende, denn alle Bäume erfahren Kontinuität. Für mich sind Dürreperioden eine ständige Erinnerung daran, mich nicht in der physischen Wirklichkeit zu verlieren. Bewundere ihre Schönheit, genieße ihre Energie, aber verhafte dich nicht emotional.

Einmal, vor vielen Jahren, als ich noch auf Tasmanien lebte, kam ich in einen Wald, der von Holzfällern der Holzschnitzelindustrie geplündert worden war. Es war ein Bild der Zerstörung, der Vergewaltigung und des Ruins eines Waldes – eine Schändung natürlicher Schönheit. Ich saß auf einem Baumstumpf, während ich mich umschaute und weinte. Während meine ziemlich schockierten Gefühle

39 Sukkulenten sind wasserspeichernde Pflanzen.

sich langsam stabilisierten und ich die Tränen aus meinen Augen wischte, sah ich, wie vor meinem inneren Auge sehr langsam der ganze Wald auftauchte – alles stand da, jeder Baum, jede Pflanze, alles wuchs in unberührter metaphysischer Vollkommenheit.

Das war eine gute Lektion für mich. Auf der metaphysischen Ebene dieser höheren Bandbreite war er unberührt vom brutalen, gefühllosen Griff der Gier. Ich erkannte, obwohl wir die physische Spiegelung der NATUR verletzen können, sind wir unfähig, uns in die die größere Wirklichkeit in all ihrer metaphysischen Pracht einzumischen. Dieser metaphysische Wald würde bleiben, egal was auf dem physischen Land geschah – so lange, wie es für die NATUR nötig war, das Bewusstsein dieses Waldes auszudrücken.

Zusammenfassung:

In deiner eigenen Zeit und deinem eigenen Raum lass alle intellektuellen Fragen los, die dich bekümmern – und VERTRAUE! Vertrauen öffnet die Tür zum Erleben der größeren Wirklichkeit. Ich will damit nicht sagen, dass du leichtgläubig und naiv werden sollst, aber ich möchte darauf hinweisen, dass diese beiden Qualitäten mit Unschuld einhergehen. Und die Unschuld deines inneren Kindes ist der NATUR *sehr* nahe!

Kapitel dreiundzwanzig

Feng-Shui und die Natur

Das Leben ist nie gegen dich, nur du kannst gegen das Leben sein.

Wie sich das Leben im Laufe der Jahre wandelt!

In der ersten Hälfte des 20. Jahrhunderts, als mein Vater sein Land in England bewirtschaftete, war Feng-Shui nicht einmal ein Begriff am Rande seiner Wahrnehmung. Während ich aufwuchs und meine Liebesbeziehung mit der NATUR entwickelte, war mir Feng-Shui so unbekannt wie die dunkle Seite des Mondes.

Sogar während meiner Suche nach dem SELBST hatte ich noch nie davon gehört, und dann war Feng-Shui plötzlich da! Ich erinnere mich, wie wir uns anfänglich mit der Aussprache schwertaten. Und ich erinnere mich auch daran, gelesen zu haben, dass dieses uralte chinesische Wissen das Leben so sehr erleichtern würde.

Jetzt, viele Jahre später, habe ich nur wenig darüber gelesen, noch spielt diese Art zu leben für mich eine Rolle. Nichtsdestotrotz stelle ich fest, dass Feng-Shui einiges zu bieten hat. Nicht als ein modisches Konzept oder als schicker schlauer Lebensansatz, aber in seiner eigentlichen Essenz. Und worin besteht diese? Für mich ist es Gleichgewicht. Mein guter Freund Bruce, der Feng-Shui gelernt hat, definiert es so: „Man nimmt die bebaute Umgebung (von Menschen geschaffene Architektur) und bringt sie in den Fluss und die Harmonie mit der universellen Chi-Energie." Für mich war und ist das eine klare und exzellente Definition. Sie definiert außerdem einen ausgewogenen Lebensstil.

Die meisten von uns werden nie Architekten sein, Bauwerke entwerfen und sie in die Landschaft stellen. Aber fast alle von uns werden in diesen Gebäuden leben, arbeiten und wohl oder übel eine Beziehung zu ihnen entwickeln.

Für mich ist der vorrangige physische Ausdruck von Feng-Shui die Platzierung eines solchen Gebäudes, beispielsweise deines Hauses. Wie viele Architekten haben ein wahrhaft bewusstes oder wenigstens elementares Verhältnis zur Erde? Die heutigen Siedlungen werden in der Regel auf verfügbarem Bauland errichtet, obwohl einzelne teure Wohnhäuser auf erstklassigen Grundstücken stehen mögen.

Aber dieses Bauland ist nicht nur Land. Es ist Teil des lebendigen Körpers unseres Planeten Erde und wie alles Land hat es eine resonierende Energie.

Wie viele unserer Architekten oder Bauleute stimmen sich auf diese Energie ein und handeln entsprechend ihrer intuitiven Wahrnehmung? Die unmittelbare Umgebung wird bemerkt, ja, aber nicht die eigentliche *Energie* des Baugrundes.

Wie merkwürdig ist es, dass wir Menschen unsere ganze potentielle Intelligenz nicht nutzen, um uns einzustimmen oder uns wenigstens darum zu kümmern, mehr über die Energieresonanz des Ortes zu erfahren, an dem wir leben möchten. Denn wo wir leben, hat offensichtlich einen kraftvollen energetischen Einfluss auf unser Leben. Nicht jedes Grundstück eignet sich für menschliches Wohnen.

Der ganze Planet Erde ist ein riesiges Netzwerk von Energielinien. Allgemein sind sie als Erdmeridiane bekannt. Wir haben sie auch in unserem eigenen Körper. Tiere sind perfekt auf diese eingestimmt und in Harmonie mit ihrer Energie – sie drücken natürliches Feng-Shui aus!

Doch wir Menschen haben eine derart begrenzte Ausrichtung, dass wir es komplett versäumen, uns mit der Energie des Grundstücks zu verbinden. Lass es mich so ausdrücken: Wenn du ein Haus auf einem Grundstück kaufst, wo Kühe *sich nicht hinlegen* werden, dann ist es unwahrscheinlich, dass du in diesem Haus Harmonie erleben wirst. Das Grundstück wird auf jede Person im Haus eine negative Wirkung haben. Keine falsche oder schlechte negative Wirkung, aber im Sinne einer Polarisation, die einem harmonischen menschlichen Heim nicht zuträglich ist.

Uns wird gesagt, dass man diese Energie wandeln kann, wenn man gutes Feng-Shui anwendet. Ich bestreite das nicht, aber ich kann dir versichern, dazu gehören viele Variablen.

Lass mich den Kuh-Aspekt der Sache erklären. Während meiner zwölf Jahre als Bauer auf Tasmanien stellte ich fest, dass es auf den meisten meiner Weiden gewisse Bereiche gab, wo sich die Kühe *niemals hinlegten*, um auszuruhen. Stattdessen legten sie sich an verschiedenen anderen Plätzen gemeinsam hin, was zeigte, dass diese ihrer eindeutigen Wahl entsprachen. Um die von den Kühen gemiedenen Plätze zu testen, legte ich mich oft dorthin und hatte immer ein Gefühl von Unbehagen. Es war keine falsche oder schlechte negative Energie, aber sie gestattete mir nicht, mich innerlich zu entspannen. Wenn ich an den von ihnen bevorzugten Plätzen lag, fühlte ich mich innerlich entspannt und sehr behaglich. Stelle dir dies in einem Haus vor, wo sich die Kühe nicht hinlegen würden. Anders als wir sind sie weit empfänglicher für die Energien der Erde.

Für mich beginnt Feng-Shui schon mit deinem Aufwachen am Morgen. Die Richtung deiner Gedanken und Gefühle an diesem neuen Tag erschaffen einen Energiefluss, dem du – ohne dass es dir bewusst ist – folgen wirst. Gedanken, die in Harmonie mit dem Ganzen sind, werden einen weit besseren Tag bringen als Gedanken, die auf Trennung und Negativität ausgerichtet sind.

Wenn du mit einem Bewusstsein für Feng-Shui aufwachst und dich entscheidest, an diesem neuen Tag mit Balance und Harmonie zu spielen, so gezielt eine solche Energie in deine Gedankenfäden webst und damit auch in das, was du sagst und tust, wirst du einen sehr guten Tag haben.

Bedauerlicherweise machen viele Menschen genau das Gegenteil, nämlich mit Anklage, Wut und Kritik. Sie denken dann, vom Pech verfolgt zu sein, während sie kontinuierlich das Potenzial ihres Tages zerstören.

Im Allgemeinen denkt der Mensch negativ. Man muss sich Mühe geben, nicht in den täglichen Strudel der menschlichen Gedanken gesogen zu werden.

Vielerlei Medien bombardieren dich ständig mit ihrem meist negativen und beurteilenden Blick aufs Leben, doch wenn du dich dem mit Wut oder Kritik widersetzt, wirst du Teil davon und bist damit verbunden. Also urteilst du nicht und widersetzt dich nicht, du ignorierst es oder lehnst es ab, an der Endlosschlaufe menschlicher Negativität beteiligt zu sein.

Das ist *gelebtes* Feng-Shui. Dies wird auf dein Leben eine weit größere Wirkung haben als der richtige Standort des Vogelbades in deinem Garten. Wenn du in der Stadt lebst, bringt der Vogelbadstandort wenig. Und wenn du das Feng-Shui des Selbst lebst, hat das Vogelbad noch weniger Bedeutung, egal wo du bist.

Lass uns noch einmal zum Unglückshaus zurückkehren, das dort steht, wo Kühe sich nicht hinlegen würden. Ernsthaft, das ist ein echter Nachteil. Wenn du weißt, dass deine Familie vernünftig ist und nicht allzu sehr zu negativem Denken oder Anklage neigt und gleichzeitig bemerkst, dass ihr doch alle Mühe damit habt, mit dem Haus klarzukommen, dann ist ein Umzug eine gute Option.

Stimme dich auf dein Haus ein. Meditiere auf die Energie deines Heims. Heim ist Haus *und* Grundstück. Was fühlst du, wenn du dich auf seine Energie einstimmst? Wenn es ein Gefühl von Disharmonie ist, ein Hauch von *irgendwas stimmt nicht,* ein subtiles ungemütliches Gefühl, dann sei dir gewahr, dass dies die Energie ist, in der du lebst.

Sicherlich ist es einigen Feng-Shui-Beratern möglich, dabei zu helfen, die Energie ins Gleichgewicht zu bringen, aber nur für wenige Menschen. Es ist nicht einfach ein „tu dies und das, und nimm das weg und füge jenes hinzu und alles wird gut".

Für eine Familie oder auch nur ein Familienmitglied mag es sehr gut funktionieren, für andere hat es womöglich nur eine geringe oder praktisch keine Wirkung.

Warum? Weil das Leben kein Energiefluss *außerhalb* des Selbst ist. Das Leben ist ein Energiefluss *innerhalb* des Selbst, und das Selbst ist der Kern von Feng-Shui. Es geht um die innere Harmonie. Das Außen ist nicht wahrhaft real, es ist eine Illusion – und egal, wie du damit spielst – Illusion bleibt Illusion.

„Und was ist mit Feng-Shui und der NATUR?", fragst du vielleicht. Lass es mich so ausdrücken: Du wachst am Morgen auf und fängst sofort an zu denken. Diese Gedanken sind Energie, die von dir aus in den Kosmos strahlt. Auch wenn das kein physisches Geschehen ist, wirkt es doch auf die physische Welt, denn es wird durch die Energie bestimmt, die ja auch Bewusstsein ist.

Die NATUR ist innerhalb deines metaphysischen Energiefeldes. Sie ist nie mit dem Leben im Konflikt. Auch ist die NATUR niemals ein Ausdruck von Konflikten, auch wenn ein ausbrechender Vulkan oder ein Erdbeben es anders erscheinen lassen.

Selbst wenn wir etwas sehen, was wir als Konflikt innerhalb der NATUR wahrnehmen, ist dies eine Reflexion unseres menschlichen Konflikts. Mit anderen Worten ist das, was wir sehen, nicht das, was IST! Es ist unsere menschliche Wahrnehmung dessen, was ist – und das ist etwas ganz anderes!

Die NATUR drückt die Harmonie und den Fluss natürlichen Lebens aus. Wahres Feng-Shui bedeutet, dass jeder von uns beides ist, ein Teil *und das* GANZE dieses natürlichen Ausdrucks.

Leider haben wir uns vom Natürlichen entfremdet. Tiere verstricken sich nicht in Konflikte, die meisten Menschen jedoch schon. Konflikte erzeugen Blockaden oder Widerstände im dir zur Verfügung stehenden Energiefluss. Dieser Energiefluss ist Leben. Die Natur widersetzt sich dem Leben nie und ist unfähig, mental einen Konflikt mit sich selbst zu haben, aber Menschen haben das die ganze Zeit. Deswegen werden sie krank.

Ich berühre nur die Oberfläche einer tieferen Bedeutung von wahrem Feng-Shui. Wie ich bereits sagte, ist Feng-Shui nicht mein

Thema. Aber sobald ich einen Aspekt erkläre, führt dieser zu einem weiteren, welcher wiederum einen weiteren offenbart, und plötzlich blicke ich weit über mein eigenes Wissen hinaus. Ich sehe und erfahre das Leben ganzheitlich – nichts ist getrennt – also muss ich mich entscheiden, wo eine Erklärung enden soll. Das kann sehr schwierig sein, wenn man weiß, dass es doch immer nur Teil eines größeren Zusammenhanges ist. Dementsprechend muss ich mein Leben leben.

Lass mich ein Beispiel geben: Als meine damalige Frau und ich im Jahre 2003 unsere übliche Weltreise mit Seminaren und Vorträgen machten, ging immer häufiger mein Koffer verloren, kam verspätet an oder wurde beschädigt. Ihre beiden Koffer nie, aber der meine.

Sie teilte mir klipp und klar mit, dass dies allein meine Verantwortung sei. Die normale menschliche Reaktion darauf wäre natürlich, die Fluggesellschaften anzuklagen. Ich meine, wie konnte das meine Schuld sein? Aber ich wusste, dass wir in Wahrheit den Energiefluss unseres Lebens erschaffen, und das schließt alles mit ein.

Während ich über das Kofferproblem nachdachte, war mir klar, dass es in Wahrheit ein Michael-Roads-Problem war. Mein Feng-Shui war vollkommen aus dem Lot! Obwohl ich es liebe, Seminare und Vorträge zu halten, mochte ich das Reisen nicht und hasste Flughäfen. Ich war zu oft in zu vielen. Jedenfalls war das meine Entschuldigung. Meine Energie hinsichtlich der Flughäfen stand in direktem Konflikt mit dem Flow und der Harmonie. Also kam mein Koffer – ein Ausdruck meines Reisens – verspätet oder beschädigt an.

Ich erkannte all das, als wir diese Tour durch Südafrika, Europa und Amerika beendeten. Also entschied ich, dass es Zeit war, meine Haltung und Energie bezüglich der anstehenden Japanreise drastisch zu ändern.

Im Ernst, als wir zwei Monate später nach Japan aufbrachen, lächelte ich mich in die Flughäfen hinein, sang innerlich, während wir reisten, genoss wie immer die Seminare und Vorträge und lächelte mich nach Hause, alles in vollkommener Harmonie mit meinem braven Koffer. Das war entschieden eine bessere Art des Reisens!

Das ist das, worum es bei Feng-Shui wirklich geht! Lass mich dir ein weiteres Beispiel geben: 1998 erweiterten wir unser Haus durch einen großen Anbau. Eine Planierraupe kam und machte den Boden nahe der Hintertür platt, indem sie dort die fünf Meter Erde eines flachen Hügelchens zusammenpresste.

Während ich dabei zusah, wurde ich mir eines Gefühls von energetischem Stress gewahr, aber ich tat dies als mein eigenes Gefühl ab. Als ein eifriger und leidenschaftlicher Gärtner hatte ich das ungute Gefühl, die Erde durch unsere Hauserweiterung zu verletzen.

Als ich am nächsten Morgen nach draußen kam, getrieben von meinem Gefühl und dem Plan, auf der Baustelle zu meditieren, zeigte sich ein klarer und wunderschöner Regenbogen über der Baustelle. Also vermutete ich, alles sei in Ordnung. Der neue Anbau wurde errichtet und wir zogen ein. Wunderbar!

Etwa fünf Monate später stellte meine damalige scharfsichtige Frau fest, dass Termiten im neuen Holz des Anbaus aktiv waren. Also rief ich den Bauunternehmer, um die Sache zu prüfen. Um es kurz zu machen, wir waren ziemlich schockiert darüber, wie viele Termiten ins Haus eingedrungen waren, wo sie einen beachtlichen Schaden angerichtet hatten. Es kostete mehrere tausend Dollar, das zu reparieren und zu ersetzen.

Ich übernahm die volle Verantwortung dafür und wir zahlten. Ich lehnte die Möglichkeit ab, den Bauunternehmer zu verklagen, damit die Versicherung zahlt.

Hätte ich auf der Baustelle meditiert, hätte sich alles energetisch harmonisiert. Aber ich missdeutete oder ignorierte die Zeichen. Als ich am Morgen, nachdem der Hügel planiert worden war, hinauskam und den Regenbogen sah, ging ich davon aus, dass alles gut wäre.

Im Nachhinein erfuhr ich, dass der Anbau zwar den Segen unseres Hausgeists erhalten hatte, aber es meine Verantwortung war, einen Harmoniefluss auf dieser platt gemachten Erde herzustellen und zu erhalten. Ich hatte das achtloserweise versäumt. Hätte ich mich auf die Baustelle eingestimmt, hätte ich die Bereiche der Disharmonie wahrgenommen und sie leicht mit meinem eigenen fokussierten Energiefeld harmonisieren können.

Nur etwa fünf Arten der großen Termitenfamilie haben Appetit auf das Holz in den Häusern von Oz. Diese Termiten ignorierten die Balken im alten Teil des Hauses und konzentrierten sich ausschließlich auf den neuen Bereich über dem gestörten Boden.

Wir hatten eine ernsthafte Erdstörung erschaffen, die ich komplett übersehen hatte. Heute sind dieser Bereich des Grundstücks und das Haus in Harmonie mit der Erde und der NATUR.

Seit meiner Erfahrung mit den Termiten habe ich gelernt, dass es nicht nur die Holzbalken unserer Häuser sind, die die Termiten anziehen. Ich habe beobachtet, dass Termiten von menschlicher Disharmonie, von überspannten Gefühlen und starker Negativität angezogen werden. Das kann menschliche Negativität sein, disharmonische, erdbedingte Energieströme oder sogar beides. Ich bin davon überzeugt, dass menschliche Negativität, insbesondere Angst, für Termiten sehr anziehend ist.

Bei Feng-Shui geht es darum, ein Energiefeld zu erschaffen und darin zu leben, das in Harmonie mit dem Universum ist. Du kannst lernen, mit dieser Energie zu spielen und den Lebensfluss (Flow) erschaffen, der dich am meisten würdigt. Das Leben ist nie gegen dich, nur *du* kannst gegen das Leben sein. Bist du bewusst, fokussiert und ausgeglichen, ‚bist' du die Harmonie des Universums, die sich durch das Selbst ausdrückt. In diesem Bewusstseinszustand wirst du zum Feng-Shui in Aktion!

Zusammenfassung:

Wenn Feng-Shui eine Technik ist, die du anwendest, habe ich ernsthafte Zweifel an ihrem Potenzial. Ich bin ziemlich davon überzeugt, dass die Energie der Harmonie bei den alten chinesischen Mystikern, die Feng-Shui erschufen, ein Teil ihres Bewusstseinszustands war. Wenn ich mit mir selbst in Harmonie bin, bin ich in Harmonie mit meiner Umwelt. Das ist die lebendige Essenz von Feng-Shui in der NATUR.

Wenn du das innere Gleichgewicht und die Harmonie findest, welche den Fluss des Lebens in dir begleiten, kann Feng-Shui dich lehren, wie du dich vollkommen auf das Betreten der geheimen Welt der NATUR vorbereiten kannst.

Kapitel vierundzwanzig

Das Schlüsselloch vergrößern

Gras ist nicht grün, es ist kein Rasen, es ist ein Mysterium.

Als öffentlicher Redner habe ich gelernt, die Worte aus einem völlig anderen *Blickwinkel* zu wiederholen, was dem Zuhörer oft gestattet, die Bedeutung zu erfassen, die ihm zuvor entgangen ist. So ist das auch beim geschriebenen Wort. In diesem Kapitel mag es einen leichten Wiederholungsfaktor geben, aber ich hoffe, er kommt aus einer ganz anderen Perspektive und bietet dir damit eine Erläuterung des Themas.

Von ein paar besonderen Menschen abgesehen, gleicht unsere gewöhnliche menschliche Beziehung zur NATUR dem Blick durchs sprichwörtliche Schlüsselloch. Wir sehen nur den physischen Aspekt eines energetisch immensen, bewussten Ausdrucks, der weit über das Physische hinausgeht. Wir sehen und erfahren daher also nur eine unglaublich beschränkte Version dessen, was die NATUR zu bieten hat.

Für ein Kind ist alle NATUR neu. Wird dem Kind die Möglichkeit gegeben, verbindet es sich mit einer NATUR, die frei von Namen und Bezeichnungen ist. Gras ist nicht grün, es ist kein Rasen, es ist ein Mysterium. Damit verbindet sich das Kind – mit dem Mysterium. Aber das Kind wächst, lernt laufen und sprechen und dann lesen, wenn der Schulunterricht beginnt. Jetzt werden Namen und Bezeichnungen an die NATUR geheftet. Das Zeug, das so merkwürdig schmeckte, ist jetzt grünes Gras und das Mysterium und die kostbare Verbindung zu ihm sind verbannt.

Während wir mehr und mehr über die NATUR lernen, *wissen* wir eigentlich immer weniger, ohne dass wir es je bemerken. Unser intellektuelles Wissen wächst, aber unser *unmittelbares Wissen* zieht sich zurück.

Während wir uns von einer Schulnote zur nächsten bewegen, geraten wir nun in eine intellektuelle Welt, die zwar danach strebt, die NATUR zu verstehen, jedoch immer weitere Bezeichnungen der Begrenzung hinzufügt. In der Regel verliert jeder, der als Kind eine echte Verbindung zur NATUR hatte, diese bis er erwachsen ist. Durch die Schule bleibt eine wahrhaftige Beziehung zur metaphysischen NATUR für ihn ausgeschlossen.

Intellektuell beziehen sich die meisten Erwachsenen ausschließlich auf die physische NATUR, in der allgemein gültigen Annahme, dass dies alles ist, was es gibt. Aber es gibt so viel mehr! Wie können wir intellektuell die NATUR verstehen, wenn sie kein intellektueller Ausdruck ist? Das ergibt keinen Sinn!

Wir sind wie die NATUR ein Ausdruck bewusster Intelligenz, aber dieses unser größtes Potenzial verkommt und verschmutzt schließlich die Böden der Klassenzimmer, wo es durch die Scheren der unabsichtlichen Ignoranz und gedankenlosen Trennung zerstört wurde.

Wirf das Schlüsselloch weg – wenn du kannst – und lass mich dir eine andere wesentlich größere Sicht zeigen.

Die NATUR, die wir sehen und auf die wir uns auf Erden beziehen, ist die physische Reflexion einer enormen, ganzheitlichen, komplexen, metaphysischen und universellen NATUR. Bei *allem* im Leben geht das Metaphysische dem Physischen voraus. Es gibt keine Ausnahmen. Bedenke dessen bedeutsame Auswirkung!

Wenn all dies dein inneres Wissen wird – kein Konzept, sondern deine tatsächliche Wirklichkeit –, dann verändert sich deine ganze Beziehung zur NATUR und zum Leben für immer.

Du kannst nun eine Beziehung zur nichtphysischen NATUR haben, die physisch nicht sicht- oder berührbar, aber erfahr- und hörbar ist.

Die Natur kommuniziert, aber keiner hört zu. Wir haben die

Fähigkeit dazu verloren. Wir erkennen nicht mehr, dass es einen riesigen Unterschied zwischen Hören und Zuhören gibt.

Zwei Menschen reden miteinander, aber keiner hört wirklich zu – sie hören. Wir können hören und denken, aber wir können nicht zuhören und denken. Denken führt uns aus dem Augenblick heraus – doch wir können nicht unseren Weg in den Augenblick hineindenken.

Um zuzuhören, müssen wir im Augenblick sein. Das bedeutet, um die unhörbare Stimme der NATUR hören zu können, müssen wir im Augenblick sein. Darin sind wir nicht sehr geschickt. Es bedeutet, voll bewusst zu sein.

Obwohl du ähnliche Worte bereits gelesen hast, sind die obigen Worte lediglich das Flackern einer Erkenntnis darüber, was für eine enorme metaphysische Verbindung mit der NATUR möglich wäre.

***

In diesem Kapitel antworte ich auch auf die Bitte um einen Kommentar zu den *Emanationen,* die auf manchen Fotos von Baumstämmen und Gesteinsoberflächen sichtbar sind.

Es ist ein interessantes und sehr vielschichtiges Thema. Ich habe an unseren erodierten Bergen in Australien bemerkt, dass es immer ein Aborigine-Gesicht ist, wenn ein menschliches Antlitz in einer Klippenwand erscheint. Sah ich solche menschlichen Gesichter in den Gesteinsformationen Nordamerikas, waren es immer nordamerikanische Indianer. Mir wurde glaubwürdig berichtet, dass das Gleiche für Neuseeland gilt, wo sich Maori-Gesichter zeigen.

Ich finde das faszinierend. Denn die Aborigines von Australien waren nicht die ersten Menschen in diesem Land, noch waren die Maoris die ersten in Neuseeland. Dies mag auch für Nordamerika gelten.

Wenn wir in der Geschichte von Oz ein paar hunderttausend Jahre zurückgehen, als die Kontinentalplatte sich noch an einer anderen geographischen Position befand, gab es dort Menschen einer anderen Rasse. Sie haben ihre Spuren in den Felsenmalereien hinterlassen, die jenen der Aborigines vorausgingen. Doch habe ich noch keines ihrer Gesichter in den Gesteinsformationen Australiens gesehen. Warum sind sie nicht im Gestein oder sind ihre Bilder komplett wegerodiert?

Um metaphysisch in eine metaphysische NATUR oder Wirklichkeit reisen zu können, habe ich gelernt, dass wir unseren nach Verstehen strebenden Intellekt zurücklassen und stattdessen unsere bewusste Intelligenz gebrauchen müssen. Das öffnet uns für die Erfahrung der mystischen Erkenntnis. Das innere Wissen, das aus unserem mystischen Erkennen kommt, ist immer ganzheitlich und geht weit über ein lineares, intellektuelles Verstehen hinaus.

Unsere Versuche, die NATUR intellektuell zu verstehen, entsprechen dem Blick durch das sprichwörtliche Schlüsselloch, um dann über das zu theoretisieren, was wir nicht sehen können. Es ist weit besser, die Tür zu öffnen, in dem sich das Schlüsselloch befindet, und in eine größere metaphysische Wirklichkeit zu gehen: in die grenzenlose, multidimensionale, metaphysische Wirklichkeit, für die unsere Seele geboren wurde.

Der Versuch, die mystischen Emanationen, die du filmst oder fotografierst, zu erklären und intellektuell erhaschen zu wollen, wird dich allmählich durch das Schlüsselloch zurückschieben. Doch wenn du bereit bist, das Mysterium der Emanationen anzunehmen und keine Erklärung und kein Verstehen brauchst, dann werden dich die Naturgeister, die sie zum Ausdruck bringen, auf eine bewusste Reise in diese größere Wirklichkeit mitnehmen können. Auf diese Weise werden wir befähigt, den Vorhang der Trennung zwischen dem Selbst und der NATUR aufzuziehen.

Ich vergleiche das damit, wieder ein Kind zu sein, selbst wenn wir schon erwachsen sind.

Ist es so schwer, den Verstand in einem Wald zum Schweigen zu bringen und sich das mögliche Staunen und die Ehrfurcht eines dreijährigen Kindes vorzustellen? Sich wirklich mit dem *inneren* Kind zu verbinden, aber auf starken Beinen zu laufen?

Ein Wald ist nicht nur ein Haufen Bäume. Ich erinnere mich so gut an alles, von dem ich als Kind nichts wusste. Im Wald von Byrons Teich in Grantchester bei Cambridge in England war ich so voller Ehrfurcht. Es war ein Ort des Wundersamen für mich, ein Ort voller Faszination und Mysterien. Als ich als Erwachsener versuchte, auf den Spuren meiner Kindheit im Wald zu wandeln, gelang es mir nicht, diese ganz andere Erfahrung meines Kinderselbstes wieder heraufzubeschwören. Seitdem bin ich durch die Regenwälder von Australien gelaufen und es war mir in einem begrenzten Maße möglich, dieses kindliche Staunen und die Ehrfurcht wiederzuerwecken. Wir zahlen einen Preis fürs Erwachsenwerden!

Zusammenfassung:

In welcher Weise auch immer es für dich bedeutsam sein mag, tu dein Bestes, das Schlüsselloch zu vergrößern, durch welches du das Leben siehst.

Wenn du leugnest, dass du das Leben durch ein Schlüsselloch betrachtest, dann wisse, dass es der Schlüssel ist, der es jetzt blockiert. Das ist eine Schande. Es braucht ein gewisses Maß an Demut, um zu akzeptieren, dass Schlauheit begrenzend wirkt, und es braucht sogar noch mehr Demut, um deine dir innewohnende Größe anzunehmen.

Kapitel fünfundzwanzig

Die Gärten des Lebens

Sich mit der NATUR zu verbinden, ist eine Fähigkeit, eine natürliche Kunst, ein inneres Potenzial, das der ganzen Menschheit innewohnt.

Es gibt viele Gärtner auf der Welt, aber nur wenige zeichnen sich aus. Was macht einen bestimmten Gärtner so außergewöhnlich? Zunächst einmal und in erster Linie ist es die Beziehung, die der Gärtner zu seinem Garten hat. Und es *ist* eine Beziehung! Manchen Gärtnern macht es Freude, ihre Gärten zu pflegen und sie haben einen wundervollen Garten, während er für viele andere – die man eigentlich nicht als Gärtner bezeichnen kann – ein Grund zum Fluchen ist: Rasen mähen, Hecken schneiden, Unkraut jäten – und ah, Rosen schneiden, autsch. Der Garten ist für sie ein kräftezehrendes Schlachtfeld. Genug!

Lass mich klar sagen: Du kannst ein sehr guter Gärtner sein, indem du Gartenratgeber liest und ihnen folgst. Wiederholung kann einen Menschen zu einem guten Gärtner machen – zu einem sachkundigen sozusagen. Es ist überhaupt nicht schwierig, ein guter Gärtner zu sein, aber ein *herausragender*? Dazu braucht es etwas mehr: etwas jenseits von Methoden und Wissen, jenseits des unterbewussten Programms, erfolgreich gärtnern zu wollen.

An dieser Stelle kommt die Beziehung wahrhaft zum Vorschein. Den Garten zu lieben, das Grundstück, die Pflanzen – die NATUR wirklich zu lieben, das ist es, was eine bewusste Beziehung zur NATUR erschafft. In dieser großartigen Beziehung ist der Garten dein Ort der Begegnung mit der NATUR. Du bist der Schüler und die NATUR ist die Lehrerin.

Aber noch etwas wird benötigt. Die NATUR lebt im ewigen Augenblick. Pflanzen denken nicht über uns nach oder über ihren Platz in der Welt, sie wachsen einfach und leben im Augenblick.

Leider denken wir uns aus dem Augenblick heraus, wir können uns nicht in ihn hineindenken. Während alles Leben bewusst im Augenblick lebt, sind wir Menschen so sehr mit Denken beschäftigt, dass wir gezwungen sind, unterbewusst zu leben. Das bedeutet, dass es uns selten bewusst ist, wirklich im Augenblick des *Lebens* zu sein.

Auf diese Weise sind unterbewusstes Leben und das bewusste Leben der NATUR nicht in der Lage, sich zu vermischen und zu verknüpfen. Du kannst kein unterbewusster Gärtner sein und den Garten LIEBEN, weil LIEBE ein bewusster Ausdruck ist. Ja, viel Freude am Garten zu haben, das geht zweifellos.

Als Gärtner kannst du dich wohl mit deinem Ehepartner streiten, aber niemals mit dem Garten. Für manch einen ist der Garten oft ein Rückzugsort, ein Schutz vor stürmischen Zeiten.

Tut mir leid, aber das macht einen nicht zu einem *hervorragenden* Gärtner! Du magst ein Gärtner sein, der von allen in der Straße die meisten Blumen im Garten haben will und hat. Sehr schön, ein guter Gärtner, aber noch immer nicht hervorragend. Tut mir leid.

Du kannst nicht ein solcher Gärtner sein und den Garten als Ventil für deine Frustration oder deinen Ehrgeiz nutzen. Das ist die falsche Energie.

Wenn du in den Garten gehst und dabei an Probleme denkst oder dir Sorgen machst, Ärger hast oder sonst in irgendeiner Art negativ abgelenkt bist, verändert sich dein Energiefeld. Du verringerst die Intensität und die Qualität deiner Lichtenergie. Dies hat wiederum eine negative Wirkung auf das Energiefeld des Gartens und bietet außerdem keine Möglichkeit, ein herausragender Gärtner zu sein.

Verlassen wir all die gewöhnlich gärtnernden Leute und konzentrieren wir uns auf die Eigenschaften eines außergewöhnlichen Gärtners. Für ihn ist sein Garten sein Leben. In meinem Buch *Conscious Gardening*[40] beschreibe ich einen außergewöhnlichen Gärtner als einen Menschen, der die ganze Zeit, während er sich im Garten auf-

40 Bewusstes Gärtnern, derzeit nur auf Englisch erhältlich.

hält, an ihm vollkommen Anteil nimmt.

Ein Garten ist ein großes Energiefeld und auch du bist ein Energiefeld. Wäre diese Energie physisch sichtbar, erschiene sie als Licht. Wenn du deinen physischen Garten und dein Leben als ein und denselben Garten betrachtest, dann wirst du ein einzigartiger Lebensgärtner sein.

Als ich etwa zehn oder zwölf Jahre alt war und noch in England lebte, begegnete ich einer Dame in den Neunzigern. Sie war die Großtante eines Schulfreunds. Da sie wusste, dass ich eine große Pflanzensammlung hatte, lud sie mich ein, ihren Garten zu besichtigen. Es war ein kleiner Garten, der zwischen Reihenhäusern lag. Jeder Garten war vom Nachbargarten durch eine drei Meter hohe Backsteinmauer getrennt. Das Sonnenlicht tat sich schwer, ihren Garten zu erreichen, aber während des größten Teils des Jahres war ihr Garten voller blühender Pflanzen. Ich war bereits ein eifriger Gärtner und ich wusste, dass es hier eigentlich nicht genug Sonnenlicht gab, um diese Pflanzen zum Blühen zu bringen. Sonne ist der Hauptfaktor der meisten – nicht aller – Pflanzen für die Blüte. Die ganze Situation verwirrte mich.

Während ich sie beobachtete und ihre LIEBE zu ihrem Garten spürte, hatte ich eine bedeutsame Erkenntnis. Ich begriff, dass *sie die Sonne* ihres Gartens war. So erfuhr ich, dass man sämtliche Regelwerke wegschmeißen kann, wenn man den Garten und die Pflanzen so liebt, wie sie es tat. Sie versorgte die Pflanzen mit der für sie nötigen Sonnenenergie. Sie war zweifellos die erste einzigartige Gärtnerin, die mir begegnete. Ich habe sie nie vergessen – oder was sie mich über die Kraft der menschlichen LIEBE lehrte, ohne es je überhaupt erwähnt zu haben!

Eine der größten Lektionen, die ich bewusst von der NATUR im Garten gelernt habe, ist, mit dem zu sein, was man tut. Wir sind so geschäftig beim unentwegten Tun, wobei wir dauernd über unseren Tag nachdenken. Das heißt, wir *tun* eine Sache, *sind aber nicht bei* der Sache.

Wenn du Unkraut jätest, sei dir gewahr, was du gerade tust – sei bewusst dabei. Auf diese Weise wirst du dir allmählich einer stärkeren Verbindung mit der NATUR bewusst.

Die NATUR spricht, aber keiner hört zu. Wir denken, Hören sei Zuhören, das ist es nicht. Zuhören findet im Augenblick statt – aber keiner ist dort!

Bewusstes Gärtnern bedeutet, dass du lernst, bewusst im Leben zu sein, und deine Lehrerin ist die NATUR. Der Garten ist der Ort der Begegnung, du bist der Schüler. Die NATUR bietet dir die erstaunlichsten Möglichkeiten und führt dich über das Banale hinaus zum Großartigen – all dies, indem du eine tiefe und schöpferische Verbindung zwischen dem Garten und deinem Leben herstellst.

Manche Menschen sprechen vom Geist der NATUR, dieser ist als höhere Energie in den Gärten wahrer Gartenliebhaber vorhanden. Dies sind die Menschen mit dem grünen Daumen! Ihre Gärten können groß und wunderschön sein oder nur eine Anhäufung scheinbar unordentlicher Pflanzen, aber energetisch haben sie den X-Faktor. Genauso kann ein Garten winzig sein, wie bei der oben erwähnten älteren Dame, aber die Beziehung zum Garten kann sehr intensiv sein. Wenn du deinem intuitiven Gespür folgst, das du als bewusster Gärtner hast, und die Pflanzen an der Stelle in die Erde setzt, wo *sie* es vorziehen zu wachsen, dann wirst du fähig sein, diese kostbare Mensch-NATUR-Beziehung zu ihrem vollen Potenzial zu entwickeln.

Dann wirst du dir der deutlichen Parallelen zwischen dem Leben und einem Garten bewusst. Alte, dornige Rosensprosse abzuschneiden, entspricht dem Entfernen des Gestrüpps stacheliger Haltungen, die wir entwickeln und die unser Wachstum behindern.

Wenn wir bewusst sind, während wir ungewolltes Unkraut aus unserem Garten entfernen und unseren Pflanzen Platz zum Wachsen schaffen, können wir auch die Gewächse unserer alten, oft aggressiven Angewohnheiten loslassen und Raum schaffen für Ausdehnung und Wachstum unseres eigenen Potenzials.

Du wirst an dieser Stelle des Buches erkennen, dass sich *mit* der

NATUR zu verbinden, weit mehr ist, als es auf den ersten Blick scheint. Es ist eine Fähigkeit, eine natürliche Kunst, ein inneres Potenzial, das der gesamten Menschheit innewohnt.

Dies wirft die Frage auf: Wenn es für uns so natürlich ist, warum ist es dann so selten?

Um sich mit der NATUR zu verbinden, ist es erforderlich, die Verbindung zwischen ganzem Hirn und Herz einzusetzen. Die meisten Menschen tun dies selten und nutzen nur die Verbindung über die linke Gehirnhälfte. Das bedeutet, dass sie versuchen, eine intellektuelle Beziehung mit der NATUR zu haben, was nicht möglich ist.

Wir haben unsere grundlegende Verbindung mit der NATUR verloren. Wir leben das Leben nicht länger *wahrhaftig* und leider sind wir uns auch nicht länger unserer spirituellen Wahrheit bewusst – der Seelenwesen, die wir sind.

Du musst dir ganz klar über das sein, was ich bisher geschrieben habe. Wenn du wahrhaft an der NATUR und *deinem eigenen Leben* teilnehmen willst, statt nur ein Beobachter zu sein, kannst du es nicht umgehen, dich bewusst mit deiner eigenen, größeren Wahrheit rückzuverbinden – dem unsterblichen Wesen, das du in Wahrheit bist.

Beim Betreten der geheimen Welt der NATUR geht es nicht nur um dein sterbliches persönliches Selbst, sondern um dein unsterbliches universelles Selbst.

Ich hatte die meiste Zeit meines Lebens eine tiefe Beziehung mit der NATUR. Gegenwärtig ist mein Leben ein Prozess des sich immer tiefer Hineinbegebens in die metaphysischen Reiche der NATUR und des Lebens und darüber in meinen Büchern zu berichten.

Du musst wirklich begreifen und akzeptieren, dass die NATUR, die du siehst und auf die du dich beziehst, nicht mehr als die physische Spiegelung einer enormen metaphysischen NATUR ist. Wie Alice im Wunderland musst du durch das Spiegelbild in eine größere Wirklichkeit gehen. Offensichtlich können wir das nicht physisch tun, also müssen wir unseren metaphysischen Lichtkörper nutzen, um in die größere metaphysische Wirklichkeit hineinzugehen.

Wie ich bereits sagte, wirst du Geduld brauchen. Du wirst außerdem die Kunst des Zuhörens lernen müssen. Eine Katze hört zu, wir hören nur.

Zuhören kommt aus dem Augenblick und ist ein bewusster Akt. Hören geschieht, während wir anderweitig beschäftigt sind. Das ist unterbewusst und meist unfreiwillig. Zuhören ruft einen tieferen, stilleren Aspekt von uns hervor, es ist die Verbindung zwischen ganzem Hirn, Herz und Seele.

Wir alle haben unentwegt Gedanken, es ist der Verstand, der endlos seinen mentalen Nonsens wiederkäut. Keine Gedanken – und es ist STILLE und in dieser STILLE erklingt ein Lied der Kraft. Nicht deiner Kraft oder der Kraft der NATUR – nur der Kraft.

Aber du kannst dich mit ihr verbinden und sie nutzen, solange du sie nicht zu etwas Persönlichem machst. Dazu braucht es Vertrauen. Du musst dir selbst vertrauen. Das ist nicht leicht.

Dich *mit* der NATUR zu verbinden, bedeutet, dass diese Kraft der Kanal zwischen deinem Vertrauen, dir und der NATUR ist. Alles ist notwendig. Wenn dieser Kanal einmal aktiviert ist, werden die NATUR und das Selbst sich als EINS offenbaren. Ich wiederhole: Wir *sind* die NATUR.

Wenn du dich mit der NATUR verbindest, bist du in der Lage, mit ihr zu kommunizieren. Es braucht einen großen Bewusstseinssprung, um einen Baum mit dir kommunizieren zu hören und zu *wissen*, dass es kein Produkt des Verstandes ist.

Ich habe über die Kommunikation mit der NATUR von verschiedenen Leuten gelesen und *gewusst*, dass sie nicht echt war. Und das ist in Ordnung – weder richtig noch falsch. Genauso habe ich eine ganze Menge von anderen Leuten gelesen und *gewusst*, dass es wahre Kommunikation war. Die Seele weiß das. Wenn du denkst, dass das arrogant klingt – dann ist das so! Ich hatte gewiss auch meine Zeiten, in denen ich nicht unterscheiden konnte zwischen dem spitzfindigen Verstand und der Feinheit der inneren Kommunikation.

Mit viel Übung und jede Menge Selbstvertrauen wirst du schließlich an einen guten Punkt kommen.

Es führt dich jedoch nirgendwohin, wenn du dich selbst wegen deines Mangels an Geduld, fortwährender Unaufmerksamkeit, deiner vermeintlichen Unfähigkeit, deinem Mangel an Selbstvertrauen oder Fokus – oder für alles zusammen – kritisierst und beschimpfst.

Wenn du dich hinsetzt, still wirst und bewusst auf einen Baum fokussierst, verbinden sich der Baum und du energetisch. Ihr teilt EIN Energiefeld. Der Baum ist nicht außerhalb des Selbst. Hier beginnt wahrhaftig die Kommunikation mit der NATUR.

Wenn du den Baum und dich selbst als getrennt wahrnimmst – *du* sprichst *mit* dem Baum – spielt dein Verstand mit dir. Und glaube mir, der Verstand hat ein endloses Repertoire.

Bäume denken oder reden nicht, aber Bäume sind lebende Ansammlungen unermesslicher bewusster Erfahrung. Das muss nicht notwendigerweise alles Baumerfahrung sein, es ist recht oft Erd- und Lebenserfahrung.

Wie ich bereits zuvor sagte, sind Bäume ein Ausdruck bewusster Intelligenz, aber sie haben keinen Intellekt. Bäume sind vollkommen unpersönlich, aber sie verbinden sich immer bewusst mit uns.

Nur weil wir von ihnen getrennt sind, heißt das nicht, dass sie von uns getrennt sind. Wir müssen die Verbindung wiedererwecken. Das ist nicht Aufgabe der Bäume. Sie erfahren EINSSEIN, Trennung existiert in der NATUR, im Leben, nicht.

Sie kommunizieren mit uns durch ihren bewussten Ausdruck von Wachstum, aber niemand nimmt davon Notiz. Wir sind immer viel zu beschäftigt.

Um uns wieder *mit* der NATUR zu verbinden, muss sich all das bei uns ändern.

Du kannst dich nicht mit der NATUR verbinden und der Mensch bleiben, der du gegenwärtig bist. Dein Bewusstsein muss sich ausdehnen und wachsen. Das ist der Tenor dieses Buchs und die klare Botschaft, die den Seiten dieses Buchs innewohnt.

Du bist ein machtvolles Wesen, jeder Mensch ist das, aber die meisten verneinen ihre Macht. Um die geheime Welt der NATUR zu betreten, musst du diese dir innewohnende Macht wieder annehmen.

Viele Menschen sind verwirrt, was den Unterschied zwischen Macht und Gewalt betrifft. (Ich empfehle das Buch *Power vs. Force* von Dr. David Hawkins.[41])

Wir haben die Militärgewalt, die Polizeigewalt und den Vollzug unserer Gesetze. All dies wird uns auferlegt. Macht und Gewalt sind im Allgemeinen also äußere Einflüsse, während deine dir eigene Macht, deine Kraft, von innen kommt. Du kannst deinen Weg in die geheime Welt der NATUR nicht mit Gewalt erzwingen, aber mit deiner eigenen inneren Selbstermächtigung wird sie sich dir öffnen.

Güte ist eine Kraft, Demut ist eine Kraft. Selbstvertrauen ist eine Riesenkraft, weit über alles hinaus, was ich auf diesen Seiten erklären kann.

Die kürzestmögliche Erklärung dafür ist, dass dein Selbstvertrauen buchstäblich deiner Welt zu einer neuen Gestalt verhelfen kann. Und das ist kraft- und machtvoll!

Wenn du dich nun, nachdem du all dies gelesen hast, dazu entscheidest zu lernen, bewusst mit der NATUR zu kommunizieren – dann wirst du dazu angehalten zu wachsen, dich auszudehnen, flexibler zu werden – der Prozess selbst wird das einfordern. Wenn du erst einmal aus dem Rahmenwerk aussteigst, in dem die meisten Menschen leben, und dich erneut verbindest, wirst du entdecken, dass es eine riesige und wundersame größere Wirklichkeit gibt, die darauf wartet, dich willkommen zu heißen. *Und sie hat schon so lange gewartet!*

---

41 Das Buch ist derzeit nur auf Englisch erhältlich.

Nachwort

Du wirst schnell feststellen, dass dies teilweise eine Wiederholung des zweiten Kapitels *Die Struktur der Wirklichkeit* ist. Warum wiederhole ich es hier? Ich bin sicher, dass dir sein Wert bewusst geworden ist, als du es beim ersten Durchgang gelesen hast.

Ich bedaure, dass ich von diesen Dingen nichts wusste, als ich stolpernd und mit Mühe meinen Weg in die geheime Welt der NATUR fand, es hätte so viel leichter sein können. Doch kam alles in perfektem Timing für dieses Buch – nicht vorher. Für mich ist das bedeutsam.

Aus diesem Grund präsentiere ich dir die Essenz dessen noch einmal zur Prüfung. Die Bedeutung der Bandbreiten vollständig zu erfassen, wird sicherlich der Schlüssel zu deinem Erfolg sein.

Okay, stelle dir eine Zentrifuge vor, in die viele Schaufeln voller verschieden großer Steine, Kiesel, Schotter und verschiedene Arten von Sand und Erde geworfen werden, zusammen mit etwas Wasser und Eis. Ein Betonmischer ist ein gutes physisches Beispiel, aber stell dir vor, wie er sich mit einer sehr großen Geschwindigkeit dreht.

Während die Zentrifuge sich dreht, werden die ganzen Steine, Kiesel, der Schotter und die Sand- und Erdpartikel sowie das Wasser und Eis nach außen geschleudert an die Stelle, die ihrem Gewicht und ihrer Dichte entsprechen.

Jetzt entferne die äußeren Grenzen der Zentrifuge – lass auch den Betonmischer los – und vergrößere den Inhalt der Zentrifuge ins Unendliche. Alles darin wird nun immer weiter hinausgeschleudert und erreicht die jeweils ihm gemäßen äußeren Grenzen des Raums. Und diese werden enorm variieren.

Stelle dir vor, wie sich diese Zentrifuge ausdehnt, bis sie die Größe unseres Universums erreicht hat und sich mit Lichtgeschwindigkeit dreht.

Okay! Nun stelle dir eine Reihe von Bandbreiten vor, die von den äußeren Grenzen zum Zentrum dieser immensen universalen Zentrifuge reichen. Es gibt geradezu Tausende dieser Bandbreiten von den äußeren Grenzen der Dichte bis zum innersten Zentrum des LICHTS.

Genau wie wir bei einem Radio die Bandbreite beziehungsweise die Frequenz kennen müssen, um einen bestimmten Sender hören zu können, so zeigen diese kosmischen Bandbreiten die Wirklichkeit der Struktur und die Struktur der Wirklichkeit durch die Frequenz ihrer Dichte. Offensichtlich konzentrieren sich alle ähnlichen Dichten in derselben Bandbreite.

Diese Bandbreiten werden oft als Paralleluniversen bezeichnet, denn sie nehmen offenbar alle denselben Raum ein, für uns hingegen scheinen sie parallel zu uns zu sein.

Es wird dich wahrscheinlich nicht überraschen zu erfahren, dass sich die Bandbreite unserer dreidimensionalen physischen Dichte in der Nähe, aber nicht völlig an der äußeren Grenze dieser enormen universellen Zentrifuge befindet.

Doch nun wird diese Erklärung etwas komplexer.

In WAHRHEIT sind wir metaphysische Seelen, und als solche ist unsere Energie sehr licht und überhaupt nicht dicht.

Dennoch ist es unsere Erfahrung, dreidimensionale Leben in physischen Körpern zu erleben.

Bedauerlicherweise haben wir die Begrenzungen dieser Dichte angenommen, obwohl sie nicht die Wahrheit dessen repräsentieren, wer wir sind. Zu allem Übel leben wir unser Leben nicht als Lichtseelen in der physischen Dichte, sondern als physisch Dichte in physischer Dichtheit.

Wenn wir von dieser dichten physischen Wirklichkeit aus die Welt um uns herum betrachten und erfahren, sind wir unfähig, die Wirklichkeitsstruktur anderer Bandbreiten wahrzunehmen, weil sie sich jenseits des Frequenzspektrums von Sicht und Ton befinden – auch wenn sie denselben Raum einnehmen!

Seit Urzeiten haben wir den Glauben angenommen, dass wir

physische Wesen sind. Wir leben innerhalb unserer Begrenzungen, als ob wir das Leben voll ausschöpfen würden. Doch ganz offensichtlich leben wir nur einen Bruchteil des Potenzials unserer wahren, metaphysischen Seelenwirklichkeit.

Um die Situation noch weiter zu verdeutlichen: Wir sind physisch dreidimensional, während jeglicher Ausdruck unseres mentalen, intuitiven und emotionalen Körpers vierdimensional ist, und doch fahren wir fort, unser Leben innerhalb der Beschränkungen unserer selbst auferlegten Wahrnehmungsgrenzen zu leben!

Lass es mich auf eine andere Weise darlegen. Dies sind ein paar unserer Körper:

Der *Mentalkörper* und der *Emotionalkörper*
Diese beiden Körper sind für unser physisches Spektrum unsichtbar. Beide sind metaphysisch.

Der *Ätherkörper*
Er ist die Energie-Schnittstelle zwischen dem physischen und den metaphysischen Körpern, welche gemeinsam den Astralkörper bilden.

Der *Astralkörper*
Als Seelen sind wir astrale Wesen. Mit anderen Worten, wir sind unsterbliche metaphysische Wesen, welche ihre Leben versunken und verloren in den sterblichen physischen Körpern verbringen.

Unser *physischer* Körper
Der physische Körper befindet sich in einer dichteren Bandbreite als unsere metaphysischen Körper, dennoch nimmt er exakt denselben Raum ein wie unser Mental-, Emotional-, Äther- und Astralkörper.

Wenn ich metaphysisch reise, verlagere ich den Fokus meines Selbst vom physischen Körper weg in meinen Lichtkörper. Lichtkörper ist meine Bezeichnung für den Mental-, Emotional-, und Ätherkörper, die gemeinsam unseren Astralkörper bilden.

Während ich dies tue, bin ich jedoch wach und bewusst und schlafe nicht.

Während des tiefen REM-Schlafs (rapid eye movement) verlagert sich der Astralkörper eines jeden Menschen weg vom physischen Körper. Wenn dies plötzlich nicht mehr geschehen würde, hätten wir schnell einen Massenwahnsinn.

Okay, nun lass uns zu den Bandbreiten zurückkehren. Die äußeren Bandbreiten entsprechen der ersten und zweiten Dimension, die nächsten sind unsere vertraute dritte und vierte Dimension, dann folgen die fünfte und sechste Dimension und so weiter – auch wenn wir sehr schnell den Punkt erreichen, an dem Dimensionen keine Bedeutung mehr für uns haben.

Jede Bandbreite hat ihre eigene Frequenz: je höher die Frequenz, umso umfangreicher sind die Ausdrucksformen der Realität der Struktur und umso komplexer die Struktur der Realität, in der das Leben erfahren wird.

Es wird sogar noch faszinierender, wenn du begreifst, dass jede Bandbreite denselben Platz im Raum einnimmt. Eigentlich nimmt sie eher den Augenblick als den Raum ein, aber wir erfahren die Fülle des Lebens so selten im Augenblick, dass wir nach linearer Zeit und linearem Raum süchtig geworden sind.

An dieser Stelle magst du denken: Was meint der nur mit der dritten und vierten Dimension?

Also, lass es mich dir noch einmal erklären. Wir sind physisch dreidimensional, aber metaphysisch vierdimensional.

All unsere Gedanken, Emotionen, Gefühle, Intuition, Vorstellungskraft etc. sind offensichtlich nicht physisch. Sie sind metaphysisch und drücken sich in einer vierdimensionalen Wirklichkeit aus.

Es sollte angemerkt und daran erinnert werden, dass das Metaphysische immer dem Physischen vorausgeht.

Die Perspektive unseres Sonnensystems von unserem drei- und vierdimensionalen Standpunkt aus ist vollkommen anders als die Sicht aus der fünf- und sechsdimensionalen Wirklichkeit ... und so weiter.

Wir erfahren den sogenannten Raum und die Entfernung und verbinden diese mit linearer Zeit, die uns unsere selbstbeschränkende dreidimensionale Wirklichkeit beschert.

Wie du nehme ich das physisch wahr, aber wenn ich mich in meinem Lichtkörper in eine fünfdimensionale Wirklichkeit begebe, sehe ich es ganz anders: Es gibt keinen Raum und keine Entfernung und alle Zeit nimmt denselben Augenblick ein.

An dem Punkt bist du in der Lage, die größere Wirklichkeit dessen zu erfahren und zu erfassen, die wir Gott nennen. Ein Gott, den wir nach unserem eigenen Bilde erschufen und reduziert haben, damit er unserem sehr begrenzten drei- und vierdimensionalen gedanklichen Verständnis entspricht.

Nah an der äußeren und dichtesten Bandbreite beginnend und uns nach innen bewegend nimmt unsere Fähigkeit, das Multiversum zu erfassen, exponentiell zu – das heißt, wenn wir diese Reise metaphysisch unternehmen wollen.

Und Erfassen unterscheidet sich sehr vom Verstehen. Verstehen basiert auf unserem Intellekt, während das Erfassen in unserer Intelligenz gründet. Ich erfasse vieles, das ich nicht verstehen kann und muss es auch nicht.

Wir haben Verstehen zu einer Hürde gemacht, denn es repräsentiert die dichte Frequenzebene der Struktur, die versucht, eine höhere Frequenzebene der Struktur zu begreifen, und das ist nicht möglich. Doch wenn du deine höhere metaphysische Frequenz in die höhere Frequenz der Struktur verlagerst, die du zu verstehen versuchst, dann wirst du ihre umfassendere Wirklichkeit recht mühelos erfahren und erfassen.

In unserem metaphysischen Körper haben wir sieben Grundchakren, die auf den physischen Körper, und fünf Chakren, die auf den metaphysischen Körper wirken.

Ein Chakra ist ein sich drehendes Rad aus farbiger Lichtenergie. Auch wenn dir dies bekannt sein mag, kann ich dir vielleicht noch einen tieferen Einblick in ihre Bedeutung geben: Die ersten sieben Chakren verbinden dich mit der physischen Welt, mit der NATUR, den Elementen und den Elementarwesen.

Das rote Wurzel-Chakra verbindet dich mit der Erde.

Das orangefarbene Sakral-Chakra verbindet dich mit dem Wasser.

Das gelbe Solarplexus-Chakra verbindet dich mit dem Feuer.

Das grüne Herz-Chakra verbindet dich mit der Luft.

Das hellblaue Hals-Chakra verbindet dich mit dem Äther.

Das dunkelblaue Stirn-Chakra verbindet dich mit der universellen Weisheit.

Das violette Kronen-Chakra verbindet dich mit einer größeren Wirklichkeit.

Die nächsten fünf Chakren verbinden dein metaphysisches Selbst mit der Essenz des viel höheren Frequenzspektrums – einer höherschwingenden Bandbreite.

Das ultra-violette achte Chakra verbindet dich mit deinem höheren spirituellen Potenzial und ermöglicht Erleuchtung und höhere Kommunikation.

Die Regenbogenfarben deines neunten Chakras verbinden dich mit dem Bauplan der Seele, die du bist, während all deiner vielen Inkarnationen und Lebzeiten.

Die reine Lichtenergie deines zehnten Chakras verbindet dich mit deiner göttlichen Schöpfungskraft und der Synchronizität des Lebens.

Das leuchtend rosafarbene Licht deines elften Chakras verbindet dich mit deinem SELBST in anderen Dimensionen und den Wirklichkeiten des höheren Spektrums.

Die intensiv strahlende Miniatursonne deines zwölften Chakras verbindet dich mit dem unendlichen metaphysischen Universum, welchem du nun zuhören und es erfahren kannst.

Ich muss hinzufügen, dass keines dieser Chakren sich automatisch öffnet. Während du im Bewusstsein wächst, entwickeln und öffnen sich auch die Chakren. Die höheren Chakren müssen bewusst geöffnet werden, um sie erfahren zu können. Das ist ein natürlicher Prozess der bewussten Entwicklung im Wachstum eines Menschen. *Warnung*: Lasse dich niemals, ich wiederhole *niemals*, auf Leute ein, die behaupten, Chakren öffnen zu können. Das ist völlig unnatürlich und metaphysisch schädigend – eine sehr gefährliche Vorgehensweise.

Während meiner fünftägigen Intensivseminare[42] lehre ich Menschen, wie sie sich entwickeln und ihre Chakren öffnen können. Das fördert bewusstes spirituelles Wachstum, welches wiederum die Frequenz eines Menschen erhöht und ihn für höhere und feinere Bandbreiten öffnet und damit verbindet.

Alle diese Bandbreiten eines universellen Lebens lassen vermuten, dass wir – ob wir es nun leben oder nicht – die Kapazität und das Potenzial haben, als multidimensionale Wesen zu leben.

Was für ein Paradox: Diese unglaubliche Vielfalt jenseits unseres Sehens und Hörens ist uns so nah wie unser Atem, doch unserer Erfahrung so fern wie der am weitesten entfernte Stern und unser unerschütterlicher Glaube an Trennung.

Vielleicht hast du nun auch ein besseres Verständnis von Pan. Pan bedeutet ‚alles'. Pan ist auf allen Bandbreiten gleichzeitig. Pan ist eine uralte, riesige bewusste Intelligenz, die alle Frequenzen des unendlichen Spektrums einnimmt. Selbst ich kann zum ersten Mal die tatsächliche Größe Pans besser erfassen. Es macht höchst demütig, ist aber niemals erniedrigend.

Ich habe auf diesen Seiten mein Bestes gegeben, dich in die geheime metaphysische Welt der NATUR einzuführen. Wir alle können problemlos die physische Bandbreite der NATUR sehen und so neigen

---

42 Sh. Anhang.

wir dazu zu glauben, die NATUR sei allein physisch, genau wie wir das auch von uns selbst glauben. Aber dem ist nicht so.

Die Bandbreite einer höher schwingenden metaphysischen Wirklichkeit nimmt denselben Raum und Augenblick ein wie alle physische Gestalt. In dieser höheren Frequenz findet unsere *tiefere* Verbindung mit der NATUR statt.

Dieses Buch ist dazu gedacht, dich in diese höhere Frequenz zu führen. Reiche dem Vertrauen die Hand … *und schwinge dich auf.*

Ich wünsche dir viel Glück. Beim Glück jedoch treffen Vorbereitung und Gelegenheit zusammen. Wenn du auf die von mir dargelegten Weisen innerlich wächst, wirst du vorbereitet sein. Wenn du einmal bereit bist, dann werden sich in deinem eigenen vollkommenen Timing immer wieder Gelegenheiten ergeben.

Michael J. Roads

Ein gewöhnlicher Mensch auf einer außergewöhnlichen Reise . . .

Michael Roads, geb. 1937 als Bauernsohn in Cambridgeshire, England. Schon im frühen Alter entdeckte er, dass er die natürliche Fähigkeit hatte, über Zeit und Raum hinweg zu reisen, und eine tiefe Verbindung mit der Natur besaß.

Seit seiner spirituellen Erleuchtung im Alter von 49 Jahren hat Michael 23 Bücher über seine Erfahrungen und Erforschungen alternativer Realitäten und Dimensionen geschrieben. Seine Schwerpunkte und Lehren basieren auf Bedingungsloser Liebe und emotionaler Balance.

2019 ist sein 28. Jahr des Reisens. Auf fünf Kontinenten präsentiert Michael inspirierende und lebensverändernde 5-Tages-Intensiv-Seminare in einer klaren, überzeugenden, humorvollen und sachlichen Weise, so dass viele Teilnehmer erstaunliche Veränderungen im Bewusstsein erleben.

Michael, ein bodenständiger Mystiker, verwebt seine Fülle von Lebenserfahrungen mit außerordentlichen Einsichten und Einblicken – Wege, die uns helfen, unsere eigene tiefe spirituelle Beziehung mit der Natur und dem Selbst zu erfahren.

Er hat das Bewusstsein und die Fähigkeit, Menschen zu befähigen, Verständnis für die wahre Natur der Wirklichkeit zu gewinnen und unterstützt sie in ihrem spirituellen Erwachen hin zu ihrem göttlichen Potenzial.

www.michaelroads.de

Folgen Sie ihm auf Facebook: https://www.facebook.com/MichaelRoadsDeutschland/?fref=ts

Elisabeth Karsten

Meine Begegnung mit Michael begann mit Pan. Für ein eigenes Buchprojektrecherchierte ich diese außerordentlich spannende mythologische Figur, und eine Freundin meinte, wenn ich Pan begegnen wolle, müsste ich die Bücher von Michael Roads lesen.

Mit Begeisterung las ich dann innerhalb von drei Monaten alles, was bis März 2011 auf Englisch erschienen war. Anschließend schrieb ich dem „fantastischen Bewusstseins-Kolumbus" einen entzückten Brief. Als Antwort bekam ich eine Einladung von seiner Frau Carolyn zu einem ihrer Seminare - ich wählte eines in England. Damit nahm eine charmante Herzensverbindung zu den beiden ihren Anfang.

Zurück in Berlin freundete ich mich außerdem mit den deutschen Organisatoren an und sprang ein paar Jahre für den Seminar-Übersetzer ein, der zwischenzeitlich Vater geworden und nicht mehr ganz so flexibel war.

Währenddessen wuchs neben meiner Begeisterung für Michaels Wesen und Werk auch meine Freundschaft zu ihm und seiner wunderbaren Frau, und so war es naheliegend, dass ich bei vielen Textübersetzungen und besonders auch bei den beiden jüngsten Büchern auf Deutsch meine Kompetenz mit einfließen ließ. Zum einen bin ich fast zweisprachig aufgewachsen, zum anderen bin ich selbst Autorin und weiß um die Herausforderung, die darin liegt, einen Gedanken in mehr als einer Sprache möglichst kristallin zum Ausdruck zu bringen. Darüber hinaus teilen Michael und ich einen ähnlichen Sinn für Humor und die Faszination für alles, was über den bisher üblichen menschlichen Horizont hinausgeht – in jene Regionen, wo wir Fantasie und Vertrauen brauchen, um Erfahrungen zu machen, die den Schöpfer in uns zum bewussten und mutigen Leben erwecken.

Dem gebe ich stets – auf meine eigene Weise – in meinem Leben und in meinen Berufen als Autorin, Übersetzerin und Lebensberaterin Ausdruck, so gut ich kann.

Ach ja, und das Projekt, für das ich Pan recherchierte … befindet sich gerade in seiner Entstehung: Es wird mein nächster Roman!

Weitere Informationen über mich:
Webseite: www.elisabeth-karsten.de

Cornelia Krättli

Es gibt keinen Zufall. Auch nicht, als mir vor Jahren ein Buch in die Hand fiel mit dem Titel „Im Reich des Pan, Reisen ins Herz der Natur“, der Autor Michael Roads – noch nie gehört.

Bis dahin hatte ich schon einiges an spiritueller Literatur gelesen, verschiedene Seminare besucht, neue „Techniken“ kennengelernt – wie man es eben so macht, wenn man irgendwie auf der Suche ist. Meine beruflichen Tätigkeiten und Ausbildungen gestalteten sich ähnlich, von der Tontechnikerin am Theater zur Physiklaborantin hin zur fremdsprachlichen Korrespondentin und Sekretärin einer Kulturorganisation, bis ich schließlich dort landete, wo ich eigentlich schon immer hinwollte, als Sängerin und Lehrerin für Sologesang, Atem- und Sprechtechnik. Aber auch dies „würzte“ ich anfangs noch mit Bereichen wie Klangtherapie und Musikkinesiologie. Das klingt vielleicht etwas atemlos und das war es wohl auch, schließlich gründete ich unterwegs noch eine Familie.

Jedoch bei all den äußeren Gegebenheiten gab es eine innere Konstante, die mich immer begleitet hat, die Liebe zur Natur. Und nun hielt ich da dieses Buch mit dem äußerst anziehenden Titel in der Hand. Es faszinierte mich von Anfang an, weckte aber auch einige Widerstände in mir – was für ein komischer Kauz, aber den wollte ich kennenlernen.

Und so begegnete ich Michael und seiner liebevollen Frau Carolyn bei einem seiner jährlichen Besuche in der Schweiz zunächst bei seinem Abendvortrag und dann bei einigen Intensivseminaren der folgenden Jahre, unternahm mit ihm die Reisen in die metaphysische Wirklichkeit von Mensch und Natur und erfuhr, was es bedeutet, Liebe zu wählen.

Ich war „zu Hause“ angekommen. Alles ergab einen Zusammenhang, alle sogenannten Umwege, Abzweigungen, Stolperer auf meiner Suche gehörten und gehören zum roten Faden in meinem Leben – alles macht Sinn und ist richtig so, wie es ist. Für die Erkenntnis dieser inneren Wahrheit bin ich Michael unendlich dankbar. Und wie er oft sagt: Es ist alles ganz einfach, aber es ist nicht so leicht.

Ja, das Leben in seiner größeren Wirklichkeit ist klar und einfach, aber es ist nicht immer leicht, sich dessen in unserer vernetzten, immer komplizierter werdenden Welt bewusst zu bleiben. Aber dieses Bewusstsein hat mir große innere Klarheit und Gelassenheit geschenkt.

Mit meiner heutigen Tätigkeit konzentriere ich mich hauptsächlich auf die menschliche Stimme und ihre vielfältigen Ausdrucksmöglichkeiten, ob gesungen, gesprochen oder geschrieben.

Und so bin ich froh, hier einen kleinen Beitrag geleistet zu haben, indem dieses Buch auch deutschsprachigen Leserinnen und Lesern Einblicke in die größere Wirklichkeit des modernen Mystikers Michael Roads gibt und sie unter seiner Anleitung dazu befähigen kann, die geheime Welt der Natur wahrhaft zu betreten.

Webseite: www.stimmklangraum.ch

Deutschsprachige Seminare 2019 von Michael & Carolyn Roads

Die Evolution des Bewusstseins
Ein fünftägiges Intensivseminar mit dem spirituellen Lehrer Michael J. Roads

Das Ziel eines Intensiv-Retreats ist, dass die Teilnehmenden ein klares Bewusstsein darüber erlangen, wie sie mit ihren inneren Ressourcen über täuschende Illusionen hinauswachsen und klarheitbringende Erleuchtung erfahren können. Unsere bewusste Beziehung zu uns selbst ist die wichtigste Beziehung, die wir je haben werden. Sie bildet die Grundlage für unsere Beziehung zu Leben, Gesundheit, Fülle – zu allem was ist!

Was dir der Retreat geben kann:
Du wirst durch eine Reihe von erlebbaren inneren Übungen – die ich selbst entwickelt und über die Jahrzehnte spirituellen Lehrens verfeinert habe – geleitet werden, deine Ängste, deine nicht mehr dienlichen Überzeugungen und unterbewussten Programme loszulassen. Diese ketten dich oft an Gefühle von Stress, Angst, Einsamkeit oder Unerfülltheit. Sogar jene, die ein reiches und erfüllendes Leben haben, fühlen oft, dass in der Tiefe etwas fehlt. Diese verunsichernden Tiefenströmungen stammen alle aus derselben Wurzel: dem Getrenntsein. Einem Getrenntsein vom Selbst, von der Bewusstheit, von der Wahrheit deines Wesens … vom Leben.
Die Transformation des Bewusstseins, die das Intensiv bieten kann, wird dich in 5 Tagen vom Gewöhnlichen zum Außergewöhnlichen führen. Sie wird die Beziehung zu dir selbst, zum Leben, zur Gesundheit, zur Fülle … zu allem … enorm verbessern.
Durch diese inneren Übungen, Gespräche und viel Spaß und Lachen kannst du zu der WAHRHEIT erwachen, die bereits tief in deinem Herzen ist. Das wird dir ermöglichen, deinen Alltag mit einer Leichtigkeit und einem Flow zu leben, der nicht nur dein Le-

ben bereichert, sondern auch das Leben aller um dich herum. Das ist der nächste Schritt unserer menschlichen Evolution, die Transformation unserer Spezies.

Veranstaltung in englischer Sprache mit deutscher Übersetzung.

Eintreten in die geheime Welt der Natur
Ein dreitägiges Intensivseminar mit dem spirituellen Lehrer Michael J. Roads.

Basierend auf meiner 50-jährigen Erfahrung wird dir dieses Seminar aufzeigen, wie du mit der tieferen Essenz der Natur kommunizieren kannst. Die Natur ist unser Zuhause. Nicht nur die physische, sichtbare Natur, welche wir genießen, sondern auch die versteckte Natur, die mystische Welt. Die Natur ist nicht nur ein Konstrukt, um uns mit Nahrung zu versorgen, sondern, viel mehr als dies, ist die Natur auf einem tieferen Level eine Energie, welche uns in unserer Seelenentwicklung unterstützt, wenn wir uns mit ihr verbinden. Dies ermöglicht uns, ein bereicherndes und erfüllteres Leben zu leben und eine sehr viel größere Wirklichkeit zu erfahren. In diesem Seminar gebe ich dir die Werkzeuge an die Hand, die geheime, größere, metaphysische Wirklichkeit der Natur zu betreten.

Veranstaltung in englischer Sprache mit deutscher Übersetzung

Michael Roads über sich selbst:
Ich navigiere bereits seit über fünfzig Jahren durch die undurchsichtigen Gewässer der Metaphysik und Spiritualität und habe das nur schwer erreichbare Ufer der Erleuchtung vor über 30 Jahren erreicht. Dies macht mich zu einem hochqualifizierten Tourguide auf deiner Reise zur eigenen Erfüllung. Komme zu uns – und wir wachsen gemeinsam!

Termine

Österreich
5-Tage-Intensivseminar (Die Evolution des Bewusstseins):
04. bis 08.04.2019, Hotel Stich in Manhartsbrunn
Abendvortrag: 03.04.2019 um 19 Uhr
Info: office@premtameer.at

Schweiz
5-Tage-Intensivseminar (Die Evolution des Bewusstseins):
18. bis 22.05.2019 Intensive, Landguet Ried bei Bern
3-Tage-Intensivseminar (Eintreten in die geheime Welt der Natur):
24. bis 26.05.2019, Landguet Ried bei Bern
Achtung: Sonderpreis bei Buchen beider aufeinanderfolgender Seminare
Info: info@die-quelle.ch

Deutschland
5-Tage-Intensivseminar (Die Evolution des Bewusstseins):
05. bis 09.06.2019, Seminarhaus Gut Alte Heide, Wermelskirchen
Info: info@michaelroads.de

Wandern zwischen den Welten

Ich staune oft über die schiere Vielfalt und Fülle des Lebens, die so weit über den normalen menschlichen Bezugsrahmen hinaus geht. Wie ein Goldfisch in seiner Glasschale leben wir in unseren persönlichen Realitäten eingeschlossen. Hinter unseren vielen persönlichen physischen Realitäten liegt die Weite der größeren metaphysischen Realität. Im Laufe meines Lebens habe ich gelernt, dass es möglich ist, mich mit meinem metaphysischen Lichtkörper in dieser größeren Realität zu bewegen.

Ich wandere . . . zwischen . . . den Welten.

In diesem Buch besuche ich die Galaxie, in der wir körperlich leben und mit welcher wir lediglich eine Fernbeziehung führen. Ich kann Ihnen versichern, wir sind nicht allein.

Ich begebe mich metaphysisch in ein schwarzes Loch und erlebe dort eine Erfahrung, die meine kühnsten Träume übertrifft. Ich begegne einem galaktischen Wesen, das eine Galaxie in sich selbst ist, und ich begegne einem alten Freund aus Urzeiten. Ich reise mit ihm zu seiner unglaublichen Heimatwelt, eine Welt, die enorm ist, während sie stetig wächst und sich verfeinert.

Ich hebe meine Kommunikation mit der Natur auf eine höhere, reifere Ebene, und ich tauche tiefer in die Tiefen des Bewusstseins der Natur ein. Ich schaffe eine erstaunliche Verbindung zu Max, meinem eigenen Elementarkörper Elementar. Wir alle haben einen!

Ich vollziehe zusammen mit mehreren großen Meistern eine Licht-Liebe-Heilung in Europa.

Dieses Buch ist gefüllt mit einzigartigen Einblicken in Bereiche

und Realitäten jenseits aller Vorstellungskraft. Meine erstaunliche, bewusstseinserweiternde Reise in den dynamischen, lebenden Organismus, welchen wir unsere Sonne nennen, ist nur ein solches Anzeichen für das wunderbare Universum, in dem wir leben.
Die Galaxie ist dynamisch lebendig!

Buchinformationen:

ISBN: 978-3-95781-042-7
Seiten: 304
Preis: 14,90 €
E-Book: 9,99 €

Einsichten eines modernen Mystikers

Recht selten ist die Weisheit eines spirituell erleuchteten Mannes so genau und in einem so handlichen Format zusammengefasst. Das Buch ermöglicht Zugang zu tiefen Einsichten, die aus dem Herzen kommen.
Indem du dieses Buch Tag-für-Tag nutzt, kannst du tatsächlich im Bewusstsein wachsen. Das ist keine leichtfertige Behauptung. Dieses Buch bietet einen Prozess bewussten inneren Wachstums, indem du einfach jeden Tagesabschnitt liest und diesen als tägliche Ausrichtung für deine Aufmerksamkeit nutzt.
Dies wird dir ermöglichen, die Illusionen des Lebens zu durchdringen, indem du dich bewusst mit der WAHRHEIT verbindest. Und WAHRHEIT, ob sie nun bereits verwirklicht ist oder nicht, ist die eigentliche Grundlage deines Wesens.

Buchinformationen:

ISBN: 978-3-95781-050-2
Seiten: 405
Preis: 19,90 €
E-Book: 9,99 €

Von der Illusion zur Erleuchtung

„Ich bin völlig frei von Scham, was die Begeisterung und die Leidenschaft für mein eigenes brillantes Buch angeht. Das ist das Buch, von dem ich wünschte, dass ich es hätte lesen können, als ich auf meinem spirituellen Leidensweg war. Oh ja, den kenne ich gut! Auch ich bin den Weg gegangen, von der leidvollen Verwirrung durch die Illusion bis zur friedvollen Klarheit der Erleuchtung; ein solches Buch zu schreiben, ist notwendig! Dennoch bin ich mir bewusst, wie irreführend Worte sein können. Der spirituelle Weg ist bereits ein Beispiel dafür. Es gibt keinen Weg, dennoch muss dieser Nicht-Weg gegangen werden, um zu erkennen, dass er nicht existiert. Der Abgrund der Trennung ist ein weiteres Beispiel – den gibt es auch nicht, doch müssen wir ihn überqueren, um zu erkennen, dass Intellekt und Verstand ihn erschaffen haben. Wir lassen das los und … Volltreffer! Der Abgrund ist weg!

Wenn du das lebst, was du durch dieses Buch lernst, wirst du den verschiedenen Tretminen ausweichen können, mit denen die Landschaft des ahnungslosen spirituellen Abenteurers übersät ist. Ich war auf vergleichbarem Gebiet unterwegs, wie du. Jetzt laufe ich ganz frei, voller Leichtigkeit und Freude. Mit diesem Buch als dein Reiseführer kannst du das auch!"

Dieses Buch ist außerdem eine Hommage des Autors an Khalil Gibrans berühmtes Werk „Der Prophet". Auf ähnliche, unserer Zeit gemäßen Weise vermittelt der moderne Mystiker den Lesern sein erleuchtetes Verständnis der wahren Natur von Wirklichkeit und Bewusstsein und unterstützt so beim Erwachen zum eigenen göttlichen Potenzial.

Der Autor von über 20 Büchern, der 2017 seinen 80. Geburtstag feierte, reist seit 28 Jahren durch die Welt und präsentiert in vielen Ländern inspirierende und lebensverändernde Intensivseminare auf eine klare, humorvolle und anwendbare Weise, die vielen Teilnehmenden ermöglicht, tiefe und nachhaltige Bewusstseinsveränderungen zu erfahren. Mehr unter: www.michaelroads.de

Buchinformationen:

ISBN: 978-3-95781-055-7
Seiten: 264
Preis: 16,90 €
E-Book: 9,99 €

Anhang

Titel	Erschienen auf Deutsch
Mit der Natur reden	Ansata 1989
Die magische Formel (Roman)	Ansata 2002
Der Junge ohne Schatten (Roman)	Heyne 2004
Im Reich des Pan	Schirner 2008
Die Pforte zur Unendlichkeit	Schirner 2008
Durch die Sphären des Zeitlosen	Schirner 2008
Durch die Augen der Liebe	Schirner 2010
Jenseits der Grenzen der Wirklichkeit	Schirner 2011
Geheimnisse von Jenseits und Diesseits	Schirner 2013
Wandern zwischen den Welten	Hierophant 2016
Einsichten eines modernen Mystikers	Hierophant 2017
Von der Illusion zur Erleuchtung	Hierophant 2017
Die geheime Welt der Natur betreten	Hierophant 2018